스펜딩 타임

SPENDING

스펜딩 타임

대니얼 해머메시 지음
송경진 옮김

부의 절대적 영역을 창조한 시간 사용의 비밀

T I M E

해피북스
투유

시간에 관한 학술 자료는 차고 넘친다. 2000년 이후 출간된 경제학 문헌 가운데 제목에 '시간'이라는 단어가 들어간 논문만 6,700건이 넘는다.[1] 수많은 책이 시간을 다루고 있고 그중에는 내가 이 책에 사용하고 싶었을지도 모를 매력적인 제목을 단 책도 있다. 그래서 이 책의 제목을 짓는 데 애를 먹었다. 시간 사용에 관한 구체적인 양상을 다룬 학술논문도 몇 권 있다.[2] 이런 노력들을 감안하면 시간에 관한 책이 굳이 더 필요할까 하는 의문이 들 정도이다.

이런 의문에 대한 가장 그럴듯한 답은 시간의 사용과 선택은 누구에게나 흥미로운 문제라는 점이다. 시간과 돈은 우리 삶에서 가장 부족한 두 가지 자원이다. 하지만 지난 50년 동안 많은 나라의 경우를 보면 소득은 엄청나게 증가했지만 안타깝게도 시간은 그렇지 않다.

시간을 사용하는 방식과 그 방식이 국가마다 어떻게 다른지에 대해서 논의한 책은 아직 한 권도 없고, 시간을 사용하는 방식이 왜 다른지에 대해 설명하려고 한 사람도 없었다.[3] 경제학적으로 시간 사용의 패턴을 설명할 수 있고, 성인이면 누구나 이를 충분히 이해할 수 있다. 열다섯 살인 손자와 대화를 나누어보니 10대도 이를 이해하는 듯했다. 이것이 복잡한 문제일 수도 있지만, 시간 사용의 패턴은 모두에게 해당하는 문제이기에 쉽게 이해할 수 있다. 우리는 사람들이 시간(사용)에 대해 결정을 할 때 보이는 행동에 공감할 수 있는데, 우리도 늘 그렇게 하기 때문이다. 언제 일어날지, 얼마나 잘지, 몇 끼를 먹을지, 언제 먹을지 결정하는 일은 시간을 어떻게 사용할지 결정하는 몇 가지 예에 불과하다. 시간이 늘 부족하기에 우리는 당면한 '인센티브(보상)'에 따라 결정을 할 수밖에 없다. 우리가 왜 혹은 어떻게 그런 결정을 내리는지는 거의 생각하지 않고 말이다. "시간 자체는 중립적이다. 하지만 시간은 파괴적으로도 혹은 건설적으로도 사용될 수 있다." 그래서 우리가 시간에 대해 내린 결정이 우리의 행복과 사회의 다른 구성원의 행복에 영향을 미친다.[4]

오늘날 미국은 자국민의 시간 사용에 대해 세계에서 가장 많은 정보를 보유하고 있다. 2000년 이전에는 미국을 포함한 여러 많은 나라에서 응답자들에게 전날 각 시간대에 한 일을 기록하고, 다음 날 일기를 쓰게 하는 연구를 간헐적으로 진행했다. 이렇게 작성한 '시간일기time-diary' 서베이(조사)는 사람들이 특정일에 무엇을 했는지를 보여주는 유용한 지표가 되었다. 하지만 이 연구는 꾸준히 진행되지 않았고, 연구 간격 또한 불규칙했다. 불규칙하게 진행된 조사는 자국 내에서도 항상 서로 비교 가능한 것이 아니었다. 미국도 마찬가지였다. 그리고 이런 연구는 대부분 결과를 도출하기에 충분하지 않은 인원을 대상으로 하였다. 이는 미국의 몇몇 연구도 마찬가지였다.[5]

내가 '시간 사용'에 대한 연구를 시작했을 때만 해도, 미국은 사람들이 시간을 어떻게 사용하는지 정리하는 데 있어 후발주자였다. 하지만 지금은 상황이 다르다. 2003년 미국노동통계국BLS이 실시한 〈미국인의 시간 사용 조사ATUS〉(미국노동통계국과 인구조사국이 2003년 이래 매년 실시하는 시간 사용 조사. 일, 여가, 보육 및 가사를 포함한 다양한 활동에 소비하는 시간을 측정함—옮긴이)는 무작위로 선정한 열다섯 살 이상의 미국인 약 1,000명이 전날 활동을 기록한 '시간일기'를 매달 수집하기 시작했다. 이 조사로 미국은 자국민의 시간 사용에 관한 지속적인 기록을 보유하게 되었다. 다른 어떤 나라도 이런 자료를 수집하지 않았기에, 오늘날 미국은 자국민이 시간을 어떻게 사용하는지 분석한 정보에 있어서 확실히 앞서게 되었다.

나는 이 책의 작업을 위해 2003년부터 2015년까지 이루어진 〈미국인의 시간 사용 조사〉에서 수집한 약 17만 개의 시간일기를 사

>

용했다. 그래서 〈미국인의 시간 사용 조사〉에서 사용한 원 계산이 이 책에서 제시하는 많은 통계의 토대를 이루고 있다. 따로 원본 데이터군을 참조할 필요는 없었다. 미네소타인구센터Minnesota Population Center와 메릴랜드인구연구센터Maryland Population Research Center가 미가공 노동통계국 데이터를 기반으로 〈미국인의 시간 사용 조사〉의 데이터군을 생산해준 것을 매우 고맙게 생각한다.

미국 학자들은 국내 문제에 집중하는 데 있어 눈에 띄게 미국 중심적이며, 사람들의 행동에 대한 일반적인 결론을 도출할 때 미국 데이터를 사용해 산출한 결과에만 근거하는 비율이 지나치게 높다. 특히 경제학에서 행해진 학술 연구는 우리에게 일반 사람들의 행동에 대해 무언가를 배웠다는 인상을 주지만, 사실 전 세계에서 미국 학문이 우세하기 때문에, 미국에 사는, 전 세계 인구의 5퍼센트도 되지 않는 사람들의 행동에 대해서만 배웠을 뿐이다.

만약 미국인의 시간 사용이 전 세계인의 시간 사용을 대표하거나, 적어도 다른 선진국에서의 시간 사용을 대표하는 것이라면 문제가 되지 않는다. 하지만 내가 이 책에서 소개하듯이, 어떤 측면에서 미국인들은 다른 부유한 나라의 국민들과도 시간을 다르게 사용한다. 이런 차이를 증명하고 일반적인 사람들이 시간을 어떻게 사용하는지 이해하기 위해, 내가 논의하는 주제에 대해서 다른 나라에 사는 사람들이 보관한 시간일기도 근거로 제시한다. 호주, 캐나다, 이탈리아, 일본, 한국, 네덜란드, 포르투갈, 스페인을 포함한 많은 나라에서 수집한 정보를 사용하는 한편, 대다수 비교 분석은 유럽의 3대 선진국에서 수집한 시간일기를 사용해서 원 계산에 따랐다. 프랑스(Enquête Emploi du temps, 2009~2010년 약 2만 4,000개의 시간일기), 독일(zeitverwendungserhebung, 2012~2013년 약 2만 5,000개의 시간일기), 그리고 영국(Time Use Survey, 2014~2015년 약 1만 6,000개 시간일기)을 활용했다. 미국 데이터에 일부 시간 사용에 대한 중요한 정보가 부족했기 때문에 어떤 경우에는 미국 데이터 대신 이들 데이터를 사용했다.

이런 데이터 세트를 제공해준 프랑스 파리의 모리스알박스센터Maurice Halbwachs Centre, 독일 비스바덴의 독일연방통계청Statistisches Bundesamt 그리고 영국 옥스퍼드대학교의 다국적 시간 사용 조사기관에 감사한다. 여기서 언급한 이들 나라에 대한 계산은 이런 특정한 데이터군에 토대를 둔 것이다.

이전의 데이터 분석 또는 이 네 가지 데이터군(미국, 영국, 독일, 프랑스 의 데이터군—옮긴이)을 활용한 새로운 분석에 기초한 많은 논의에서 중요한 문제는, 어떻게 그 결과를 흥미롭고 읽기 쉬운 방법으로 제시하느냐이다. 지난 50년간 2만 5,000명이 넘는 학부생을 가르친 경험으로 볼 때, 확실히 그림이나 사진이 숫자, 표보다 잘 읽힌다는 사실을 알게 되었다. 그런 이유로 이 책에는 30개의 그림만 있을 뿐 표는 싣지 않았다. 경제학자들이 자주 애용하는 방정식도 없다. 그림은 저절로 설명이 되니 독자들은 각 그림의 메시지를 한눈에 유추할 수 있을 것이다. 컴퓨터를 다루는 실력이 부족하여 다른 사람들이 그려주었는데, 요나 마이젤만Yonah Meiselman에게 특히 많은 도움을 받았다.

나는 1980년대 후반부터 사람들의 시간 사용에 관한 문제를 연구하기 시작했고, 1990년에 이 주제에 관한 두 개의 학술논문을 발표했다. 둘 다 1970년대 중반 미국에서 기록된 '시간일기' 정보를 바탕으로 작성되었다. 이후 다른 경제학자들과 협력하여 시간 사용에 관한 연구를 계속 진행했다. 이 책에 수록된 많은 아이디어와 정보는 그런 공동 연구의 결과물이다. 학자들의 아이디어와 몇 해에 걸친 노고가 없었다면 이 책은 나올 수 없었다. 제프 비들Jeff Biddle, 히엘케 부델마이어Hielke Buddelmeyer, 마이클 버다Michael Burda, 아나 루테 카르도소Ana Rute Cardoso, 케이티 제나데크Katie Genadek, 루벤 그로나우Reuben Gronau, 다이지 가와구치Daiji Kawaguchi, 이정민Jungmin Lee, 케이틀린 마이어스Caitlin Myers, 제라드 판Gerard Pfann, 마크 포콕Mark Pocock, 조엘 슬렘로드Joel Slemrod, 엘레나 스탠카넬리Elena Stancanelli, 스티븐 트레조Stephen Trejo, 호세 바레자José Varejaõ, 필리프 웨일Philippe Weil 그리고 마크 우든Mark Wooden은 이 책에 나오는 몇 가지 논쟁의 근거를 제공하는 연구를 나와 함께 발표한 바 있다. 그들의 업적과 영감이 이 책의 출간을 가능하게 만들었다.

그 밖에 '불특정 공동 공모자들'에게도 감사의 말을 전한다. 바너드대학교Barnard College 학생인 미아 린드하이머Mia Lindheimer가 유용한 제안을 해주었다. 그리고 뉴욕에 사는 이웃 케빈 하이엄스Kevin Hyams의 지적은 큰 도움이 되었다. 조지 보하스George Borjas는 'Chapter 08'의 내용에 도움을 주었고, 피에르 카후크Pierre Cahuc는 'Chapter 10'에 유용한 조언을 해주었다. 처음부터 이 책의 길잡이 역할을 한 데이비드 퍼빈David Pervin은 모든 Chapter에 대해 상세히 조언을 해줘 책

>

의 짜임새를 크게 개선시켰다. 내 여동생 데보라 화이트Deborah White
는 최종 원고에서 몇 가지 오류를 발견했다. 아내 프랜시스 위티 해
머메시Frances Witty Hamermesh는 1, 2차 초안에서 낱말 하나하나를 읽고,
설명의 논리와 아이디어의 배열을 획기적으로 조정해주었다.

　책 전반에 걸쳐 나는 우리가 시간을 어떻게 사용하는지를 그리고
왜 그런 결정을 하는지 이해하는 데 도움을 주는 일화와 사건들을
통해 이유를 제공하고자 노력했다. 그중 상당 부분이 아내와 나의
경험과 상호작용에서 나온 것이다. 다른 모티브(일화와 사건)는 며느
리 에이미와 한나 해머메시 그리고 여섯 손주 조너선, 새뮤얼, 미리
엄, 요나, 노아, 라파엘 해머메시의 행동에서 비롯되었다. 모두 책 제
목을 제안하기도 했다. 더 많은 모티브는 중년이 된 두 아들이 어렸
을 때 했던 일과 그들이 성인이 된 이후 한 활동에서 나왔다.

　아들 데이비드 해머메시와 매튜 해머메시에게 이 책을 바친다.

대니얼 해머메시

CONTENTS

CHAPTER 08 이어지는 문제와 오래된 그리고 새로운 문제

CHAPTER 09 여럿에서 하나로?

CHAPTER 10 부자는 나나 당신과 다르다

CHAPTER 11 시간에 대한 불평

CHAPTER 12 지금 우리는 시간을 더 많이 가졌나? 앞으로 더 많은 시간을 얻게 될까?

CHAPTER 13 이제 무엇을 해야 하나?

CHAPTER 01

**당신이 원하는 것을
항상 얻을 수는 없다**

YOU CAN'T ALWAYS GET WHAT YOU WANT

Spending Time

나는 아주 어렸을 때부터 시간과 숫자에 흥미가 많았다.

네 살 때 처음 부모님이 시계를 사주셨다. 물론 1947년에는 디지털이 없었기 때문에 아날로그 시계였다. 부모님은 내게 시계 보는 법을 가르쳤고, 덕분에 이후 나는 시간에 대한 걱정을 멈출 수 없게 되었다. 그해 외할머니가 '카지노'라는 카드게임을 가르쳐주셨다. 나는 (적어도 10까지) 덧셈을 배웠고, 어린 나이에 숫자에 매료되었다.

이런 관심은 10대인 나를 완전히 범생이로 만들어버렸다. 열네 살 때는 여동생(또한 범생이―현재 대학교 수학 강사)과 여름방학 한 달 동안 지역 전화번호부에 어떤 이름이 몇 번 나오는지를 체크하며 보냈다.

아내가 '집착'이라고 말하는 이 두 가지에 대한 관심은 내 인생에서 규칙적으로 나타났다. 오늘은 맨해튼 건너편에 사는 사람과 점심 약속이 있었다. 그런데 상대가 나타나지 않는 바람에 지하철 요금으로 2달러 75센트를 날렸다. 이 돈은 한 시간이 걸린 대실패의 비용 가운데 아주 적은 부분이다. 내가 그 시간에 최저임금을 받는 일을 했다면 최저임금인 7달러 25센트를 벌었을 것이다. 설령 일을 구하지 못했더라도 지하철을 타고 가서 누군가를 기다리는 것보다 더 가치 있는 일을 하는 데 시간을 쓸 수 있었을 것이다. 말 그대로 나는 시간을 '써버렸고', 그 써버린 시간에는 지하철 요금 2달러 75센트보다 훨씬 더 많은 비용이 들어 있다. 시간은 부족한 자원이기에 시간을 사용하는 데는 돈이 든다. 우리는 시간을 '쓰는' 것이다.

그런데 우리에게 시간이 얼마나 있을까? 선진국 사람들은 태어날 때 기대수명이 80세 이상은 된다. 어렸을 때는 시간이 무한하다고 느낀다. 초등학교 때 여름방학이 되면 뭘 할지 고민하며 빈둥거리던 기억이 다들 있을 것이다. 하지만 나이가 들수록 시간은 점점 빠르게 흐르는 것만 같다. 마흔다섯 번째 생일날 나는 열여섯 살인 아들에게 "시간이 전보다 점점 더 빨리 가고 있다"고 말했다. 그러자 아들이 대답했다.

"그래, 아빠. 그건 아빠가 내리막길을 가고 있기 때문이야."

똑똑한 척하는 아들의 말을 무시할 수도 있지만, 내 육체적 노화의 가속화에 대해서는 아들의 말이 옳다. 하지만 아들은 반만 맞췄다. 성인 대부분은 나이가 들며 시간을 대하는 태도에 근본적인 변화가 일어나는데, 이 변화는 우리가 하는 일에 큰 영향을 미친다. 이런 변화는 나이가 들며 직면하는 인센티브(동기)의 변화에서 비롯되며, 이것은 결국 우리가 매시간 일할 때마다 벌 수 있는 돈의 액수 변화, 배우자가 얼마를 벌 수 있는지의 변화 그리고 우리에게 남은 수명이 줄어들어 부족해지는 시간에 기인한다.

모든 것이 부족하다. 그래서 사랑, 돈, 인정 그리고 권력을 포함해 모든 것을 더 원한다. 그중에 하나라도 관심이 없다고 하는 사람이 있다면, 그는 자기기만에 빠진 사람이다. 우리를 만족시키는 데 필수적인 요인 가운데 가장 의식하지 못하는 것이 시간이다. 시간이 가장 희소성이 큰데도 말이다. 우리가 하는 모든 일은 시간을 잡아먹는다. 이 희소성은 경제학자들이 시간에 대해 유용한 통찰력을 제공할 만한 가치가 있는 것이다. 한 가지 목표는 시간의 희소성이 우리가 하는 일에 어떤 영향을 미치는지, 즉 서로 다른 활동에 어떻게 시간을 나누는지, 그리고 언제 하는지를 보여주는 것이다.

우리는 시간을 사용하는 방법이 우리의 통제를 벗어났다고 생각한다. 우리는 하루에 여덟 시간을 자야 한다. 하루에 세 끼를 먹어야 한다. 평일에 여덟 시간 동안 일해야 한다. 의심할 여지없이 우리가 염두에 두고 있는 다른 본능적이고 자연스러운 요건들이다. 하지만 이것은 잘못되었다. 우리는 이런 활동 가운데에서도 선택을 하고, 그 선택은 가능한 한 자신을 행복하게 하는 최고의 결과를 위한 잠재의식의 노력에서 비롯된다. 그 결과는 가용시간이 우리에게 부과한 한계, 우리의 활동에 필요한 돈을 벌 기회, 가족, 친구, 동료 등 우리가 어울리는 사람들의 선택 그리고 이런 선택을 위해 필요한 우리의 가용자원에 따라 달라질 수 있다.

믹 재거Mick Jagger와 키스 리처즈Keith Richards의 1969년 노래 〈당신이

원하는 것을 항상 얻을 수는 없다You Can't Always Get What You Want〉는 이런 한계를 매우 분명하게 보여준다.

시간(그리고 다른 모든 것)에 대한 경제적 접근은 사람들이 의식적이든 무의식적이든 삶을 가능한 한 더 좋은 방향으로 결정을 한다고 생각하는 것이다. 우리는 해마다 우리에게 주어진 시간과 남은 수명 때문에 선택에 제한을 받는다. 우리는 자신의 소득, 우리와 배우자가 기여하는 또 다른 소득, 우리가 만든 가정환경 그리고 우리가 사고 싶은 물건의 가격 때문에 한계를 가진다. 빅맥을 선택할 때마다 소득을 다른 것, 예컨대 치즈와퍼를 사는 데 사용하지 않을 선택을 한 셈이다. 시간도 마찬가지이다. 콘서트 가는 데 두 시간을 쓰기로 한다면 잠을 좀 더 자거나 장거리 달리기에 그 두 시간을 사용하지 않는 선택을 한 셈이다. 물건을 살 때 트레이드오프(trade-off, 어느 것을 얻기 위해 반드시 다른 것을 희생해야 하는 경제적 관계)에 맞닥뜨리듯, 다른 활동에 시간을 소비할 때에도 트레이드오프에 직면한다. 우리는 항상 한 가지 활동을 다른 활동과 맞바꾸는 거래를 한다.

＞ 시간은 정말 부족할까?

어떻게 시간이 부족하다고 말할 수 있을까? 하루 24시간, 평년이 365.25일밖에 없는 것은 사실이다. 하지만 사람들은 대부분 지난 한 세기 동안 오늘날 선진국인 나라의 사람들이 더 오래 살아왔다는

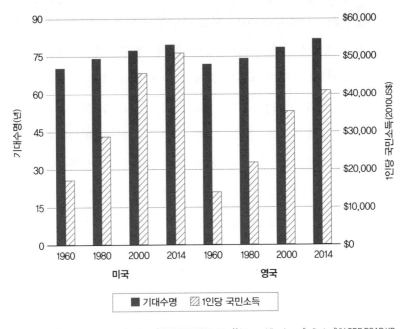

〈그림 1.1〉 영국과 미국의 1960~2014년까지의 1인당 국민소득과 기대수명

출처: http://data.worldbank.org/indicator/SP.DYN.LE00.IN; http://data.worldbank.org/indicator/NY.GDP.PCAP.KD

사실을 알고 있다. 그리고 이제는 서구 민주주의 국가들만큼 부를 성취하지 못한 국가의 국민도 (전보다) 훨씬 더 오래 살 수 있다.

이런 수명 연장에도 불구하고 우리가 한평생 즐길 수 있는 기대 시간인 약 4,200만 분은 50년 전에 비해 그리 많지도 않다. 〈그림 1.1〉에서 좌측 붉은 막대는 1960년부터 2014년 사이에 부자나라인 미국이나 영국에서 매년 태어난 사람의 평균 기대수명을 보여준다. 두 나라의 평균 기대수명이 증가하긴 했다. 하지만 증가율은 미국이 겨우 13퍼센트, 영국은 14퍼센트밖에 되지 않았다. 두 나라 모두 한

해 평균수명이 0.2퍼센트 증가한 셈이다.

기대수명은 늘었지만 1인당 지출 가능한 소비력이 늘어난 것에 비하면 미미한 수준이다. 〈그림 1.1〉의 줄무늬막대는 물가상승률을 반영한 미국과 영국 일반 국민의 소득 수준을 보여준다. 이 소득 수준은 가용 재화를 구매할 수 있는 실제 총액이다. 즉, 이것은 우리가 가진 모든 달러나 파운드를 다 쓰면 얼마나 구매할 수 있는지를 보여준다. 이 가처분소득은 지난 50년 동안 미국에서 198퍼센트, 영국은 193퍼센트 증가했는데, 이는 연평균 2퍼센트에 가까운 증가율이다. 두 나라 모두 물가상승률을 반영한 지출이 물가상승률을 반영한 소득과 거의 같은 비율로 증가한다. 이런 변화는 우리 인생의 연간 소비력이 대략 반세기 동안 거의 세 배나 증가했음을 의미한다. 다시 말해, 우리가 물건을 사기 위해 사용하는 소득보다 시간의 가치와 희소성이 더 높아지고 있다는 의미이다.

이 기간 동안 소득이 비정상적으로 빠르게 증가했음을 알 수 있다. 하지만 이런 비교는 부자나라에만 해당하진 않는다. 이와 유사한 비교를 해보면 브라질과 멕시코 같은 대형 중진국에서도 같은 결론이 도출된다. 이들 국가의 기대수명은 부자나라보다 빠르게 증가해왔다. 54년 동안 브라질에서는 37퍼센트, 멕시코에서는 34퍼센트나 증가했다. 각각 연평균 0.6퍼센트씩 증가한 셈이다. 물가상승률이 반영된 소득도 브라질에서는 244퍼센트, 멕시코에서는 155퍼센트 증가하여 기대수명보다 훨씬 빠르게 증가했다. 브라질에서는 세 배 이상, 멕시코에서는 두 배 이상 증가한 셈이다.

상품과 서비스를 구매하고 즐길 능력은 우리가 그것을 즐길 시간보다 훨씬 빠르게 증가하였다. 우리가 쓸 수 있는 시간보다 소득이 빨리 늘면 문제가 생긴다. 우리가 원하는 모든 것을 비교적, 훨씬 더 제한적으로 변하는 시간에 채워 넣고 평생에 걸쳐 고르게 구매하고 즐기긴 어렵다. 우리는 할아버지 세대에 비해 1분당 훨씬 더 많은 부를 가지고 있다. 그것은 시간이 우리에게 더 희소해졌음을 의미한다. 시간의 가치가 더욱 높아졌단 뜻이다.

돈이 더 많고 시간이 조금 더 있다면, 우리는 이전 세대보다 시간당 다른 활동을 더 많이 할 수 있다. 돈을 쓰지 않더라도 한 시간만큼의 비용 자체는 할아버지 세대보다 많다. 아무것도 하지 않더라도 한 시간이라는 시간은 비싸다. 그것이 '기회비용'이다. 그냥 누워 있는 것 말고도 시간을 다른 용도로 쓸 수 있기 때문이다. 매일 우리 빌딩 주차장에 있는 빈 주차 공간을 볼 때마다 나는 기회비용을 떠올린다. 월 70달러에 세를 놓을 수 있지만 우리는 그렇게 하지 않는다. 우리가 그 자리에 돈을 지불하지 않고 비워두는 것은 사실상 매달 70달러의 비용이 드는 셈이다.

＞ 시간 부족은 우리 삶에 어떤 의미일까?

우리는 신용카드가 시간을 절약해준다고 생각한다. 예를 들자면, 공공요금이나 다른 청구서 결제를 위해 매달 은행을 찾아갈 필요가 없다. 하지만 신용카드가 시간을 늘 절약해주진 않는다.

나는 2010년대 사람들이 시간을 어떻게 사용하는지에 대한 경제학 연구결과를 발표했는데, 아마도 그래서인지 정부의 변호사들이 내게 두 건의 소송사건에 전문가 증인으로 나와달라고 요청했다. 그중 한 소송은 고객의 신용카드에 잘못된 사용금액이 청구될 수 있도록 보안 위반을 허용한 회사에 대한 것이었다.[1] 내 첫 반응은 "왜 저죠? 제가 신용카드에 대해 뭘 알겠어요?"였다. 변호사들은 신용카드 사용자가 잘못된 청구서를 수정하는 데는 시간이 걸린다고 지적했다. 또 다른 소송은 한 회사의 거듭된 보안사고 때문에 신용카드 회사들이 고객의 계정을 폐쇄한 사건이었다. 이로 인해 고객들은 새로운 신용카드를 만들어야 했다. 카드를 분실했거나 도난당했거나 파기한 경험이 있는 고객은 새로운 카드를 발급하는 데 시간이 걸린다는 것을 안다. 신용카드로 전화 요금, 케이블 요금, 기타 고지서 등 직접 청구되는 정기결제를 연동한 경우라면 신용카드 문제를 해결하는 데 더 많은 시간이 걸린다.

두 경우 모두 고객이 신용카드 청구서를 수정하는 데 소비한 시간을 어떻게 가치평가할 것인지가 문제였다. 고객 서비스 담당자와 2분간 통화하기 위해 끔찍한 음악을 들으며 15분을 허비하는 고통은 차치하더라도 수화기를 들고 허비한 시간만큼 당신은 다른 일을 할 수 있었다. 그리고 그 다른 일은 최소한 약간의 즐거움을 줄 수 있었을지도 모른다. 게다가 그것은 당신이 선택한 일이지, 어느 회사의 부주의로 당신에게 강요된 일은 아니지 않은가. 그 허비한 시간을 다른 활동에 사용할 수 있었기에 그것은 가치가 있는 것이다. 시간은 희소하기 때문에 가치가 있다. 불쾌감을 주는 회사의 부주의 때문에 당신이 원하는 대로 다른 활동을 하며 즐길 수 있는 시간이 제한됐다. 법원은 재판에 회부된 한 사건에서 이런 주장의 타당성을 인정하고 그 회사의 행위로 피해를 본 많은 사람에게 원고 한 명당으로는 적은 금액이지만, 총 수천만 달러에 달하는 손해배상을 하라고 명령했다.

시간 부족의 중요성은 일상생활의 모든 부분에서 나타난다. 어젯밤 아내와 나는 식사를 마치고 식당에서 집으로 걸어가는 길에 큰 공사현장을 만났고 보도가 폐쇄되어 길을 건너 우회해야 했다. 우회하는 바람에 귀가하는 데 1분이 더 걸렸다. 물론 별것 아니었지만 이런 짧은 시간이 합쳐지면 이야기가 달라진다. 하루에 100명이 우회하도록 강요당하고, 그 공사가 2년 동안 계속된다면 무려 1,200시간이 넘게 낭비되는 셈이다. 그들이 허비한 시간을 미국 최저임금의 절반으로만 계산해도 그 건설회사가 대중에게 강요한 시간 비용은 4,000달러에 달한다. 우리가 그 공사의 비용을 (일부) 부담한 셈이다. 우리가 부담한 시간을 다른 데 사용한다면 불필요하게 길을 건너는 것보다는 잘 사용할 수 있었다. 결과적으로 그 공사가 진행되는 동안 (건설사가) 추가할 비용을 절약하는 데 우리의 시간을 사용한 셈이다.

기업의 활동이 우리에게 시간을 쓰게 했다면, 기업과 정부의 활동은 우리에게 더 많은 시간을 할애하고 우리가 직면한 시간의 희소성을 줄여줄 수도 있다. 교량이나 고속도로 건설에 관한 주장 중 하나는 그것이 이용자들의 시간을 절약해준다는 것이다. 엄밀히 말하면, 두 경우 모두 공사가 끝나야 우리에게 가치가 있다. 그 시간은 건설공사가 우리 모두에게 주는 이익이다. 미국 정부가 정부기관들에게 새로 제안한 공사를 정당화하기 위해서 해당 건설 덕분에 절약될 시간의 가치를 계산해 포함하도록 강력하게 요구한 것은 절약된 시간을 평가할 필요가 있기 때문이다.

많은 연구가 출퇴근 시간을 줄여줄 공공사업에 가치를 부여하기 위해 통근시간 변화에 사람들이 어떻게 반응하는지에 대한 추정치, 즉 차에 앉아 있는 시간을 줄이는 데 드는 비용을 지불하려는 의향에 대한 추정치를 활용해왔다. 출퇴근길에 교통체증에 시달린 사람이라면 누구나 증언할 테니 이런 평가는 일리가 있다. 예컨대, 최근 텍사스 주 오스틴 시의 고속도로에 통행료가 부과된 고속차선을 추가했는데, 어떤 이들은 16킬로미터 거리의 통근시간을 줄이기 위해 많게는 5달러까지 기꺼이 지불할 용의가 있다고 하였다. 통행료를 내는 차선으로 바꾸는 것, 즉 사람들이 시간을 덜 쓰기 위해 약간의 돈을 기꺼이 쓰려는 자세는 이런 활동에도 시간의 가치를 생각하고 있음을 보여준다.[2]

회사나 정부의 과실로 우리의 시간을 낭비하거나, 예상치 못한 자유시간을 얻을 때마다 우리가 느끼는 시간의 희소성은 달라진다. 우리 마음대로 할 수 있는 시간이 줄어들면, 가치가 낮은 활동을 포기할 수밖에 없다. 시간을 선물받게 되면, 그렇지 않았다면 즐기지 못했을 시간을 사용하는 데 몰두할 수 있다. 특히 구매력에 비해 점점 부족해지는 시간과 그에 따라 변화하는 인센티브(보상)로 정의되는 우리가 마주한 세상이 어떻게 우리의 일상에 영향을 미치는지 이해한다면 우리는 더 나은 삶을 살고 훨씬 더 행복해질 것이다.

＞ 우리는 이 모든 것을 알고 있을까?

우리가 직면한 소득 증가와 그보다는 덜 빠른 수명 증가 그리고 우리가 이용할 수 있는 시간의 상대적 희소성을 알면 시간의 가치에 주의를 기울이게 된다. 이런 변화를 인식하지 못하면 우리는 어떻게 돈을 쓸지 그리고 행복하기 위해 어떻게 일관된 방법으로 시간을 사용할지 계획할 수 없다. 우리는 수명에 비해 상대적으로 더 많이 증가한 소득을 설명하지 못한 결과, 늦은 나이에 막대한 소득을 남길 수도 있다. 물론 죽을 때 평생 소득의 상당량을 남기는 것이 잘못은 아니다. 그것이 우리가 계획한 바였다면 말이다. 하지만 자녀와 손주를 사랑하는 것과는 별개로 소득이 얼마나 빨리 증가하는지 알지 못해 그들에게 계획한 금액보다 많은 돈을 남겨주는 것은 낭비이다. 은퇴자문과 금융설계 산업이 발달한 상황을 보면 이런 우려가 우리에게 매우 중요함을 알 수 있다. 우리는 시간과 소득을 사용하는 데 최선의 조합을 선택할 수 있도록 기꺼이 지출을 한다.

행복의 중요성을 고려할 때, 사람들이 자신의 수입과 남은 시간에 대해 좋은 정보를 가지는 것은 놀랄 일이 아니다. 소득에 대한 그들의 기대치를 보자. 몇몇 연구에서는 젊은이들에게 경력을 쌓고 나이가 들면서 소득이 증가한다는 것을 알고 있는지와 어느 정도까지 인지하는지를 물었다. 그들의 기대치는 실제 상황과 매우 비슷했다. 간단한 예로, 10대들은 첫 번째 정규직이 그들의 최고 급여가 아니라는 것을 알고 있다.[3]

청년들은 대부분 대학을 졸업하면 더 많은 소득을 기대할 수 있다는 사실을 잘 알고 있다. 그들은 대졸자가 고졸자보다 더 많이 번다는 사실도 알고 있다. 심지어 직장생활에서 어떤 학부 전공자들이 더 높은 월급을 받을지도 잘 알고 있다. 그들은 회계나 금융을 전공하는 학생들이 교양학부 전공자보다 돈을 더 번다는 것도 알고 있다.

사람들은 추가로 학력을 쌓고 직장에서 승진하여야 소득이 증가한다는 사실을 분명히 알고 있다. 하지만 2030년에 40세가 되는 일반 대학 졸업자가 단지 평균적인 생활수준이 상승한다는 이유만으로 10년 일찍 태어난 선배가 2020년에 버는 물가상승률을 반영한 돈보다 많이 벌 가능성이 있다는 것을 알고 있는지는 의문이다. 미국 연방준비제도이사회FRB는 미국인들이 내년 소득 변화에 대해 어떤 기대를 가지고 있는지 무작위 표본을 뽑아 정기적으로 조사를 실시하고 있다.[4] 대부분 대침체(2008년 글로벌 금융위기 전후—옮긴이) 기간을 제외하고 소득이 계속 증가하리라고 믿고 있는데, 이것은 2010년대 중반에 다시 갖게 된 믿음이다. 그들은 과거나 오늘날의 미국인들보다 미래의 미국인들이 더 잘살 것 같다고 생각한다.

지난 100년 동안 급격하게 수명이 연장되었지만, 사람들은 자신의 기대수명에 대해 상당히 정확하게 추정한다. 1980년대 초 나는 경제학 교수들을 대상으로 무작위 샘플을 뽑고 나이와 성별 정보를 얻은 후 얼마나 오래 살 것으로 기대하는지 물었다.[5] 나이 든 경제학자들은 젊은 경제학자들보다 평균적으로 더 늦은 나이까지 살아남으리라 기대하고 있었다. 그들은 젊은 시절에 겪은 위험에서 살아남았기 때문에 이전보다 기대수명이 길어졌다고 이해하였다. 더 중요한 사실은 1950년에서 1980년 사이의 수명 연장을 근거로 그들이 이전에 태어난 사람들보다 오래 살 것으로 기대하고 있다는 점이다.

경제학자들의 예측은 놀랄 일이 아니다. 그게 그들의 전문 분야이니까. 하지만 미국 중서부의 어느 대도시 지역 주민을 대상으로 무작위 표본을 뽑아 실시한 조사에서도 같은 결과가 나왔다. 이처럼 일반적인 미국 중산층은 지금까지 살아왔기 때문에 이전에 기대했던 것보다 더 많은 나이까지 살 것으로 예상하고 있었다. 그들은 심지어 그들이 사는 동안 기대수명이 계속 증가해왔다는 사실을 알고 있고, 그런 증가가 미래에도 계속되리라고 예상했다.

사람들은 시간이 지나면 소득과 시간도 변한다는 것을 잘 알고 있다. 시간과 돈을 어떻게 쓸지 결정할 때 이런 변화를 설명할 수 있을지는 또 다른 문제이다. 내가 이 책을 통해 다루고자 하는 것이 바로 그 문제이다. 이를 통해 나는 우리가 시간을 사용하는 모든 방법을 조사했다. 가용한 소득과 시간의 변화에 의해 달라지는 인센티브(동기)에 따라 우리의 시간 사용법이 세월의 흐름 속에서 어떻게 변했는지, 그리고 그 방법들이 개인 특성과 선호도에 따라 어떻게 달라지는지를 검토하고자 한다.

개인의 특성과 개인 혹은 국가의 경제 상황의 중요성 그리고 실업 같은 요소와 취업 기회에 대한 영향을 구분하는 것이 중요하다. 그렇게 하지 않고서는 소득 기회의 불평등 증가 같은 경제적 변화가 시간을 사용하는 데 얼마나 영향을 미치는지 결정할 수 없다.

우리는 소득과 기대수명이 증가하고 있음을 분명히 알고 있다. 우리 기대치 또한 소득과 기대수명을 아주 비슷하게 따라가고 있으므로 암암리에 우리는 시간의 상대적 희소성 증가를 직면하고 있다. 더 중요한 것은 이런 희소성이 시간 사용의 인센티브(동기)를 변화시킨다는 것을 우리가 아는지의 문제, 즉 분명하게 우리가 가지고 있는 정보에 따라 행동하는지의 문제이다. 시간의 희소성과 그 희소성이 유발하는 시간 사용법에 대한 인센티브(동기)를 조사하는 것, 즉 그 질문에 대답하는 것이 이 책의 핵심이다.

❯ 시간을 달리 쓸 방법이 있을까?

자신에게 물어보라. 나는 내 시간으로 무엇을 하나? 무엇을 하면서 어제라는 시간을 사용했나? 다음과 같은 질문을 받는다고 상상해보라. "어제 얼마나 잤어?" "어제 돈을 벌기 위해 얼마나 일했니?" "어제 TV는 얼마나 보았니?" 서머타임을 시작하거나 마치는 날을 제외하고는 물리적으로 가능하지 않은 총 24시간보다 훨씬 많거나 훨씬 적은 대답을 할지도 모른다. 서머타임에는 23시간이나 25시간이 있는 셈이니. 사람들이 사용하는 시간을 정확히 측정하기 위해서는 답변을 제한할 필요가 있다. 평상시 쓰는 시간을 모두 합쳐서 24시간이 되는 추정치를 답하도록 해야 한다.

지난 100년 동안 연구자들은 '시간일기'에 전날 매 순간 무엇을 하고 있었는지 기록하도록 요구해왔다. 전문적으로 수집한 일기 대부분은 직장 밖에서 보낸 시간을 설명하고 평가하는 데 초점을 맞추었다.[6]

이런 일기는 적어도 40개국에서 상당히 상세하게 수집되었다. 1960년대 동유럽의 공산주의 국가들에서 기념비적인 연구가 많이 행해졌다. 오랫동안 미국은 국민들이 시간을 어떻게 사용하는지에 대한 정보를 얻는 데 뒤처져 있었다. 하지만 이제는 아니다. 2003년 이후, 무작위로 선정한 약 1,000명을 대상으로 한 연방정부의 〈미국인의 시간 사용 조사〉는 미국인들이 시간을 어떻게 사용하는지 상세히 보여준다. 이 샘플에 포함된 사람들은 각각 전날 새벽 4시부터 다음 날 새벽 3시 59분 사이 매시간 무엇을 했는지를 다음 날 아침에 기록했다. 그들은 자신의 활동 내용을 적고, 정부 연구원들은 이것을 400개 이상의 매우 구체적인 시간 사용 범주로 코드화했다. 현재 19만 명 이상에 대한 데이터가 있다. 이만큼 광범위하지는 않지만 다른 많은 부유한 나라의 유사한 데이터와 조금 덜 부유한 나라의 데이터는 시간을 연구하는 경제학자와 다른 학자들의 연구는 물론, 이 책에 쓰인 상당한 계산, 데이터 및 토론의 기초가 된다.

나는 미국인들이 시간을 어떻게 사용하는지에 특별한 주의를 기울이는 한편 프랑스, 독일 그리고 영국 사람들이 시간을 어떻게 사용하는지에 대해서도 많은 분석과 짤막한 설명을 제시했다. 호주, 이탈리아, 일본, 한국, 네덜란드, 포르투갈 그리고 스페인에서의 시간 사용 정보도 일부 논의의 기초를 이루고 있다. 이렇게 많은 선진국을 살펴보면 사람들이 시간을 사용하는 방식, 즉 우리가 직면한 결정이 보편적임을 알 수 있다. 한편으로는 미국인들이 시간을 다른 나라 사람들과 얼마나 다르게 사용하는지도 알 수 있다.

시간 사용을 논의하는 데 있어 가장 큰 어려움은 시간을 분류하는 것이 결코 쉽지 않다는 점이다. 우리가 '일'이라고 부르는 것이 우리와 고용주의 생산활동에 다른 활동들이 섞인 것일 수도 있고, 동료들과 빈둥거리거나 운동하거나 또는 친목을 나누는 것일 수도 있다. 잠은 일정할 수도 있지만, 잠자는 것으로 보고되는 시간은 잠자는 시간, 뒤척이는 시간, 섹스를 하거나 화장실에 가는 시간으로 구성될 수도 있다.

미국 데이터에 기록된 400개 이상의 시간 사용 분류는 사람들이 하는 활동의 종류에 대해 아주 상세한 정보를 담고 있다. 미국의 조사는 '수면'을 '잠'과 '불면증'으로, '일'은 '정규 작업(업무)' '업무 중 운동' '업무 중 여가' 그리고 '업무 중 청소'로 나눈다. 프랑스, 독일과 영국을 포함한 다른 나라의 조사는 이런 활동과 다른 활동에 대한 세부사항이 적고 서로 다르다. 그럼에도 시간 사용에 대해 논의할 때 우리가 고려하는 활동을 얼마나 정교하게 분류하고자 하는지부터 생각할 필요가 있다.

우리는 대부분의 시간을 여러 가지 일을 동시에 하면서 보낸다. 먹으면서 TV를 본다. 먹으면서 TV를 보며 어린아이도 돌본다. 운동하면서 음악을 듣는다. 웹서핑을 하면서 소매업자에게 전화하기도 한다. 곰곰이 생각해보면, 실제로 우리가 하는 거의 모든 활동은 한 가지 또는 몇 가지 다른 활동과 함께 동시에 이루어진다. 우리가 어느 시점에 어떤 한 가지 활동을 하고 있는지 질문을 받는다면, 동시에 하고 있는 몇 가지 일 중 우리에게 그 시점에서 가장 중요한 것이 무엇인지에 따라 대답이 달라진다. 앞의 예를 들자면, 사람들은 대부분 TV를 보는 것보다 먹는 것, TV를 보는 것보다는 아이를 돌보는 것, 음악을 듣는 것보다는 읽는 것 그리고 웹서핑보다는 전화하는 것을 먼저 기술할 것이다. 특정한 시점에 하나의 활동을 기술하는 일기는 다른 일을 동시에 하고 있을지라도 가장 중요하다고 여기는 하나만 반영하고 있다.

이런 주의사항을 염두에 두면, 시간일기는 사람들이 삶에서 주요한 활동으로 여기는 것에 대한 중요한 통찰을 제공한다. 우리는 뜻밖에도 가장 많은 시간을 써야 한다고 생각하는 일에 많은 시간을 사용하지 않는다. 가장 많은 시간이 소요되는 활동, 즉 수면에 보통 미국인은 사회적 통념이 권장하는 여덟 시간 정도밖에 쓰지 않으며, 평일에는 여덟 시간 20분을 잔다고 보고하였다. 하지만 미국 인구 전체에는 큰 차이가 있다. 일기에서 미국 성인의 10퍼센트는 여섯 시간 이하 수면을 취한다고 보고하고 있다. 또 다른 10퍼센트는 일기를 쓰는 날에 열 시간 이상 잔다고 한다. 사람들이 시간을 쓰는 가장 중요한 단일 활동이 수면이라는 점에서 미국은 전형적이다. 성인 영국인은 평일에 보통 미국인들보다 잠을 아주 약간 덜 잔다. 물론 영국에도 여섯 시간 이하 또는 열 시간 이상 자는 사람도 상당수 있다고 보고된다. 여덟 시간이라는 '정상적인' 수면시간에 대한 우리의 고정관념은 평균 미국인과 다른 곳의 보통사람들에게는 맞지만, 일반적인 수면의 양에서 성인들 사이에 존재하는 엄청난 다양성을 가리고 있다.

사람들의 다양한 행동이, 시간 부족이 만들어내는 인센티브(동기)에 대한 각기 다른 반응을 대변하지는 않는다. 하지만 사람들이 수면에 쓰는 시간에는 상당한 차이가 있다. 그중 일부 차이를 발생시키는 시간의 희소성과 인센티브(동기)의 범위는 엄청나게 크다. 뒤에서 나는 사람들의 수면량 차이 중 일부는 그들이 직면한 인센티브(동기)의 차이에 기인할 수 있음을 보여주고자 한다. 한 시간 더 자는 것은 일을 포함한 다른 활동과의 트레이드오프를 수반하고, 그것이 한 시간의 잠보다 우리를 더 행복하게 만들 수도 있다.

미국인들이 하는 두 번째 일반적인 활동은 유급 근로이다. 평균 미국 성인의 경우 평일 네 시간 이상 일한다. 시간은 길지 않아 보이지만, 자신을 근로자로 생각하는 사람들조차 일하지 않는 날이 많고 미국 성인 전체의 절반을 약간 넘는 사람들만이 평일의 특정일에 일을 한다고 보고하고 있다. 보통 영국인은 평일 근무가 약간 줄어들 뿐이며, 유급 근로는 모든 부유한 나라에서 두 번째로 많은 시간을 소비하는 활동이다. 앞으로 나는 그들이 일하는 시간의 차이가 어느 정도까지 그들이 직면하는 인센티브(동기)에 의해 결정되는지, 그리고 어느 정도까지 그 나라 문화와 개인적 특성에 의해 결정되는지를 조사할 것이다.

미국인은 TV쇼이든 빌리거나 다운로드 받은 영화이든 간에 하루 중 두 시간 40분을 TV 시청에 쓴다. 일반적으로 다른 선진국에서는 이 여가 활동에 쏟는 시간이 적다. 예컨대, 영국에서는 두 시간 20분밖에 되지 않는다. 미국인은 사람들이 하는 무수한 활동 중 수면, 유급 근로 그리고 TV 시청 등 세 가지에 할애하는 시간을 합치면 자기가 자유로이 쓸 수 있는 시간의 거의 3분의 2를 차지한다. 다른 선진국에서는 그 시간이 약간 적을 뿐이다.

서로 다른 일을 할 때가 중요한 이유는 그것이 우리의 선호, 사회적 압박, 생물학적 영향 그리고 매일, 매주 그리고 심지어 일생에 걸쳐 변화하는 시간의 부족함이 만들어내는 인센티브의 복잡한 결과이기 때문이다.[7] 동일한 활동에 쓰는 한 시간을 각각 오후 9시와 새벽 3시에 소비하는 것은 다르다. TV의 경우, 〈먼데이 나이트 풋볼 Monday Night Football〉이라는 프로그램을 생방송으로 보는 것이 한밤중에 재방송을 보는 것보다 훨씬 낫다. 낮에 잠을 자는 것은 생물학적으로 어려울 수 있다. 동료 대부분이 활동할 때 활동하지 않는다는 것을 의미한다. 사회와 따로 놀게 되는 것이다. 또한 우리가 유급 근로자라면 동료 근로자들 대부분이 일하지 않을 때 일해야 한다.

게다가 일을 언제 얼마나 하는지에 더해 시간을 사용하는 방법에서 성별, 인종, 민족 혹은 지리적 장소의 차이를 포함한 인구통계학적 차이도 중요하다. 뉴스 미디어와 그것을 신뢰하는 사람들은 다른 인구통계학적 집단의 사람들이 어떻게 행동하고 어떻게 살며 무엇을 하는지에 관심이 있다. 그런 차이는 단지 사람들이 서로 다른 문화에 속해 있기 때문에 생기는 것이 아니다. 그런 차이는 부분적으로 시간의 희소성에 따른 변화가 촉발하는 인센티브로부터 발생한다. 그런 인센티브를 유발하는 것은 나이 드는 것, 결혼하고 아이를 갖게 되는 것 그리고 시간의 가치와 무관한 상황들이다. 그 차이는 개인적 특성이 우리가 자유롭게 결정한 시간의 사용에 어떤 영향을 미치는지 보여준다.

삶에서 두드러진 특징 중 하나는 우리의 나이이다. 우리는 마흔다섯 살 때보다 스무 살 때 시간이 더 많다고 생각할 수 있다. 살아갈 날이 더 많기 때문이다. 하지만 개인적인 경험으로 볼 때 내가 30년 전에 비해 지금 남은 수명이 더 적다는 것을 아주 잘 알고 있음에도 75세인 지금 마흔다섯 살 때보다 시간이 부족하다고 느끼지 않는다. 압도적 다수가 장수할 것으로 기대되는 사회, 즉 이들이 세계 인구에서 차지하는 비중이 늘어나는 사회에서는 사람들이 시간 소비 방식을 선택하는 데 있어 나이가 미치는 영향이 더욱 중요해졌다.

우리 대부분은 시간을 어떻게 사용할지를 혼자 결정하지 않는다. 적어도 어느 정도는 파트너, 가족, 친구와 함께 결정한다. 인간은 사회적 동물이기 때문에 같은 종의 다른 동물들과 함께해야 한다. 우리가 다른 사람들의 시간 사용을 완전히 통제할 수 없다면, 우리가 시간을 어떻게 사용하는지는 우리가 함께하고자 하는 사람들이 직면한 선호와 인센티브(동기)에 의해 결정해야 한다. 이것은 대부분의 성행위, 테니스 경기, 축구 경기처럼 두 명 이상의 사람이 필요한 활동에서 명백해 보인다. 여기에는 먹기와 가장 중요하게는 일도 해당한다. 만약 '사회적'이라는 말이 최소 두 사람 이상을 포함하는 의미라면 시간 사용 결정은 본질적으로 사회적 결정이다.

돈은 사람들이 경제와 가장 많이 연관 짓는 것이다. 돈은 자신이 버는 금액, 배우자가 버는 금액 혹은 우리의 부에 대한 이자나 배당으로 버는 금액을 말한다. 소득은 우리가 시간을 어떻게 사용할지 결정하는 데 매우 중요하다. 따라서 우리는 소득의 차이가 시간을 소비하는 것들에 그리고 하루, 한 주, 한 해 중 언제 쓸지에 어떻게 영향을 미치는지 반드시 살펴봐야 한다. 게다가 번 돈을 소비하는 데도 시간이 든다. 당신은 아주 짧은 바캉스를 즐기거나 60초 안에 〈말러 교향곡〉을 감상할 수도 없다. 바로 잠을 자거나 샤워를 할 수도 없다. 어떤 활동은 혼자서 할 때보다 누군가를 고용하면 더 만족스럽거나 효율적으로 할 수 있다. 두 살짜리 아이에게 《하마들의 잔치!Hippos Go Berserk!》를 읽어준다고 생각해보라. 소득 차이가 구매하는 양뿐만 아니라 구매하는 물건의 종류 그리고 구매 및 소비의 시기를 변화시킨다는 것을 알 수 있다.

시간은 현실이지만, 시간을 측정하는 방법은 기술이다. 미국처럼 동쪽에서 서쪽으로 멀리 펼쳐져 있는 국가 대부분은 땅을 인위적 경계인 시간대로 나누기로 했고, 그 결과 시간 경계가 생겼다. 시간 대는 한 나라의 국민들이 효율적으로 상호작용할 수 있게 해준다. 커플이나 사회적 공동체의 멤버들이 어떻게 시간을 보낼지 결정해야 하는 것처럼 어떤 활동은 다른 시간대에 있는 국민들이 최소한 암묵적으로라도 함께 결정해야 한다. 우리는 시간대가 시간 사용에 미치는 영향을 간과하고 있지만 잠, 일, TV 시청 이른바 '빅3' 활동에 사용하는 시간에 막대한 영향을 미친다. 우리는 미국 동부표준 시간대에 속하는 보스턴에 있는 것만으로도 태평양표준시간대인 샌프란시스코에 있을 때와 다른 행동을 할 수 있다.

우리 삶에서 시간의 중요성은 "모두가 시간(과 날씨)에 대해 불평 하지만, 누구도 시간에 대해서 아무것도 하지 않는다"는 (대개 이 문 장을 만들어낸 것으로 인정받는 공동저자인 마크 트웨인이 아니라) 찰스 더들리 워너Charles Dudley Warner의 말로 설명할 수 있다. 우리는 날씨에 대해서는 불평만 하지 않는다. 인공구름을 만들어서라도 기후를 바 꾸려고 시도한다. 비슷하게 우리는 시간에 대해서도 불평이 많다. 우리는 기술을 변화시켜 예상하지 못한 채 시간이 우리 삶에 영향 을 미치는 방식을 바꾼다. 우리 각자에게는 시간의 부족함이 우리 의 삶에 미치는 영향을 바꿀 수 있는 힘이 있다. 시간의 흐름을 멈 출 수는 없겠지만, 시간의 부족이 우리 일상에 미치는 영향을 제한 할 수는 있다. 정책을 바꾸는 사회구성원이자 개인으로서 우리는 어 떻게 그런 제한을 할지 알아야 한다.

CHAPTER 02

일하지 않을 때
우리가 하는 일

WHAT WE DO WHEN WE'RE NOT WORKING

Spending Time

사람들이 '빅3'(잠자고, 돈을 벌기 위해 일하고, TV를 시청하는 것)에 각각 얼마나 시간을 소비하는지 생각하는 데는 두 가지 관점이 있다. 하나는 발생률이다. 얼마나 많은 사람이 하루 중 그 활동에 시간을 소비하는가의 문제이다. 또 하나는 강도로, 그 활동에 소비하는 시간의 양이다.

발생률과 강도의 구분을 이해하기 위해 강우량을 생각해보자. 미시건 주 디트로이트 시와 텍사스 주 오스틴 시 모두 연평균 810밀리미터의 비가 내린다. 하지만 디트로이트에는 연평균 135일, 오스틴에는 88일밖에 비가 오지 않는다. 오스틴에서는 비가 내리는 빈도는 적지만 비가 오는 날 강우량은 더 많다. 집중호우이다.

거의 모든 사람이 매일같이 하는 수면을 제외하고, 업무 외 활동의 발생률과 그 활동에 종사하는 사람들의 비율 그리고 그 일을 하는 사람들이 사용하는 시간의 강도에는 엄청난 차이가 있다. 이것은 중요하다. 만약 우리 모두 기도를 위해 하루에 10분을 사용한다면, 그 시간의 합계는 우리 중 12분의 1이 하루에 두 시간을 기도하는 데 쓴 것과 같아진다. 1인당 평균시간은 동일하지만, 첫 번째의 경우 그 국가는 어느 정도 종교적인 나라로 간주될 것이고, 두 번째 경우에는 소수의 국민이 독실한 종교인이고 대다수가 비종교적이라고 간주된다. 첫 번째 사회는 두 번째 사회보다 응집력이 있을 것이다. 사람들이 비슷한 일을 더 많이 하기 때문이다.

우리가 무언가를 하는 시기도 중요하다. 근무일에 소수의 다른 팬들과 함께 스포츠경기를 보는 것은 토요일에 꽉 찬 경기장에서 홈팀을 응원하는 것보다 덜 재미있다. 충분한 수의 열성 신자들이 참여하지 않으면 많은 종교 활동이 일어날 수 없다. 평일과 주말, 주간과 야간 중 어느 때 행하느냐에 따라 같은 활동도 본질적으로 달라질 수 있다는 뜻이다. 때문에 다양한 활동이 언제 실행되는지, 얼마나 많은 사람이 하는지, 얼마나 많은 시간이 사용되는지를 살펴볼 필요가 있다.

우리는 범주를 정해 생각한다. 인간은 마음속에 칸막이 서류보관함인 '피존홀' 박스를 만들어 지식을 정리한다. 우리의 시간을 사용할 무수한 방법과 함께 시간 사용에 대한 우리의 생각을 정리하기 위한 어떤 원칙이 필요하다. 거의 100년 동안 경제학자들은 우리의 활동을 1)유급 근로work for pay 2)가정 활동home production 3)개인 관리personal care 및 4)여가 활동leisure의 네 가지 큰 범주로 나누었다. 유급 근로는 명백하다. 유급 근로는 우리의 다른 모든 활동을 금전적으로 후원하는 활동이다. '가계생산'이라고도 불리는 가정 활동은 우리가 주는 급여를 받고 다른 사람이 하는 활동도 포함된다.[1] 그 범주에는 아이들이나 노부모를 돌보는 것, 쇼핑, 요리, 설거지 그리고 개를 산책시키는 것 같은 일반적인 활동도 포함된다. 여기서 중요한 점은 그 활동들은 아웃소싱을 할 수 있으며, 경제학자들이 말하는 '제3자 기준'을 충족시킬 수 있다는 사실이다.[2] 즉 다른 사람에게 돈을 지불하고 그 일을 하게 할 수 있다는 것이다. 우리가 이런 일을 스스로 하느냐, 아웃소싱하느냐는 우리가 그 일을 얼마나 즐기는가, 우리가 고용할 사람에 비해 얼마나 잘하는가, 다른 사람들에게 돈을 지불하는 데 얼마나 비용이 드는가 그리고 우리가 그 일을 직접 하는 비용은 얼마인가, 즉 다시 말해 우리가 어떤 다른 일을 하는 데 쏟을 수 있었던 시간은 얼마인가에 달려 있다. 우리는 이 중 아무것도 아웃소싱하지 않을지도 모른다. 하지만 아웃소싱을 할 수도 있다. 어느 쪽이든 그것은 우리가 해야 할 선택이다.

개인 관리는 수면, 식사 혹은 성관계 같은 인간의 필수적인 생물학적 활동을 포함한다. 거의 모든 사람이 씻거나 몸단장 같은 활동을 하는 데 시간을 쓰는 만큼 그런 활동을 개인 관리에 포함시키는 것이 타당하다. 게다가 대개는 다른 사람에게 돈을 주고 우리의 개인 관리를 하게 할 수 없다. 그런 혜택을 받으려면 우리도 그 자리에 있어야 한다. 당신은 머리 손질이나 얼굴 화장을 위해 누군가에게 돈을 지불할 수 있다. 당신과 성관계를 해달라고 누군가에게 돈을 지불할 수도 있다. 하지만 몸단장에는 바로 당신의 시간을 써야 하고, 당신을 위해 성관계를 하라고 돈을 지불할 수는 없다. "심지어 러시아 황제 차르조차도 걸어서 간다"라는 옛 러시아 격언이 이를 잘 보여준다. 비록 어떤 차르는 하인들을 시켜 자신을 이동시켰을지는 몰라도 그들이 그곳에 도착하기 위해서는 여전히 자신의 시간을 써야 했다.

네 번째이자 가장 다양한 활동 범주는 여가 활동이다. 그것은 본질적으로 할 필요가 없는 것, 즐기는 것 그리고 아웃소싱할 수 없는 것, 즉 우리가 반드시 참여해 스스로 움직여야 하는 활동을 말한다. 이 광범위한 범주에는 TV 시청, 스포츠와 운동, 독서, 콘서트 관람, 스포츠 행사 참석 등이 포함된다. 많은 경우 여가 활동을 아웃소싱할 수 없다는 것은 분명하다. 만화가 데이비드 사이프레스David Sipress는 소파에 앉아 책을 읽고 있는 심술궂은 남자와 그를 가리키며 "저 사람이 내가 프루스트Proust 책을 읽도록 고용한 사람이다"라고 말하는 다른 남자를 묘사하면서 여가 활동을 아웃소싱하는 것이 불가능함을 보여주었다.[3]

하지만 우리가 아웃소싱할 수 있는 여가나 개인 활동도 많다. 다소 이상해 보이기는 하지만, 나는 종교의식에서 내가 직접 카디시(Kaddish, 친척의 죽음 이후 신에 대한 믿음을 재확인하는 유대인의 기도)를 하는 것보다는 예루살렘에서 내 어머니를 대신해 카디시를 할 사람에게 약간의 금전적 기여를 할 수 있다. 가난한 나라의 가톨릭 신부들은 어느 서양 교구민들의 죽은 친척을 기리기 위해 미사를 드릴 것이다. 회계 메커니즘이 그렇듯이 어떤 활동을 어떻게 분류해야 하는지가 항상 명확하지는 않다.

> 가정 활동

우리를 위해 다른 사람이 해줄 수 있는 일은 많다. 구매 대행인, 세탁 서비스 그리고 개인 회계사는 가정 활동에 소요되는 시간을 어느 정도 줄여줄 수 있다. 육아에 소비되는 시간에서 우리를 자유롭게 해줄 보모, 음식 준비에 소요되는 시간을 줄여줄 요리사 그리고 우리를 위해 청소하는 가사도우미가 있다. 집사와 도우미가 모든 일을 덜어주어 우리가 이런 활동에 시간을 쏟지 않아도 될 만큼 충분히 부유하다면 어떨까 상상해볼 수도 있다. 그렇게 하면 시간이 얼마나 절약될까? 그렇다면 우리가 더 재미있는 일을 할 수 있을까?

음식 준비와 청소, 구매/쇼핑, 집안 관리 그리고 아이 돌보기 등 기본 활동을 생각해보자. 〈그림 2.1〉에서 알 수 있듯이 그런 활동의 발생률과 강도는 엄청나게 다양하다. 미국인 대부분은 음식을 만들고 청소하는 데 시간을 쓴다.[4] 우리는 하루에 적어도 한 끼는 먹는데, 이것은 많은 사람이 그 식사 준비를 다른 사람들에게 의존하고 있음을 의미한다. 배우자나 룸메이트, 혹은 식당 종업원은 요리하고 설거지하는 데 그들의 시간을 사용해 우리가 먹고 치우는 데 사용할 시간을 절약해준다. 스스로 음식을 준비하거나 청소를 하는 사람도 하루에 단지 한 시간만 사용한다. 이것은 선사시대 혹은 20세

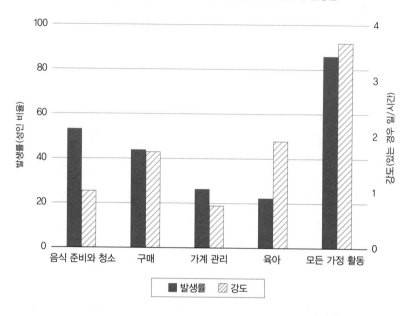

〈그림 2.1〉 미국의 2003~2015년 가정 활동의 강도와 발생률

기 초까지 식사 준비가 여성의 시간에서 큰 부분을 차지했던 상황과 현저한 대조를 이룬다.

쇼핑도 무작위로 선택한 날에 하는 것이 아니다. 미국인의 44퍼센트만이 정해진 날에 쇼핑을 하고, 쇼핑에 두 시간이 걸리지 않는다. 가계 관리(소득세 파악, 청구서 결제, 은행계좌 조회 등)와 관련해서는 빈도가 낮다는 점이 더욱 두드러진다. 미국인 중 4분의 3은 일상적인 날에는 이런 활동을 하지 않는다. 하지만 한번 할 때 거의 한 시간을 소비한다.

80퍼센트 가까운 미국인은 평소 아이를 돌보는 데 시간을 거의 쓰지 않는다. 대부분의 미국 가정에 아이가 없다는 단순한 이유 때문이다. 그들이 아이에게 책을 읽어주고, 수업에 데려다주고, 기저귀를 갈아주는 등 아이를 돌보는 시간을 보고한다면, 그날 그 모든 일을 하는 데 채 두 시간도 걸리지 않는다. 심지어 집에 세 살 미만의 자녀를 둔 사람들도 겨우 평균 두 시간 40분을 육아에 소비한다. 그리고 놀랄 것도 없이 그 총량은 아이들이 커갈수록 꾸준히 감소하는데, 10대 자녀를 둔 부모 중 4분의 1만이 아이를 돌보는 데 시간을 쓴다고 한다. 그리고 그렇게 말하는 부모는 아이들을 돌보는 데 한 시간도 걸리지 않는다고 한다.

수많은 가사 활동을 고려하면 압도적 다수의 미국인(거의 8분의 7)이 보통 하루에 하나 이상의 가정 활동에 어느 정도 시간을 소비한다. 그리고 가정 활동에 세 시간 40분을 쓴다. 이는 일반 미국인들이 매일 네 시간 조금 못 미치는 시간을 아웃소싱할 수 있는 활동에 사용한다는 것을 의미한다. 외주업자를 찾을 수 있고, 돈을 지불할 수 있으며 지불하기를 원한다고 해도 우리가 더 즐길 수 있는 활동으로 바꿔 사용할 수 있는 시간은 네 시간이 채 되지 않는다.

만약 우리가 아웃소싱을 줄 만큼 부유하다면, 즉 다른 사람의 노동력으로 우리 자신의 노동을 대체하고, 다른 사람에게 가정 활동으로 간주되는 일을 하도록 돈을 지불할 만큼 여유가 있다 해도, 우리 대부분은 여전히 모든 가정 활동을 회피하지는 못한다. 이런 일을 할 사람을 고용하는 데는 시간이 걸린다. 경제학자들은 이를 외주 활동의 '고정비용'이라고 부른다. 세무대리인에게 시간당 75달러를 지불하기 전에 일을 잘할 수 있다고 믿을 만한 사람을 찾아야 하고, 서류를 정리하는 데 시간을 써야 한다. 보모를 찾으려면 그 일을 위한 후보자들과 몇 차례에 걸쳐 시간이 걸리는 인터뷰를 진행할 업체와 접촉해야 한다. 이런 고정비용은 보모 관리같이 반복할 수 있는 서비스를 구입하는 데는 지출할 수 있지만, 이 서비스를 단 한 번만 이용할 생각이라면 적절하지 않다.

우리가 직접 그 활동을 하는 두 번째 이유는 그중 몇 가지는 우리에게 엄청난 즐거움을 주고 우리가 하는 가장 즐거운 일 중 하나이기 때문이다. 많은 사람은 자기를 위해 요리된 음식을 먹는 것보다 집에서 직접 요리하는 것을 좋아한다. 어떤 사람은 물건을 직접 고르고 무엇이 있는지 찾는 즐거움 때문에 쇼핑을 즐긴다. 내 큰아들은 개를 산책시키는 데 쓰는 시간을 즐긴다. 괴짜처럼 들릴지 모르지만, 나는 세금 관련 업무를 직접 처리하는 것을 좋아한다. 50여 년간 종종 복잡한 연방세금신고서를 작성하면서 한번도 회계사를 쓴 적이 없다.

아웃소싱할 수 있는 몇 가지 집안일이 있지만, 아웃소싱하지 않는 가장 큰 이유는 우리가 그것을 직접 하는 것이 더 생산적이거나 유익하다고 보기 때문이다. 누군가에게 돈을 주고 내 아이에게 책을 읽어주는 일을 시키는 것이 같은 책을 열다섯 번 읽어야 하는 것보다 즐거울 수 있다. 하지만 우리는 아무도 고용하지 않는다. 왜냐하면 아이에게 책을 읽어주는 데 사용하는 시간은 다른 사람이 책을 읽어주었을 때는 아이에게 줄 수 없는 유대감을 줄 수 있기 때문이다. 좀 더 큰 아이들도 마찬가지이다. 우리는 열두 살짜리 아이의 수학 숙제를 돕기 위해 가정교사를 고용할 수 있지만, 부모가 아이와 숙제를 함께한다면 아이가 잘하는 데 부모가 관심을 가지고 있음을 보여줄 수 있다. 그것은 역시 아이가 걸음마를 할 때 형성된 부모와 자녀 사이의 유대감을 강화한다.

유대감 문제를 무시한다고 해도 부담을 줄이기 위해 고용한 누군가보다 우리는 아이에게 더 좋은 가정교사가 될 수 있다. 대학 교육을 받은 미국인들이 지난 15년 동안 10대 자녀들과 함께 보낸 시간이 1970년대와 1980년대에 비해 현저하게 증가한 것을 생각해보자. 대학 교육을 받은 엄마는 40년 전보다 육아를 위해 일주일에 네 시간을 더 쓰고, 대학 교육을 받은 아빠는 일주일에 두 시간을 더 쓴다. 고등학교 교육만 받은 학부모는 이런 증가세를 보이지 않는다.

교육 수준이 높은 부모가 자녀들에게 더 많은 투자를 하고 있는데, 이런 투자가 자녀들이 일류대학에 합격할 기회 그리고 잠재적으로 성인이 되어서도 더 높은 소득을 얻을 가능성을 높일 것이라고 믿기 때문이다. 이것은 대학 교육의 질이 매우 다양한 미국 같은 나라에서 특히 중요하다. 미국 부모와 캐나다 부모의 대조는 극명하다. 대학 교육을 받은 캐나다 부모의 경우 10대 자녀와 함께 보내는 시간이 그와 같이 증가하지 않았다. 이것은 캐나다 부모가 자녀를 덜 사랑하기 때문이 아니다. 오히려 고등교육에 소요되는 비용과 그 결과로 창출되는 소득은 미국보다 적다. 대학 교육을 받은 미국 부모의 10대 자녀는 이런 변화에 반응했다. 10대 자녀들은 돈벌기, TV 시청과 사교를 위해 쓰는 시간을 줄이고 공부하는 시간을

늘렸다.[5]

가정 활동을 아웃소싱할 것인지에 대한 선택은 우리의 시간이 얼마나 가치가 있다고 생각하는지와 아웃소싱할 수 있는 서비스의 가격이 얼마인지에 달려 있다. 그 시간을 이용해 돈을 더 많이 벌 수 있다면 우리는 그 시간을 더 높이 평가할 것이고, 요리, 개 산책 혹은 집 청소를 하는 데서 얻는 약간의 즐거움을 포기하고 아웃소싱하는 것이 타당할 수도 있다. 요리사, 개 산책 대행, 가사도우미 등을 저렴하게 이용할 수 있다면 가능성은 더욱 높아진다.[6]

사람들은 이런 서비스를 아웃소싱할지를 결정할 때 자신의 시간의 가치와 대행시켰을 때의 비용을 고려한다. 프랑스와 영국의 경우를 조사한 어느 연구는 임금이 높은 남녀(유급 근로로 다른 사람보다 많은 돈을 받는 남녀)가 집안일에 사용하는 시간을 줄인다는 결과를 보여준다.[7] 또, 좀 더 저렴한 가사도우미 서비스가 있으면 가사 일을 덜 한다. 그리고 가전제품이 더 저렴하게 제공되는 시기와 지역에선 청소와 요리에 드는 시간도 줄인다. 효과는 크지 않지만, 아웃소싱 여부를 결정할 때 사람들은 자기 시간의 가치와 일을 직접 하지 않고 맡겼을 때의 비용에 반응한다.

일주일 동안 가정 활동에 소요된 시간을 보면 고르게 분포하지 않는다. 미국인 대부분이 주말인 토요일과 일요일에는 유급 근로를 덜하기 때문에 가정 활동을 30분 정도 더 한다. 음식을 준비하거나 청소하는 시간이 늘어나는 것이 아니다. 그런 일을 하는 시간은 토요일과 일요일에 평균 2분 정도 증가할 뿐이다. 주 전반에 걸쳐 변화가 일어나는 부분은 쇼핑 습관이다. 사람들은 쇼핑을 주말에 더 집중하고, 주말에는 평일보다 평균 15분 더 쇼핑한다. 나머지 차이는 아이를 돌보는 데 더 많은 시간을 사용하고 특히 집을 관리하는 데 추가적인 시간을 더 사용한다. 예컨대, 원예는 보통 주말 활동이다.

2000년대 초 독일이나 이탈리아 그리고 영국과 비교해보면 미국인은 이들 다른 부유한 나라의 성인들보다 가정 활동에 쓰는 시간이 적다. 독일인보다는 하루에 35분 정도 적고, 이탈리아인보다는 30분 정도 적다. 이런 차이가 생기는 한 가지 이유는 문화적, 제도적 요인일 수도 있다. 미국인은 빨랫감을 세탁소에 맡기고 외식을 하는 데서 유럽인들보다 더 많은 즐거움을 얻을지도 모른다. 이런 설명은 그다지 중요하지 않을 것 같다. 대신 우리가 아웃소싱하는 서비스의 양은 가격에 달려 있고, 이런 서비스에는 대개 저소득층 사람들이 종사한다. 미국은 소득불평등이 다른 나라보다 더 크기 때문에 가정 활동을 아웃소싱하는 것이 다른 선진국보다 상대적으로 저렴하다. 일반 미국인이 버는 소득에 비해 그들의 시간을 대체해주는 저임금 대행자들의 비용이 다른 곳보다 상대적으로 싸기 때문에 더 많은 서비스를 구매하고 더 많은 아웃소싱을 하게 된다.[8]

자국민들이 더 많은 활동을 아웃소싱한다는 점에서 미국이 다른 선진국들과 다르지만, 엄청나게 차이가 나진 않는다. 다른 나라들도 부유한 서구 민주주의 국가이기 때문에 큰 차이가 없다는 점이 놀라운 일은 아니다. 이 나라들의 높은 소득은 국민 다수에게 좋아하

〈그림 2.2〉 2000년대 초반 25개국의 가정 활동 시간

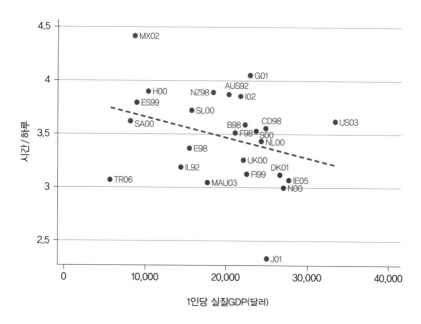

지 않거나 그다지 잘하지 않는 활동을 아웃소싱할 수 있는 선택권을 준다.

경제적으로 취약한 나라와 비교해보면 더 큰 차이가 난다. 〈그림 2.2〉는 25개국에서 가정 활동에 소요되는 평균 시간과 1인당 실질 국내총생산real GDP 간의 관계, 즉 생활수준을 보여준다.

2000년대 초반 이 국가들의 소득을 보면 미국 3만 5,000달러에서 터키 5,000달러까지 다양하다. 그래프 안에 있는 각각의 점은 한 나라 그리고 시간일기를 수집한 때의 이름과 연도를 나타낸다. 1인당 소득이 1만 달러 늘어나면서 가정 활동 시간은 하루 평균 10분가량 줄어든다. 가장 가난한 나라에서 가장 부유한 나라까지 25개국의 가정 활동 시간과 생활수준 간의 관계를 설명하는 점선을 따라가면 하루에 약 30분씩 감소한다. 더 부유한 국가일수록 가정 활동에 더 적은 시간을 소비한다.

이유는 아주 간단하다. 첫째, 선진국 국민은 시간을 절약할 수 있는 세탁기와 건조기, 식기세척기, 전자레인지 등 가전제품을 살 여유가 있다. 두 번째 이유는 더 미묘하다. 선진국에서는 가정 활동 대행 서비스를 제공하는 시장이 더 광범위하게 발달되어 있다. 크레이그리스트(Craigslist, 일종의 온라인 벼룩시장)와 많은 다른 서비스가 인터넷에서 이용 가능해지면서 선진국 국민이 이전에 가정 활동에 포함되었을지도 모르는 일부 활동을 아웃소싱하는 데 관련된 고정비용을 줄이는 데 도움을 받게 되었다.

1985년부터 2000년대 초반까지 미국에서 부부 1인당 음식 준비와 청소에 소비한 시간이 20퍼센트나 감소했다. 하지만 장기적으로는 가정 활동을 하는 인센티브(동기)를 바꾼 요인에 대해 생각해보고 몇 가지 이용 가능한 통계자료를 볼 필요가 있다. 1900년에서 1970년까지 입주 가사도우미, 보모, 요리사, 세탁부 등 가사 일을 돕는 근로자의 수가 가구 당 거의 3분의 2나 감소했다.

가사근로자 수가 엄청나게 줄면 사람들의 가정 활동 종사 시간이 증가한다고 생각할 수도 있다. 하지만 전혀 그렇지 않다. 이 같은 감소는 입주 근로자의 시간을 대체한 생활가전 제품의 사용이 급증한 결과이다. 1920년에는 식기세척기, 의류건조기 혹은 전자레인지 등이 없었다. 진공청소기나 세탁기를 가진 가구는 절반도 되지 않았다. 옛날 가전은 요즘 모델만큼 시간을 절약해주지도 않았다. 70세 이상의 사람들은 아마도 젊은 시절에 오늘날의 자동회전 사이클 대신 수동 탈수기를 장착한 반자동 세탁기를 보았을 것이다. 1990년까지 새로운 가전제품이 널리 보급되었고, 대부분의 가정은 그것을 가지게 되었다. 갖지 못한 사람도 이웃에 있는 빨래방 같은 대행시설을 쉽게 접할 수 있다.

70세 이상의 교외 거주자는 어린 시절 아마 수동제초기로 잔디를 깎았을 것이다. 오늘날에는 대부분 전기 또는 2행정 사이클에 가솔린엔진이 장착된 장치를 사용해 잔디를 깎으며 시간과 노력을 절약한다. 육아를 제외하고, 기술은 우리를 더 고되고 덜 즐겁던 가정 활동에서 해방시켰다. 이 자료는 요리, 청소, 세탁 같은 특정한 가정 활동에 쓰던 시간이 지난 세기에 걸쳐 많게는 3분의 2 정도 줄었음을 보여준다.[9]

> 개인 관리

누가 뭐래도 가장 중요한 개인 관리는 수면이다. 사람들이 수면에 사용하는 시간을 다른 개인 관리 활동과 분리해 비교하는 이유도 그래서이다. 하지만 이 보편적인 활동, 즉 매일 시간일기를 작성하는 거의 모든 사람이 보고하는 이 단 하나의 활동에도 언제 자느냐에 따라 여러 측면이 있다. 우리는 일주일 중 어떤 요일에 다른 요일보다 더 많이 잘 수 있다. 어떤 달에 더 잘지도 모른다. 겨울에는 어쩌면 곰처럼 부분적으로 동면hibernating을 할 수도 있다. 당연하지만 미국인이 잠을 가장 많이 자는 요일은 일요일이다. 주말에는 평균적으로 평일보다 한 시간 이상 더 잔다. 사람들은 일요일 아침에 늦잠을 잔다. 토요일에도 평일보다 30분 이상 더 잔다. 프랑스, 독일, 영국 사람들도 일요일에 훨씬 더 많이 잔다. 다른 많은 나라에서도 마찬가지이다. 어쩌면 서양에서는 주말의 두 번째 날을 '일요일'이 아니라 '잠자는 날'이라고 불러야 할지도 모른다. '잠자는 날'은 일요일의 기능을 잘 묘사한 말이다.

평일이라고 모두 같지는 않다. 일반적인 미국인은 금요일에는 월요일부터 목요일까지보다 거의 15분 덜 잔다. 이는 다른 서구 국가들에서도 나타나는 패턴이다. 평균 수면시간은 월요일에 급격히 감소하고, 주중에 더 많이 줄어들다 주말이 시작되면서 급격히 증가한다. 미국인은 매일 밤 여덟 시간도 자지 않고 평균 수면은 주중에 급격하게 변화한다.

우리가 동면하는 포유류는 아니지만, 미국인은 다른 달보다 북미에서 1년 중 가장 어두운 달인 12월과 1월에 잠을 더 자는 경향이 있다. 보통 다른 달보다 12월과 1월에 더 많은 휴일이 있다는 사실을 무시하고라도 가장 어두운 그 두 달 동안 미국인들은 매일 밤 7분씩 그리고 매주 한 시간씩 더 잔다. 아마도 일조량 감소로 실내에 머무는 시간이 길어지고, 실내는 잠을 자기에 좋은 공간이기 때문일 것이다. 일조량 감소와 추운 날씨로 바깥에서는 잠을 잘 만한 곳이 없다. 겨울에는 추가 수면으로 기운을 북돋아야 할 일도 없다. 겨울엔 잠을 대신할 만큼 매력적인 대안이 없어서 사람들은 확실히 더 많이 잔다.

성인의 10퍼센트가 하룻밤에 여섯 시간 이하로 잔다는 사실을 정말 믿기 어렵지만, 그들 중 몇몇은 어느 날 밤에는 아주 조금 자고 다음 날에는 아주 많이 잘 수도 있다. 미국인을 대상으로 실시한 조사는 사람들이 일주일 내내 평균수면을 취하는지, 혹은 어떤 사람들이 매일 밤 거의 잠을 자지 않는지 여부는 알려주지 않는다.

네덜란드인의 시간일기는 한 사람의 일주일 활동 전체를 다루고 있고, 네덜란드에서 개인 관리에 소비되는 평균시간이 미국과 크게 다르지 않기 때문에 우리는 동일인이 한 주 동안 수면 패턴을 변화시키는지 아닌지 여부를 알아낼 수 있다. 미국에서와 마찬가지로 몇몇 네덜란드 보고서를 보면, 며칠 밤 동안 전혀 잠을 자지 않는 사례도 있지만, 모든 보고서가 그 주에 어느 정도는 자고 심지어 가장 적게 자는 사람조차 일주일 동안 매일 밤 평균 세 시간 20분을 잔다고 보고한다. 게다가 일주일 동안 일일 평균 수면시간을 조사하면 특정한 날 사람들 사이에 나타나는 수면의 차이는 거의 절반이 사라진다. 예를 들어, 월요일에 거의 잠을 자지 못하는 사람들이 다른 요일에 많이 자면서 보충한다는 사실이 월요일에 나타나는 사람들 간의 수면시간의 차이에 대해 거의 절반 정도를 설명한다.

의심할 여지없이 생물학적 요인이 사람들의 평균 수면시간을 결정한다. 가족이나 경제 상황에 상관없이 어떤 사람은 다른 사람들보다 잠을 덜 자거나 더 자야 한다. 하지만 일상에서 마주하는 일들은 우리의 수면시간을 다른 사람들과 달라지게 한다. 아이들, 특히 어린 아이와 열 살 미만의 아이들이 있으면 잠이 부족해지겠지만, 평상시보다 기껏해야 5분 덜 자는 것이다.

결혼을 했거나 파트너가 있는 사람은 독신자보다 잠을 더 잘 것이라고 생각할 수도 있다. 독신자는 가정 밖에서 더 많은 시간을 보내고 싶어할지도 모른다. 아마도 결혼한 사람보다 더 자주 집 밖에서 데이트를 하거나 사교활동을 하거나 자신을 위한 시간을 즐겁게 보내고 싶어한다. 그런데 실상은 정반대이다. 결혼을 했거나 동거 중인 사람은 같은 나이의 독신자보다 하루에 14분 정도 적게 잔다고 한다. 이런 차이는 평일이나 주말이나 마찬가지이다. 일주일 내내 독신자는 같은 나이의 다른 사람들보다 한 시간 30분 더 잔다.

아이가 있는지, 결혼을 했는지, 나이가 몇인지도 중요하다. 이런 인구학적 결정요소는 수면시간에 중요한데, 나이를 제외하고 우리가 해온 선택의 결과이다. 또한 우리는 수면 대신 할 수 있는 다른 기회를 포기하고 수면을 선택한다. 잠은 비용이 많이 든다. 그 시간에 돈을 벌 수도 있다. 돈을 벌지 않는다고 해도 식당이나 술집에서 마시고 먹고, 데이트하고, 쇼핑하고, 깨어 있는 동안 할 수 있는 다른 것에 돈을 쓰고 있을지도 모른다.[10] 우리가 대신할 수 있는 이 모든 다른 즐거운 일을 두고 잠을 선택한 이유는 둘 중 하나이다. 잠은 끊임없이 즐기거나 깨어 있는 시간 동안 우리의 생산성과 즐거움을 증가시키는 웰빙에 대한 투자라는 것이다.

10대 때부터 나는 불면증으로 침대에서 뒤척이며 골머리를 앓아 왔다. 길버트Gilbert와 설리번Sullivan의 〈이올란테Iolanthe〉 오페라에 등장 하는 〈대법관의 악몽의 노래Lord Chancellor's Nightmare Song〉에 나오는,

당신이 음침한 두통으로 깨어 있을 때
잠은 불안으로 금기시되고

라는 가사가 가끔 내 머릿속에서 울려 퍼지는데, 도움이 되지 않는 다. 보통 밤에 잠을 자지 못한다고 하는 미국인은 2퍼센트도 안 된 다. 발생률은 매우 낮다. 이것은 98퍼센트가 즉시 잠이 든다는 뜻 이 아니라, 다음 날 아침 그들의 시간일기에 기록될 만큼 기억에 남 을 정도로 심하게 뒤척인 사람은 소수라는 뜻이다. 하지만 잠 못 자 고 뒤척인 강도는 평균적으로 불면을 기록, 보고하는 사람들 사이에 서는 높다. 보통 한 시간 30분 이상 뒤척이는데, 잠들지 못하고 누워 있었던 적이 있는 사람이라면 누구나 알 만한 영원과 같은 시간이다. 나이와 불면의 관계는 거의 없지만, 남성의 불면증이 더 많이 보고되 고 여성보다 강도도 심하다. 너무 걱정할 필요는 없다. 잠을 자지 못 한다고 보고하는 매 90분마다 사실은 30분은 잤다는 30분의 추가 수면이 보고되고 있다. 엎치락뒤치락하는 시간이 완전 꾸며낸 이야기 는 아니고 엎치락뒤치락하는 시간에도 3분의 1은 잠을 잔 것이다.

1980년대 후반 '수면의 경제학'을 연구한 것은 내 의도는 아니었

다. 나는 '성sex의 경제학'을 꼭 연구하고 싶었다. 사람들의 노동시장 기회와 시간 가치가 그들의 성행위의 발생률과 강도에 어떤 영향을 미치는지 조사하기 위해서였다. 모든 경제학자는 우리가 시간에 대해 부여한 가치가 돈을 벌기 위해 얼마나 일하려고 하는지에 영향을 미친다는 것을 알고 있다. 결국 나는 그것이 왜 우리가 성에 투입하는 시간, 즉 유급 근로, 성관계 그리고 다른 활동 사이의 균형에 영향을 미쳐서는 안 되는가라고 생각했다. 유감스럽게도 1975~1976년 미국에서 소규모로 행해진 시간일기 조사는 이 연구 프로젝트를 수행할 만큼 신뢰할 만한 정보를 가지고 있지 않았다. 일반적이지 않은 영역에서 인센티브(동기)가 행동을 어떻게 변화시키는지 조사하고자 나는 수면 연구로 전환했다.

이 자료에 따르면 개인의 사적인 활동에 소요되는 하루의 시간은 인터뷰 조사에서 보고된 성관계 시간과 거의 일치하는 약 23분이었다. 하지만 어느 날이라도 성관계가 발생했다고 보고한 비율은 3퍼센트에 불과했는데, 이는 평일 기준 결혼한 부부를 대상으로 한 인터뷰 조사 보고서보다 훨씬 낮았다. 이 데이터가 금욕서약을 한 사람들을 불균형적으로 다루고 있다거나, 혹은 훨씬 더 그럴듯한 이유로 사람들이 인터뷰에서는 정확하게 보고할 용의가 있지만 성관계에 보낸 시간을 그들의 시간일기에 보고하기를 꺼린다거나 보고할 수 없다는 것을 의미한다.

미국에서 성관계에 대해 행해진 가장 상세한 인터뷰 조사로, 1990년대 초 18세에서 59세 사이의 약 3,000명을 대상으로 한 미국인의 관행을 분석한 자료가 있다.[11] 남성 중 10퍼센트는 그 전 해에 성관계가 전혀 없었다고 했다. 18퍼센트는 매년 몇 차례, 35퍼센트는 매달 몇 차례, 29퍼센트는 매주 2~3번 그리고 8퍼센트는 일주일에 네 번 이상으로 나타났다. 여성들은 약간 적은 성관계 횟수를 보고했다. 따져보면 평일에 노인이 아닌 성인의 성관계 발생률은 20퍼센트를 넘지 않으며, 어쩌면 더 낮을지도 모른다. 성관계에 걸린 시간은 평균 30분 정도이다. 현재까지 가장 잘되었다고 평가받는 이 연구에 따르면, 미국인들이 수도승이나 수녀는 아니지만 우리가 평소 대중문화를 통해 갖는 이미지보다 훨씬 독신주의에 가깝다는 것을 알 수 있다.

우리는 수면에 하루 중 가장 많은 시간을 소비하는 것을 보았다. 다른 모든 개인 활동은 겨우 하루 두 시간을 소비하며 이 중 몇 분 이상을 차지하는 단 두 가지는 몸단장과 식사이다. 대다수가 매일 세수, 머리 빗기, 샤워, 용변같이 몸단장하는 데 시간을 쓴다. 이 모든 활동은 평균적인 (혹은 일반적인) 미국인의 하루 시간 가운데 40분 정도를 차지한다. 주중이나 주말이나 거의 변동이 없다. 평일이든 주말이든 40분 정도 걸린다. 사람들은 사교 행사에 대비해 금요일과 토요일 저녁에 더 많은 몸단장을 한다. 하지만 평일에는 자신의 직업에 잘 어울리도록 준비하면서 동일한 시간인 40분을 쓴다.

유급 근로를 하지 않더라도 경제적인 여건은 몸단장을 하는 데 쓰는 시간에 영향을 미친다. 텍사스 주 오스틴 시에서 가장 부유한 여성 중 한 명이 친구에게 "아이라이너 문신을 했다"고 말했다. 이 여성은 돈을 벌기 위해 일하지는 않지만, 아이가 여럿 있고, 상당한 재산을 매일 써야 하는 등 시간이 걸리는 일들이 많았다. 그래서 매일 아침 마스카라를 바르는 데 시간을 사용하지 않는 것이 경제적으로 이치에 맞았다. 어떤 남자들은 정기적으로 면도를 하면서 시간을 사용하는 것을 피하기 위해 제모를 택한다. 매일 면도할 필요가 없는 내 턱수염도 비슷한 기능을 한다.

먹는 것은 즐거운 일이다. 그것은 분명히 개인적인 활동이다. 우리는 살기 위해 먹어야 한다. 하지만 먹는 것 또한 사회적 활동이며 우리가 배우자, 아이들, 친구 또는 동료들과 상호작용할 때 가장 중요한 활동이다. 음식을 먹는 것이 사교의 기회를 주는 데도 불구하고 미국인은 하루 중 자신의 주된 기본 활동이라고 보고하는 식사에 73분밖에 쓰지 않는다.

하루에 73분은 적은 것 같다. 실제 그렇다. 우리 대부분은 식사하는 데 보내는 시간보다 훨씬 더 많은 시간을 쓰고 있다. 우리는 부수적인 식음을 한다. 그레이징(grazing, 대충 끼니를 때우거나 끼니에 상관없이 음식을 먹는 행위), 간식으로 끼니를 대충 때우거나 폭식을 하는 등 전통적인 방식과는 다른 차원의 식사를 하고 있다. 우리가 하는 모든 일 중에서 먹는 일은 일어나지만 시간 사용을 설명할 때 보고되지 않을 가능성이 가장 높다. 나는 〈성범죄수사대: SVU〉를 보면서 팝콘을 먹고, 아내는 책상 앞에 앉아 법률 업무를 보면서 차를 마신다. 대학생은 대학 도서관 앞에서 친구들과 어울리며 라떼를 마신다. 이런 경우에 나는 TV 시청을 주된 활동으로, 아내는 일을,

학생은 사교를 하고 있다고 말할 것이다. 하지만 우리 세 사람은 모두 먹거나 마시는 일도 하고 있다.

미국 노동통계국은 종종 사람들에게 일기를 작성하면서 그들이 기본이라고 생각하는 일을 하면서 전날 얼마나 많은 시간을 마시거나 먹었는지 추측해볼 것을 요청했다. 거의 모든 사람은 그레이징하는 데 시간을 보낸다는 것을 인정한다. 우리 대부분은 하루에 한 번 이상 이렇게 한다. 놀랄 것도 없이 그레이징의 대부분은 집에서 일어나는데, 집에서 일할 때 몸무게가 늘어났다면 이 사실을 염두에 두어야 한다. 미국인이 그레이징하는 시간은 적지 않다. 그것은 주요 활동으로서 먹는 데 소비되는 시간과 거의 같다.[12]

그레이징하는 시간을 더하면 우리는 하루에 적어도 두 시간 15분을 먹거나 마시는 데 쏟고 있다. 그레이징하는 데 소요되는 시간의 데이터는 하루 중 우리가 먹는 시간의 비율을 과소평가할 가능성이 있다. 내일 아침 시간일기를 완성할 때는 오늘 다크 로스트 커피와 초콜릿칩 쿠키를 사기 위해 근처 카페로 10분을 걸어갔다는 사실을 기억하지 못할지도 모른다. 자투리 시간은 훨씬 더 잘 잊힌다.

> 여가 활동
: 하지 않아도 되는 것들

돈을 벌거나 집안 관리를 위해 일도 해야 하고, 잠도 자고 밥도 반드시 먹어야 하지만, 여가 활동을 반드시 할 필요는 없다. 종일 일하고(아마도 사냥/채취), 동굴 청소, 요리, 잠자는 데 모든 시간을 보내는 은둔자(아마도 자기를 아주 잘 가꾼 은둔자)를 상상할 수 있을 것이다.[13] 이 사람은 그리 행복한 은둔자가 아니다. 우리가 가장 즐기는 것 중 하나가 여가 활동이다. 개인 활동인 성관계와 함께 놀기, 휴식, 산책하기, TV 보기, 운동은 모두 우리가 가정 활동, 다른 개인 활동 또는 보수를 위한 일로 분류하는 어떤 활동보다 대부분의 사람들이 더 바람직하다고 본다.[14] 우리는 다른 대부분의 활동보다 여가 활동을 즐기기에 여가 활동을 하려고 애를 쓴다.

우리는 여가 활동에서 즐거움을 얻으려는 시도에 깊이 빠진다. 일반적인 미국 성인은 거의 360분(하루 여섯 시간)을 여가 활동에 소비한다. 여가 활동이 우리의 가장 즐거운 활동인데, 중요한 문제는 우리가 부모와 조부모보다 많은 여가시간을 즐기고 있느냐는 것이다. 가장 뛰어난 연구에서는 1965~2010년 미국인이 여가 활동에 소비한 시간이 일반 미국 성인의 경우 주당 다섯 시간 정도 증가했다고 추정한다.[15] 이런 증가는 놀랄 일도 아니다. 우리가 여가시간을 다른 어떤 것보다 좋아한다면, 우리의 소득을 증가시키는 능력이 늘고 생활수준이 높아지면 더 많은 여가를 즐기게 될 것이다. 갈수록 부유해지는 산업국가에서 가정 활동에 소요되는 시간이 줄어들면서 여가 활동에 소요되는 시간이 늘어났다.

TV 시청은 여가 활동에서 단연 가장 큰 부분이다. TV 시청(혹은 오늘날은 아주 많진 않을 것 같은 라디오 청취)은 보통 미국 성인들이 하루에 두 시간 45분이나 쓰는 주요 활동이다. 이 시간은 평일 두 시간 30분에서 주말 세 시간 10분까지 다양하다. TV 시청 시간이 아주 많은 것 같지만 닐슨 미디어Nielsen Media의 모니터링 보고서를 보면 사람들의 시간일기가 두 시간 45분이라는 TV 시청 시간을 과소평가한다고 생각하게 된다.[16] 닐슨보고서는 우리가 하루에 평균 다섯 시간 동안 TV를 시청한다고 알려준다. 이런 차이는 우리가 TV를 시청하고 있는지 아닌지 증명할 수 없기 때문에 발생한다. 그들은 단지 TV가 켜져 있는지 여부를 측정할 뿐이다. 만약 우리 집처럼 저녁 식사 중에 TV 뉴스를 배경으로 켜놓는다면, 닐슨미디어는 30분 동안 TV를 보는 시간으로 포함시킨다. 하지만 우리는 시간일기에 우리의 주요 활동을 식사로 기술한다.

어떤 방법이 옳은지는 우리의 목적에 달려 있다. 만약 세상이 어떻게 돌아가고 있는지에 대한 정보 그리고 제품이나 다른 것에 대해 관심이 있다면, 아마도 닐슨미디어의 정보가 더 적절할 것이다. 하지만 우리가 사람들이 시간을 어떻게 보내고 있는지 알고 싶다면 시간일기에 나타난 평균이 더 유용하다.

TV의 유무와 TV에 나오는 사건은 우리 삶에 영향을 미친다. TV 쇼의 변화무쌍함이 언제 그리고 얼마나 많이 TV를 볼 것인지, 그래서 얼마나 많은 여가시간을 가질 것인지 그리고 그것이 주, 달 그리고 해에 걸쳐 어떻게 달라질 것인지를 바꿀 인센티브(동기)를 제공한다.

1950년대 초 아버지는 9월에 일주일 휴가를 내곤 하셨다. 당시에는 낮에만 경기가 있었던 월드시리즈 야구 경기를 보기 위해서였다. 또 월드시리즈 경기만큼 자주는 아니었지만 그가 좋아하는 야구팀 브루클린 다저스를 보기 위해서였다. 아버지는 1950년 이전에는 9월에 휴가를 내지 않았다. 그해는 우리가 첫 TV를 구입한 해였다. 일화에서 벗어나 데이터를 보면, 미국인은 국제축구연맹FIFA 월드컵이 열리는 4년마다 봄과 여름에 근무시간을 줄였는데, 아마도 TV로 경기를 시청하고 여가시간을 늘리기 위해서였을 것이다.[17] 이에 대한 연구는 없지만, 유럽인은 월드컵이나 그보다 덜 중요하더라도 축구 경기가 열릴 때면 아마도 유급 근로와 다른 활동도 줄일 것이다.

국제 기준으로 봤을 때 미국인들은 TV를 많이 시청한다. 일반적인 독일인은 TV를 하루에 한 시간 45분 시청하고, 네덜란드인은 하루에 한 시간 30분밖에 시청하지 않는다. 영국인도 미국인보다 15분 적게 시청한다. 왜 그런지 추측해보는 것은 흥미롭다. 미국인들이 한 시간 동안 TV를 시청하며 얻는 즐거움과 그 시간의 기회비용이 다른 선진국 사람들과 크게 다르다고 주장하기는 어렵다. 하지만 '무엇을 볼 것인가'에 대한 선택의 폭(저렴하게 접근할 수 있는 수백 개의 채널)과 (미국 TV 프로그램의 대량 수출이 아마도 그 증거가 될 수 있는) 미국 TV의 상대적으로 높은 품질 및 독창성은 미국인에게 이런 형태의 여가를 즐길 더 큰 인센티브(동기)를 부여한다. 미국인이 어쩌면 '카우치 포테이토(couch potato, 하루종일 소파에 앉아 감자칩을 먹으며 TV만 보는 사람)'일지도 모른다. 그것은 다른 곳보다 미국에서 카우치 포테이토가 많이 생길 수 있는 아주 좋은 토양이 있기 때문이다.

TV 시청뿐만 아니라 다른 여가 활동도 엄청나게 다양하다. 종교적인 헌신 그리고 이와 유사한 시간 사용이 있는 종교 활동에 쓰는 시간을 예로 들어보자. 미국인은 하루 중 10분 미만을 종교 활동에 소비하고, 주말에도 20분밖에 쓰지 않는다. 아마도 유대인들은 금요일 저녁에 촛불을 켜거나 가족이 저녁 식사 전에 하는 짧은 기도를 기록하지 않을 수도 있다. 하지만 이런 종교 활동의 발생률은 상당히 낮다. 종교 활동을 보고하는 소수의 사람들 가운데 평일에 종교 활동을 하는 사람은 한 시간 15분을, 주말에는 하루에 두 시간을 보낸다고 한다. 우리는 평상시 종교 활동을 거의 하지 않지만, 종교 활동을 하는 사람의 경우에는 상당한 시간을 투자한다. 종교 행위의 관점에서 보면 미국 사회는 상당히 이질적이다. 소수의 사람은 많이 하고 대부분은 전혀 하지 않거나 아주 조금 한다.

평균을 내보면 종교에 쏟는 시간이 적음에도 미국은 꽤 종교적인 나라로 알려져 있다. 적어도 다른 선진국에 비하면 그 말이 틀린 것은 아니다. 독일인은 하루 평균 4분, 네덜란드인은 5분, 영국인도 5분을 종교 활동에 할애한다. 서구 민주주의 국가의 많은 사람들은 자신을 종교적이라고 생각할지 모르지만 극소수의 사람만이 종교에 많은 시간을 쓴다. 평일이든 특별한 날이든 종교 활동에 시간을 소비하는 경우는 모든 서구 민주주의 국가에서 적은 편이지만 미국은 다른 곳보다는 많은 편이다.

미국 성인 다섯 명 중 한 명만이 스포츠나 운동을 한다고 보고하고, 스포츠 활동을 하는 사람은 한 시간 45분을 쓴다. 이는 10마일

달리기 훈련에 참여하거나 짧은 소프트볼 경기나 테니스 경기에 참가할 수 있을 만큼 충분히 많은 시간이다. 자원봉사는 미국인들이 자랑스러워하는 일이다. 하지만 평소 오직 7퍼센트의 미국인만 사회단체, 종교단체 또는 다른 기관을 통해 제공하는 봉사 시간을 포함해 하루 평균 9분씩 자원봉사에 참여한다. 우리가 가족 외의 사람들을 돌보는 데 들인 시간을 더하면 자원봉사 시간이 하루 22분으로 늘어난다. 물론 여전히 적은 시간이다. 그리고 아픈 노부모의 일상 활동을 돕는 것도 자원봉사로 간주해야 할까? 아마 그렇지 않을 것이다. 보육과 마찬가지로 가정 활동으로 간주해야 한다. 미국에서는 자원봉사가 중요하지만, 자원봉사이기에 여전히 선택사항이다. 그리고 그것은 미국인의 하루 중 많은 시간을 차지하지도 않는다.

> 시간의 총액 계산

우리는 개인 시간, 여가 활동, 가정 활동 그리고 유급 근로라는 네 가지 주요 활동 범주에 시간을 사용한다. 〈그림 2.3〉에서 보듯이 20살에서 74살까지의 연령대 사람들의 하루 일과는 대부분 개인 관리와 여가 활동이다. 하루 24시간 중 열여섯 시간이다. 가정 활동은 세 시간 20분이며, 나머지 네 시간 정도를 유급 근로를 위해 쓴다. 미국이 다른 선진국과 여러 면에서 다르긴 하지만, 미국의 시간 사용은 이런 광범위한 세부사항에서 일반적이다.

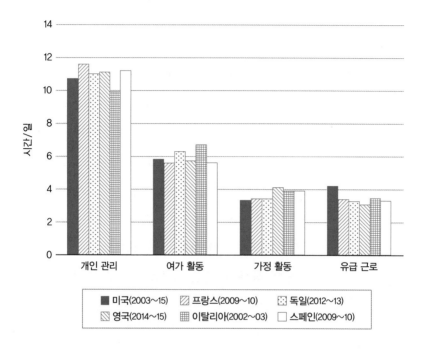

〈그림 2.3〉 6개국의 일일 주요 시간 사용 범주, 20~74세의 일일 시간

미국과 다소 다른 문화를 가지고 있다고 여겨지는 이탈리아의 자료를 보자. 문화 차이에도 불구하고 이탈리아인은 개인 관리와 여가 활동으로 미국인(열여섯 시간 30분)과 거의 같은 열여섯 시간 36분을 소비한다. 시간 사용의 분류는 각 나라의 조사마다 다르지만, 개인 관리와 여가를 보내는 시간은 겨우 하루 열여섯 시간 30분과 열일곱 시간 18분으로 작은 차이를 보인다.

사람들은 일하지 않는 시간에 대해서는 매우 신경 쓴다. 하지만 작업(노동)시간의 결정요소와 예상 밖의 변화에 엄청난 관심을 갖는 데 반해 비노동시간의 결정요소에 대해서는 거의 고려하지 않는다. 이것은 놀라운 일이 아니다. 경제학자들과 선진국 사람들은 우리가 생산하는 총량, 즉 국내총생산GDP에 초점을 맞추고 있다. 기술이 주어진 상황에서 우리의 생산력은 상당 부분 우리가 얼마나 많이 그리고 얼마나 열심히 일하는가에 의해 생성된다. 하지만 우리가 직장 밖에서 하는 일들의 조합, 즉 개인 시간, 여가 활동 그리고 가정 활동의 선택은 우리가 직면한 가족 구성, 거주지 및 학력에 의해 생성된 인센티브(동기)와 정부를 포함한 더 넓은 사회가 우리에게 제공하는 인센티브(동기)에 의해 영향을 받는다.

나는 보통사람의 하루 중 약 20시간을 다루었지만, 가장 많이 다양하게 연구된 시간 사용인 임금 노동에 대해서는 다루지 않았다. 이것은 또한 네 가지 주요 시간 사용 범주 중 정부가 가장 관심을 가진 영역이다. 이는 자유시장이 창출할 수 있는 결과에 영향을 미치는 가장 큰 노력이다. 그 중요성에 비추어볼 때 이제 이에 대해서 알아볼 차례이다.

CHAPTER 03

우리는
얼마나 일하는가?

HOW MUCH DO WE WORK?

Spending Time

은퇴하였거나 은퇴를 앞두고 있거나 많은 돈을 물려받지 않는 한, 사람들은 대부분 여가나 개인 또는 가정 활동 시간에 쓸 재원을 마련하기 위해 유급 근로에 의존한다. 여가 활동을 위해서는 축구경기 입장권, TV, 책 등을 구매해야 한다. 개인 활동은 수면을 위한 침구, 매일 쓸 몸단장용 제품들, 샤워하고 씻기 위한 비누 그리고 가장 중요하게는 개인 활동을 하는 동안 보호해줄 안식처가 될 집도 구입해야 한다.

식사 준비와 요리 같은 가정 활동은 시간도 있어야 하지만, 식품이나 접시 같은 조리도구도 사야 한다. 그래서 일이 즐겁든 즐겁지 않든 간에 사람들은 일을 한다. 그 일을 통해 더 즐거운 비非업무 활동에 필요한 것들을 구매할 수 있다.

우리는 직장 밖에서 사용할 물건을 사기 위해서 일을 한다. 하지만 우리가 얼마나 일하는지, 일생 동안 일이 어떻게 달라지는지, 미국인의 일이 다른 선진국 사람들과 어떻게 다른지, 그리고 시대의 흐름에 따라 근로시간이 어떻게 변하는지에 대해 논의하려면 우리가 말하는 '일'을 정의할 필요가 있다. '일(노동)'이란 사업, 전문적 활동 또는 유사한 활동을 하여 소득을 창출하는 피고용주나 자영업자로서 대가를 받는 것이다. 몇 가지 경우, 예컨대 10대 청소년이 소득을 창출하는 가업에서 일주일에 몇 시간 일할 때는 일에 대한 대가를 지급받지 못할 수도 있다. 하지만 가업이 창출하는 소득이 10대들에게 여가 활동이나 개인 관리를 하며 보내는 시간에 사용할 수 있는 재정적 지원을 제공한다.

우리가 얼마나 많은 시간을 일에 투입하는지 측정할 필요가 있다. 시간을 사용할 때와 마찬가지로, 우리 중 얼마나 많은 사람이 그 활동에 참여하고 있는지, 즉 발생률과 그 활동에 참여한 사람들이 그 일을 얼마나 하는지, 즉 강도가 주요한 이슈이다. 우리는 발생률, 즉 16세 이상의 사람이 일을 하거나 적극적으로 일자리를 찾고 있는 비율을 '경제활동참가율labor force participation rate'이라고 한다. 미국을 비롯한 여러 나라의 근로시간에 대한 상당한 월별 정보는 사람들에게 단기간(주 단위)에 무엇을 하고 있었는지 설문한 것을 토대로 한다. 그 주간 동안 노동시장에서 일하고 있었던 근로자들이 일주일에 근무한 시간을 가지고 일의 강도를 측정한다.

여기서도 가정 활동, 종교 활동, 기타 비非업무 활동에 대한 논의에서처럼 발생률과 강도를 구분하는 것이 중요하다. 모든 성인이 일하지만 각자 주당 25시간씩 일한다면, 우리 삶은 성인 인구의 절반이 매주 50시간씩 일하고 나머지 절반은 전혀 일하지 않을 경우와 많이 다를 것이다(스포일러 경보: 현실은 이 두 가지 시나리오 사이에 존재한다).

> 우리 중에 일하는 사람은 몇 명인가?

2010년대 후반 16세 이상의 모든 미국인 중 3분의 2가 조금 안 되는 인구가 연중 한 주라도 일을 하거나 적극적으로 일자리를 찾았다. 그들은 경제활동(노동인구)에 참여하고 있다. 2017년 경제활동 참가율에는 미국 성인 인구의 약 3퍼센트인 구직 중이지만 고용되지 않은 사람들까지 포함한다. 그들은 실업자이다. 3분의 2라는 경제활동참가율이 낮은 것 같지만, 그것은 조사 일주일 전에 사람들이 무엇을 하고 있었는지에 기초한 짧은 조사였기 때문이다.[1]

1년 동안 적어도 몇몇 주에는 일을 하거나 일자리를 찾고 있는 사람의 비율은 높다. 1961년 전형적인 열여덟 살이던 나의 경우를 보자. 그때나 지금이나 여러 청소년들처럼 당시 나는 6월부터 8월까지 일을 했지만 학기 중에는 유급 근로를 하지 않았다. 나는 여름 석 달 동안 노동인구에 속했지만, 그해 나머지 달에는 빠져 있었다. 다른 10대는 유급 근로를 할 수도 있고, 그래서 노동인구에 포함된다. 또는 크리스마스 연휴 동안에만 일을 할 수도 있다. 심지어 25~54세 일하기 한창 좋은 나이에도 계절성 직업에 종사하며 6월에는 그만두고 넉 달의 휴식을 취한 뒤 9월에 다른 일을 하기 위해 돌아올 수도 있다.

연령별 경제활동참가율에 관한 자료는 우리에게 어느 시점에서 유급 근로를 한다는 인상을 더욱 강화시킨다. 30~50세 연령대의 80퍼센트가 넘는 미국인이 항상 일을 하거나 일자리를 찾고 있다. 하지만 우리가 1년 동안 한 행동을 조사하면, 30~40대 미국인의 90퍼센트 이상이 어느 시점에 일을 하고 있다. 우리는 눈썹에 땀방울이 맺힐 정도로 열심히 일해 생계를 영위한다. 거의 모든 사람이 삶의 어느 시점에는 열심히 일을 한다. 심지어 많은 '유한계급 사람들'도 놀지 않고 유급 근로를 하고 있으며 성인기에는 대부분 일을 한다.

미국은 1948년부터 경제활동참가에 관한 정확한 통계자료를 가지고 있는데, 이는 이런 통계가 중요한 경제지표인 월별실업률 계산에 기초하고 있기 때문이다. 미국은 경제활동참가와 실업에 관한 자료를 얻는 데 있어 선구자였다. 미국의 경제활동참가는 지난 70년 동안 괄목할 만한 변화를 보였다. 16세 이상 인구의 경제활동참가율은 1950년과 2000년 사이에 59퍼센트에서 67퍼센트로 8퍼센트 상승했다. 2000년 2억 1,200만 명의 성인 인구 가운데 이전 반세기 동안 경제활동참가율의 증가는 폭발적이었다. 1950년 경제활동참가율을 토대로 전망한 것보다 2000년에 1,600만 명 이상이 더 일을 하거나 일자리를 찾았다. 이런 성장의 1차적인 원인은 일하는 남성의 감소 비율을 아주 조금 상쇄한 일하는 여성의 폭발적인 증가 비율이었다. 이런 노동시장 혁명은 미국 경제를 완전히 뒤흔들었고, 사람들 대부분이 여성해방과 확대된 성평등의 증거라고 환영했다.

2000년 이후 전혀 예상치 못한 일이 발생했다. 즉, 경제활동참가율이 63퍼센트로 떨어져 1950년에서 2000년 사이에 발생한 증가율의 절반을 없애버렸다. 이런 감소는 2008~2010년 대침체의 결과는 아니다. 적어도 직접적인 결과는 아니었다. 2010년 이후 감소 속도는 2000~2010년과 다름없이 빨랐고, 2018년에도 하락세가 반전될 기미가 보이지 않았다. 우리는 경제활동참가율이 감소하지 않았더라면 2016년 16세 이상인 약 2억 5,000만 명의 미국인 중에서 거의 1,100만 명이 더 일하리라 예상했을지도 모른다. 1,100만 명의 미국 근로자가 경제활동에서 사라진 것으로 볼 수 있는데, 이는 20세기 후반 발생한 노동시장 혁명에서 주목할 만한 변화의 일부이다.

최근에 일어난 노동시장 혁명은 한 성에 국한되지 않았다. 2000년 이후 남성 참가율이 계속 하락하는 가운데 남성의 참가율만큼 급격하지는 않지만 여성의 참가율도 하락하기 시작했다. 그 감소율은 연령에 따라 달라지진 않았다. 10대, 청년층 그리고 한창 일할 나이의 성인 남녀 모두 일을 하거나 구직을 대폭 줄였다. 그들이 일하지 않는 것을 스스로 선택했기에 이런 일이 일어났는지, 아니면 일자리가 없다고 여겨 이런 현상이 일어났는지는 분명하지 않다. 대침체기가 끝난 지 오래인 2018년까지 이어진 지속적 감소와 미국이 완전고용 상태라고 합리적으로 볼 수 있었던 시기를 감안할 때 후자일 가능성은 낮아 보인다.

이런 변화가 미미하기에 정부 정책의 변화를 전환의 원인으로 지적하는 설명도 만족스럽지 않다. 경제활동참가율은 한 달에 어느 한 주 동안 일을 하거나 일자리를 구하는 성인 인구의 비율을 측정하는 '스냅샷(짤막한 묘사)'이라는 점을 기억해야 한다. 이런 감소에 대한 설득력 있어 보이는 설명은 미국인들이 한 해 동안 최소한 어느 정도 일을 하고는 있지만, 많은 사람이 이전과 같이 여러 달 동안 일하지 않는 쪽을 선택하고 있다는 뜻이다. 오늘날의 노동연령 인구에 해당하는 세대는 부모 세대만큼 일을 하지 않고도 버는 소득에 만족하는지도 모른다.

> 한 주에 얼마나 일하는가?

보통 미국 성인은 주당 약 28시간 일하지만, 2016년에 일을 한 미국인은 평균 주당 38.6시간을 일한다고 보고했다. 절반 이상이 주 40시간 근무를 보고했다. 심지어 이 평균도 연령에 따라 크게 달라진다. 경제활동에 참가한 사람의 경우 평균 근로시간이 30세에서 60세 사이 매주 약 40시간으로 증가했다가 그 후 떨어진다. 이런 평균은 노동 인구 전반에 걸쳐 나타나는 작업 강도의 엄청난 차이를 감추고 있다. 30세에서 70세 사이의 피고용인 미국인 중 거의 14퍼센트가 일주일에 48시간 이상 일한다. 그리고 6퍼센트의 근로자들은 일주일에 최소 55시간을 일한다. 하지만 많은 미국 근로자들이 시간제 근로자이다. 5퍼센트는 일주일에 20시간 혹은 그 이하로 일한다. 전형적인 주 40시간 근로는 사람들의 다양한 선호와 그들이 맞닥

뜨린 기회의 차이에서 발생하는 결과를 제대로 드러내지 않는다.

2016년 주당 근무시간은 이전과 같지 않았다. 1950년대에서 2000년대 초반 사이에 경제활동참가가 증가했듯이 이 기간 동안 미국 경제활동참가자들의 주당 평균 근로시간도 증가했다. 1970년대도 그랬다. 1979년 평균 근로자는 주당 38.2시간 근무했다. 이것은 2000년 주당 한 시간 이상 증가해 39.4시간이 되었다. 이런 증가세는 미미해 보이지만 연간 60시간 이상의 유급 근무시간 증가를 의미한다. 2016년 주당 근로시간이 38.6시간으로 줄어들면서, 우리는 경제활동참가와 마찬가지로, 근로자의 주당 근로시간 또한 21세기로 접어드는 시기에 2차 세계대전 이후 정점에서 절반 정도 하락했다고 결론짓는다.

1979년보다 훨씬 더 거슬러 올라가면, 주당 근로시간에 대한 이야기는 많이 달라진다. 1900년과 1940년 사이에 미국의 주당 평균 근로시간은 1900년 60시간에서 1940년 40시간을 조금 넘는 수준으로 급격히 감소했다.[2] 이런 감소의 일부는 표준 근로시간을 40시간으로 정의한 연방법인 공정근로기준법FLSA이 1938년에 제정되었기 때문일 수 있지만, 큰 폭의 감소는 1938년 이전에 일어났다. 이유 중 하나는 사람들이 많이 일하지 않아도 괜찮은 생활을 영위할 수 있게 된 원인인 소득증가에 있을 것이다. 소득증가는 1940년대부터 1970년대 초반까지 일어난 주당 평균 근로시간의 감소도 설명할 수 있다. 하지만 1970년대부터 2000년대까지 주당 근로시간이 느리게 증가하는 것은 설명하지 못한다.

2000년경 최고치 이후 연평균 근로시간의 부분적인 역전현상이 주당 근로시간의 양극단에서 일어났다. 주당 48시간 이상 일하는 근로자의 비율은 1979년 13퍼센트, 2000년 16퍼센트 가까이 되었다가 2016년에 14퍼센트로 떨어졌다. 20시간 이하 근무하는 근로자의 비율은 1979년에는 7퍼센트에서 떨어진 이후 2000년과 2016년 사이에 5퍼센트에서 6퍼센트로 증가했다.[3] 지난 40년 동안의 평균 시간 패턴과 심지어 길거나 짧은 주당 근로시간 패턴은 경제활동참가 패턴을 반영한다. 처음 상승했다가 2000년 이후 다시 1970년대 후반으로 되돌아가는 경제활동참가의 패턴을 반영한다. 20년 전에 비해 구직하는 미국인이 줄어들고 있고, 일을 하고 있는 미국인의 주당 근로시간은 이전보다 적다. 사람들은 자신이 버는 소득에 만족하며 약간의 추가 소득의 기회를 여가 활동, 개인 관리 그리고 가정 활동 등 비업무적인 일에 시간을 할애하기 위해 기꺼이 포기한다.

> 미국은 다른 선진국들과 어떻게 다른가?

미국인이라고 별다르지 않다. 미국의 경제활동참가율을 다른 일곱 개 선진국과 비교해보면, 2015년 미국 성인들이 다른 선진국의 성인과 거의 비슷하게 일을 하거나 일자리를 구하고 있었다는 것을 알 수 있다. 일을 하거나 일자리를 찾고 있는 호주나 스웨덴의 성인 인구 비율은 미국보다 훨씬 높았던 반면, 프랑스 성인 인구는 훨

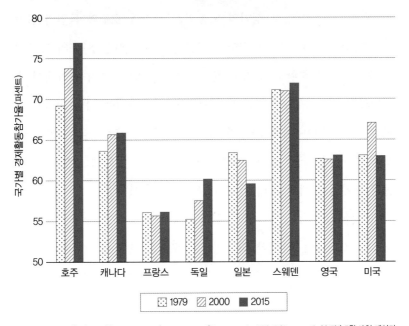

〈그림 3.1〉 국가별 경제활동참가율, 1979~2015

출처: http://stats.oecd.org/viewhtml.aspx?datasetcode=LFS_D&lang=en#, 2017년 5월 19일 데이터

씬 낮았다. 경제활동참가율이 비정상적으로 높은 의욕적인 일본인
이라는 고정관념은 정확하지 않다. 일본의 노동시장 참가율은 미국
보다 훨씬 낮다. 이는 1979년(점무늬막대), 2000년(줄무늬막대) 그리고
2015년(민무늬막대) 이후의 변화를 추적한 〈그림 3.1〉에서 명백하게
드러난다. 이 모든 연도에서 프랑스를 제외한 국가들에서는 낮은 실
업률을 기록하였고, 경제도 호황이었다.

　역사적으로 살펴본다고 해서 경제활동을 하는 미국인의 비율이
선진국 사이에서 전형적이라는 인식은 변하지 않는다. 미국 성인 인

구의 경제활동참가율은 평균 정도였다. 1979년과 2015년을 비교했을 때 40년 동안 일본 성인의 노동의지 감소와 호주와 독일의 참가율 증가만이 실질적인 변화였다. 이런 급격한 변화는 일본의 계속되는 경기침체와 호황을 누리고 있는 호주와 독일 경제의 변화에서 비롯되었을 것이다. 하지만 1979년부터 2000년 사이에 이런 변화가 일어났다는 사실은 이용 가능한 가전의 변화, 시간당 임금 상승, 가계소득 변화 등 노동 인센티브(동기)의 장기적인 변화에 발맞춘 사람들의 장기적 선택에 의해 이루어졌다는 것을 시사한다.

미국은 선진국 중 경제활동참가율에서 평균 수준이며, 40년 전도 마찬가지였다. 하지만 미국인의 근로시간 강도는 이야기가 다르다. 2015년 미국 근로자들은 업무에 대한 노력에서 최고였다. 〈그림 3.2〉를 보면 알 수 있는 것처럼 다른 일곱 개 선진국 근로자보다 연간 더 많은 시간을 근로에 투입했다. 휴일, 휴가, 결근으로 인해 연간 근로시간은 일반적인 주당 근로시간에 52배를 곱한 것보다 훨씬 적다. 이와 같이 미국 근로자들은 52주 매주마다 평균 34시간 이상 일하고 있으며 연간 누적시간은 거의 1,800시간이다. 2015년에는 〈그림 3.2〉에 나타난 것처럼 다른 어느 나라의 근로자보다 주당 한 시간 30분 이상 더 일했다. 이는 독일 근로자보다 주 여덟 시간, 프랑스 근로자보다 주 여섯 시간이나 더 많다. 경제활동에 참가하는 미국인은 다른 선진국 근로자와 비교했을 때 예외적으로 긴 시간 동안 일을 했다.

미국인이 이 근면리그에서 항상 미심쩍은 챔피언 자리를 지킨 건

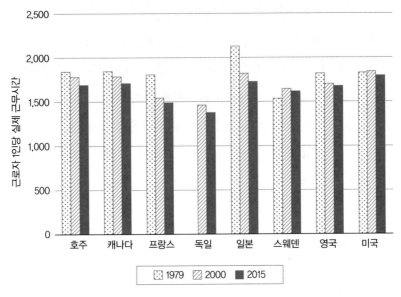

〈그림 3.2〉 국가별 근로자 1인당 실제 근무시간, 1979~2015

근로자 1인당 실제 근무시간

☐ 1979 ▨ 2000 ■ 2015

출처: http://stats.oecd.org/viewhtml.aspx?datasetcode=LFS_ D&lang=end#, 2017년 5월 18일 데이터OECD,
고용전망, 2017

아니다. 1979년 그들은 다른 선진국 근로자들이 일에 투입한 평균 시간 정도 일했다. 1979년과 2000년 사이 다른 선진국은 1인당 연간 근로시간을 대폭 줄였지만, 미국은 그렇지 않았다. 열심히 일하기로 소문난 일본인은 1979년에 미국인들보다 훨씬 더 오래 일했는데, 그 차이는 2000년 무렵 완전히 사라졌다. 2000년에서 2015년 사이 많은 나라들이 계속 근무시간을 단축했다. 미국도 그렇게 했지만 영국을 제외한 다른 나라들보다 감소폭이 적었다.

> 미국인의 근로시간은 무엇이 특별한가?

주 40시간이 안 되는 미국의 일반적인 주당 근로시간이 부담스러워 보이진 않는다. 서유럽의 주당 근로시간도 약 40시간이다. 하지만 미국의 실제 근로시간은 서유럽보다 훨씬 많다. 설명은 아주 간단하다. 미국 근로자는 다른 나라 근로자보다 휴가가 훨씬 짧고 공휴일도 적다. 지난 40년 동안, 다른 선진국 사람들은 근로시간을 줄이면서 연 소득이 약간 더 낮아지는 것을 수용하는 정치적 선택을 했다. 하지만 미국인은 그렇지 않았다.

먼저 유급휴가를 생각해보자. 미국에서는 유급휴가에 대한 법적 의무가 없지만, 미국 근로자의 약 75퍼센트가 휴가를 받는다. 하위직 근로자의 경우 연간 2주에서 상위직 근로자의 경우 연간 4주까지 받는다. 모든 선진국은 유급휴가를 의무화하지만, 미국은 그렇지 않다.[4] 프랑스에서는 연간 25일(주 5일 근무)이다. 독일에서는 24일이지만, 독일의 많은 주에서는 추가 유급휴가가 필수이다. 영국조차도 연간 21일의 유급휴가를 의무화하고 있다. 미국보다 생활수준이 높은 스위스는 연간 4주간의 유급휴가를 의무화하였고, 역시 미국보다 생활수준이 높은 노르웨이는 연간 5주간의 유급휴가를 의무화하고 있다.

유급휴가의 챔피언은 호주와 뉴질랜드이다. 호주는 20일의 유급휴가를 의무화하지만, 가장 인구가 많은 호주의 세 개 주에서는 고용주가 10년마다 추가 2개월의 유급휴가를 제공해야 하는 '장기근속

휴가' 제도가 있다. 호주의 다른 주들은 훨씬 더 많은 것을 제공한다. 이 정책으로 대부분의 호주 근로자가 학술 안식년 같은 긴 휴가를 누리게 되었는데, 학계의 관행인 7년에 1년 안식년까지는 아니더라도 횟수가 적지 않다.

심지어 유급휴가를 받는 미국 근로자의 75퍼센트는 다른 선진국의 모든 근로자의 평균보다 적게 받는다. 이 자료를 종합해보면 미국과 다른 선진국들 간에 연간 근로시간의 차이가 생기는 주요 원인은 미국의 유급휴가 시간이 극도로 인색하기 때문이라고 할 수 있다.

미국의 유급공휴일이 적은 것은 유급휴가보다 잘 드러나지 않지만 의미가 없진 않다. 일반 미국 근로자들은 연간 8~10일의 유급공휴일을 누린다. 새해, 마틴 루터 킹의 날, 대통령의 날, 현충일, 독립기념일, 노동절, 추수감사절과 크리스마스이다. 추수감사절 다음날과 크리스마스이브 또는 그 다음 날을 추가해도 겨우 열흘뿐이고, 미국인 대부분이 이 중 몇 가지 경우에는 수당이나 휴가를 받지 못한다. 하지만 보통의 프랑스 근로자는 11일의 유급공휴일을 받고, 독일 근로자는 거주지에 따라 9일에서 14일의 유급공휴일을 받는다. 스위스 근로자는 의무인 연차휴가 외에도 그들이 일하는 지방에 따라 7~15일의 유급공휴일을 받는다. 넉넉한 의무 연차휴가와 장기근속휴가가 있음에도 호주인들은 여전히 미국인보다 많은 근로자 1인당 10~13일의 유급공휴일을 누리고 있다.

미국과 여타 선진국 간의 연간 근로시간의 차이는 경제활동참가의 차이에서 비롯되거나 전형적인 주당 근로시간의 차이에서 기인하지 않는다. 미국인이 다른 선진국 근로자들보다 며칠 혹은 몇 주씩 더 쉬고 덜 쉬느냐는 미국의 복잡한 정치적 역동성의 결과인 사회정치적 결정에서 비롯된다.

휴가와 휴일이 증가한다고 해서 반드시 총 근로시간이 동일한 비율로 감소한다는 뜻은 아니다. 하지만 실제로는 이런 현상이 일어나는 경향이 있다. 1960년대부터 1980년대까지 의무 유급휴가 일수가 여러 차례에 걸쳐 증가했던 유럽 국가들과 비교한 결과, 유급휴가가 한 주 늘어날 때마다 연간 근로시간이 거의 30시간씩 단축된 것으로 나타났다. 휴가가 일주일 추가될 때마다 주당 근로시간의 거의 4분의 3이 줄었다.[5] 이와 유사한 방법을 사용한 캐나다의 연구는 국가 간 비교에서도 거의 동일한 영향을 발견했다. 미국 근로자에 대한 연구는 추가 유급휴가가 연간 근로시간에 미치는 부정적인 영향을 더욱 강력하게 보여준다. 거의 정확히 1:1로 나타났다.[6] 기존 연구에서 내릴 수 있는 최선의 결론은 유급휴가가 길어지면 근무시간이 1:1 비율로 짧아지지 않을 수도 있지만, 유급휴가를 오래 받을 경우 연간 근무시간이 상당히 줄어든다는 것이다.

추가 유급공휴일이 연간 근로시간에 미치는 영향에 관한 많지 않은 연구에서 도출할 수 있는 적절한 결론은 총 근무시간에 미치는 영향이 유급휴가가 미치는 영향과 같다는 것이다.[7] 결국 대부분의 나라에서는 연간 근로시간과 연간 유급휴가 기간을 정부가 강제하고 있으며, 이는 근로자들이 일에서 벗어나 휴식을 취하는 시간을 보장하기 위해서이다. 하지만 한 가지 다른 점이 있다. 미국 근로자가 일주일간 휴가를 보낼 때에도 그의 배우자는 직장에 출근하고, 아이들은 등교할 수도 있다. 가족이 함께 시간을 보낼 수 있도록 8월 한 달간 시장경제활동의 상당 부분이 멈추는 '바캉스'라는 프랑스의 휴가 전통이 미국에는 존재하지 않는다. 공휴일은 유급휴가와 달리 모든 사람에게 같은 날 쉬도록 하므로 사람들이 여가 활동을 조정하는 데 용이하다. 다시 말해 함께할 수 있도록 도와준다.

> 왜 미국인은 일을 많이 하나?

미국인이 직장에 추가시간을 투입하는 이유는 여러 가지로 설명할 수 있다. 어쩌면 다른 나라보다 직장에서 보내는 시간을 더 중시하는 미국만의 특별한 노동윤리가 있어서일 수도 있다. 하지만 〈그림 3.2〉의 비교에서 보듯 1970년대 서유럽인과 미국인의 업무 지향성은 같았다. 문화가 너무나 급격히 변했고 너무 짧은 기간 동안 상당히 달라져서 현재 미국인이 유럽인보다 일을 훨씬 더 많이 하게 되었다고 믿기는 어렵다.

또 다른 가능성은 미국 노동시장 제도의 변화, 특히 미국의 민간부문에서 노동조합이 사라지면서 노동조합 덕분에 제공되었던 유급휴가와 휴일의 상대적 부재로 귀결되었다는 점이다. 미국의 노조원들은 다른 비슷한 근로자보다 유급휴가를 더 많이 받지만, 독일의 자료에 따르면 노동조합은 근로자들이 받는 휴가와 휴일의 양을 약간만 증가시킬 뿐이다.[8] 민간 부문의 노조가 거의 없다는 이유로 미국에서 유급휴가 시간이 매우 적어졌다는 것은 훌륭한 설명이 아니다.

또 다른 설명은 미국의 근로세(임금과 노동소득세)가 대부분의 선진국에 비해 낮아 근로자들이 더 많은 구직 활동을 하도록 인센티브(동기)를 부여하고, 고용주들에게는 일자리를 제공할 인센티브(동기)를 부여한다는 것이다.[9] 지난 50년 이상 미국의 세율은 유럽보다 낮았지만 20세기 후반까지 미국인의 근무시간은 유럽인과 거의 차이가 없었기 때문에 이 주장은 신뢰하기 어렵다. 일본의 세율도 낮지만 일본인은 점점 미국인보다 적게 일한다. 세금이 경제활동참가나 주간 근로시간에 미치는 영향을 높게 추정하더라도 미국과 유럽의 세율 차이는 근로시간의 차이를 설명할 수 없다.

또 다른 가능성은 미국인이 더 열심히 일한다고 하는 1990년대 초 만들어진 주장이다. 매일 우리를 공격하는 광고의 홍수가 빚어낸 소비주의로 더 많은 상품을 원하게 되었고 그것을 사기 위한 자금을 조달하기 위해 더 일해야 한다는 것이다.[10] 그 논쟁의 전제는 옳다. 우리는 웹서핑을 할 때를 포함해 끊임없이 광고에 시달리지만 다른 선진국 사람들도 마찬가지이다. 미국인이 유럽인이나 다른 나라 사람들보다 광고주에 의해 더 쉽게 조종된다고 믿지 않는 한, 왜 미국인은 다른 나라 사람들보다 '물건'을 더 열망해야 하는가? 또한, 미국에서는 2차 세계대전이 끝난 뒤부터 광고의 영향력이 컸다. 하지만 미국인의 근로시간이 서유럽의 근로시간과 달라지기 시작한 것은 그보다 더 뒤인 1970년대 후반부터이다. 연간 근로시간에 있어서 미국인이 유럽의 추세에서 이탈하는 시점은 광고나 소비문화에 변화가 일어난 시기와 일치하지 않는다.

왜 우리는 일을 많이 하는 사람들의 선택에 신경을 써야 하는가? 시카고학파 경제학자로서 나는 사람들이 자신이 원하는 것을 하는 선택의 자유를 믿는다. 사람들이 일을 많이 하고 싶다면, 그것은 그들 자신의 자유선택이 되어야 한다. 하지만 그런 신념은 많은 경우 우리가 하는 일이 다른 사람들에게 해로운 방식으로 영향을 미치고 우리가 무언가를 결정할 때 고려하지 않은 비용을 발생시킬 수 있으므로 자유선택이라는 신념은 조정되어야 한다. 이런 비용은 내 행동이 동료나 직원들에게 부과하는 긴 근로시간을 포함할 수 있으며, 단기적으로는 구직하는 다른 사람들에게는 취업기회가 적어짐을 포함할 수 있다.

장시간 업무에 대해서 생각해보자. 일을 많이 하는 게 문제는 아니다. 그건 나의 선택이다. 오히려 내가 일중독일지도 모른다. 워커홀릭일 수도 있고, 일을 하지 않을 때 겪는 금단증상 때문에 일을 놓지 못하는 사람일 수도 있다. 일중독자들은 일을 도덕적으로 바람직한 것으로 보고 자신의 행동을 합리화한다. 그들은 일하는 것을 포기하고 싶어도 포기할 수 없다. 증거에 따르면 다른 중독과 마찬가지로 일중독은 내재적 선호와 조기 노출 그리고 그 활동으로 강화되는 심리가 결합해서 나타난다. 우리는 일중독자로 태어난 것이 아니다. 우리 성향과 경험이 우리를 일중독자로 만드는 것이다.

　그래서 내가 일중독이라면? 그건 그냥 내 문제가 아닌가? 아마 마약중독, 하루에 세 갑씩 피우는 흡연중독 또는 알코올의존증 모두 내 문제이다.[11] 내가 높은 임금을 받고, 높은 지위를 가진 일중독자라면, 내 일중독증은 부하직원의 근로시간으로도 파급될 것이다. 간부는 오랜 시간 근무할 것이고, 부하직원에게도 계속 회사에 다니길 원한다면 똑같이 해야 한다고 요구할 것이다. 부하직원은 다른 곳에서 새로 시작하는 것보다 더 많은 급여를 받기 때문에 더 오랜 시간 일하며 회사에 남는다. 하지만 그들은 추가 소득에서 얻는 이득보다 적은 근무시간 덕분에 즐길 수 있는 여가를 더 중요하게 여기기에 그 일을 시작하지 않았거나 일중독 상사가 그들에게 긴 근무시간을 강요하지 않았던 상황보다 불행할 것이다.

　일중독자는 가족에게도 비슷한 영향을 미친다. 나는 일중독자가 되어 더 오래 일하고, 아내가 원하는 것보다 아내와 함께 보내는 여가시간이 적어 말년에 긴 시간 동안 일할지도 모른다. 결과적으로 우리 가족의 소득은 더 높아졌지만, 아내는 나와 함께 여가를 즐기는 데 더 많은 시간을 보내기 위해 기꺼이 더 많은 월급을 포기할 것이다. 그녀는 나와 이혼하는 것보다 더 나은 삶을 살고 있지만 내가 일을 덜 하고, 덜 벌고, 그녀와 더 많은 시간을 보내는 경우만큼 행복하진 않다. 일중독자의 행동은 다른 어떤 중독자의 행동과 마찬가지로 중독자 주변에서 시간을 보내는 사람들에게 부정적인 영향을 미친다.

일중독자들이 상사에게 그들이 승진할 가치가 있고 더 높은 급여를 받을 가치가 있으며 열심히 일하는 사람이라는 것을 증명하기 위해 경쟁한다면 일중독증적 행동이 직장동료와 가족에게 미치는 영향은 두드러질 것이다. 특히 상사가 어느 부하가 더 생산적인지 구별하는 것을 어려워한다면, 직원들 모두는 누가 정확히 얼마를 생산하는지, 즉 어떤 근로자가 승진할 자격이 가장 많은지를 상사가 아는 경우보다 더 많은 일로 보여주려 할 것이다. 일중독은 다른 사람에게 영향을 주는 중독이다. 그것은 경제학자들이 이른바 '외부효과'라는 것을 발생시키며 우리가 자유롭게 선택한 활동으로 인해 다른 사람들에게 부정적인 영향을 준다.

> 비슷하지만 다른

미국인의 노동 습관이 다른 선진국 국민과 왜 다른지에 대한 논의는 미국인들의 긴 연간 근로시간을 입증하지 못하였고, 이치에 맞지만 입증하기 어려운 행동에 대한 설명을 이론적이거나 제도적으로 설명하였다. 하지만 이런 설명은 사람들의 행동과 일치한다. 1970년대 미국은 다른 나라들과 다르지 않았지만 지금은 왜 다른지를 설명하고, 미국인의 직장생활을 개선하기 위해 공공정책이 어떻게 바뀌어야 하는지에 대한 강력한 힌트를 제공한다.

CHAPTER 04

우리는
언제 일하는가?

WHEN DO WE WORK?

우리가 얼마나 많은 일을 하는지가 중요하다. 그것은 분명히 가정 활동, 개인 활동 및 여가 활동에 사용하기 위한 시간에 변화를 일으킨다. 그리고 이제 우리는 미국인이 다른 선진국 사람들보다 그런 활동에 할애하는 시간이 부족하다는 것을 안다. 하지만 언제 일하는가도 중요하다. 2주간의 휴가와 주 40시간 근로를 가정해 우리가 1년에 2,000시간을 일한다고 생각해보자. 휴가 없이 50주 동안 매주 40시간씩 일하는 것이 좋은가, 아니면 40주 동안 매주 50시간씩 일하고 기본 2주 유급휴가가 있고 추가로 10주를 남겨두는 것이 좋은가? 나는 대부분의 미국 근로자와 다른 선진국 근로자들 역시 40주간의 일정을 선호할 것이라고 추측한다. 우리는 1년 중 몇 주 동안 어떻게 근로시간을 분산하는지에 관심이 많다.

우리는 어떤 달에 일할지에도 관심이 많다. 북반구에 사는 사람들 대부분은 7월 중순에 휴가 가는 것을 선호한다. 호주에 사는 친구들을 보면 반대로 호주의 여름인 1, 2월에 유급휴가를 선호한다.
우리는 주중 일하는 요일에도 관심이 많다. 매주 여덟 시간씩 5일
동안 일한다면 우리 대부분은 이스라엘처럼 일요일부터 목요일까지
가 아니라 서구 국가들처럼 월요일부터 금요일까지 일하는 방식을
선호한다. 또한 주 40시간을 일하지만 주중 며칠을 일하지 않을지
신경을 쓴다. 사람들 대부분이 선호하는 일정이 무엇인지는 분명하
지 않지만, 더 많은 사람이 오늘날 미국식인 여덟 시간 5일 근무보
다 열 시간 주 4일 근무를 원한다는 믿음을 뒷받침하는 상당한 증
거가 있다.[1]

매일 여덟 시간씩 일하는 체계 안에서도 하루 중 일하는 시간대
에 관심을 갖는다. 우리 대부분은 아마도 오후 4시부터 자정까지 일
하는 것보다 오전 9시부터 오후 5시까지 일하는 것을 선호한다. 그
리고 아마도 오후 4시부터 자정까지 일하는 것을 자정부터 오전
8시까지 일하는 것보다는 선호할 것이다. 중요한 점은 사람들 대부
분이 일하는 시간에 대해 호불호를 가지고 있고, 그것은 생물학적
이유, 가족과 경제 환경 및 다른 사회 구성원들의 활동 그리고 간접
적으로는 우리의 하루 중 대부분을 차지하는 가정 활동, 개인 활동
그리고 여가시간에 토대가 된다는 점이다.

대답하고 싶지만, 슬프게도 설득력 있는 증거가 없는 한 가지 질
문은 "일찍 일어나는 새가 벌레를 잡습니까?"이다. 아침 일정을 가
진 사람들이 더 많은 수입을 얻는다거나, '아침형 인간'이 '저녁형 인
간'보다 건강하기 때문에 더 생산적인가라는 질문이다. 하지만 아침

형 직원들의 초과수익은 단지 고용주들이 오전에 보다 생산적인 일을 일정으로 잡은 결과일 수 있다. 아침형 일정을 선택한 사람들이 더 생산적이거나 그 사람이 다른 때보다 아침에 더 생산적이기 때문은 아니다.[2] 취향의 문제, 예를 들자면 나는 아침 일찍 일하는 것을 선호한다. 정오가 되기 한참 전에 글을 쓰고 경제 문제에 대해 생각한다. 그때 일의 능률이 가장 높기 때문이다. 고등학교와 대학교에 다닐 때는 밤 10시 이후에 공부를 한 적이 없고, 밤 늦게까지 일하지 않았다. 동료 학생이나 학자의 행동으로 미루어볼 때 이런 내 행동은 상당히 이상하다. 하지만 그것은 내게 효과적이고, 나는 이런 일정에 더 생산적이다. 그리고 생산성이 더 높기에 나는 이런 일정을 선호한다.

> 월별 노동과 일별 노동

미국인이 하루에 수행하는 일의 평균 양에는 계절적인 차이가 있지만 크지는 않다. 미국인은 일반적으로 여름휴가 시즌이라고 생각하는 7월과 8월 그리고 추수감사절과 크리스마스 휴가 시즌이 있는 11월과 12월에 일을 덜 한다. 하지만 이 넉 달과 나머지 여덟 달의 차이는 크지 않다. 그 차이는 평일에 25분이 채 되지 않는다.

1년 내내 일하는 시기를 결정하는 데 있어 문화와 제도가 중요함을 이해하기 위해 미국의 경험과 프랑스의 경험을 비교해보자. 프랑스인은 미국인보다 훨씬 적게 일하는데, 연간 노동 주기의 차이도 뚜렷하다. 프랑스 사람은 여름에 휴가나 연말휴가가 겹치지 않는 나머지 여덟 달보다 평균 한 시간 가까이 적게 일한다. 프랑스 성인의 절반을 약간 넘는 사람들만 일을 하고 있으므로, 이는 프랑스 근로자들이 다른 날보다 여름날 두 시간씩 일을 덜 하고 있음을 의미한다. 근로시간의 월별 변동은 미국보다 두 배 이상 많다. 이런 차이가 생기는 이유는 간단하다. 그것은 프랑스의 추가 휴일과 일반적으로 7월과 특히 8월에 사용되는 상당히 많은 유급휴가에서 비롯된다. 미국인은 유급휴가 시간과 공휴일을 거의 갖지 않는 선택을 하여 암묵적으로 연중 근로시간의 가변성이 적은 형식을 택했다.

일도 주중 요일에 따라 달라질 수 있다. 그것이 일주일 동안 날마다 균등하게 배분된다면 사람들은 주당 근로시간의 28퍼센트를 주말에 소비할 것이다. 실제로 미국인은 주당 14퍼센트 업무를 주말에 하는데, 근무시간이 주중에 고르게 분산된다면 주말에 행해질 28퍼센트의 절반이다. 하지만 프랑스, 독일, 네덜란드, 영국 등 다른 네 개 선진국에서는 주말에 수행하는 일의 비율이 영국의 12퍼센트에서 네덜란드의 6퍼센트까지 훨씬 더 낮다. 미국은 현재 우리가 '정상적인 업무 시간'이라고 생각하는 주 5일근무제 밖에서 이루어지는 일의 양에서 선두를 달리고 있다. 주말근무에서 미국인이 선두를 달리는 양상은 연간 총 근로시간 비교에서도 선두를 달리는 것과 일치한다. 그들은 다른 선진국 사람들보다 매년 더 많은 시간을 일할 뿐 아니라, 일반적인 시간대가 아닌 토요일이나 일요일에도 더 많이 일한다.

모든 평일이 같지는 않다. 미국인은 월요일과 화요일 사이에 평균 30분 정도의 근로시간을 추가하여 주중에는 전반적으로 일을 쉽게 한다. '힘든 수요일(험프 데이hump day)'이라는 별명에도 불구하고 오히려 수요일에는 업무량이 화요일보다 조금 적은 편이고, 목요일과 금요일까지 계속 점점 줄어든다. 당연히 주말 양일도 같지 않다. 미국인은 일요일보다 토요일에 더 많이 일한다. 주말에 미국인들보다 적게 일하는 다른 나라에서는 그나마 적은 주말 일을 토요일에 대부분 한다. 다른 선진국에서는 일요일 근무가 매우 드물다. 미국인이 한 주에 걸쳐 많은 일을 분산시키고, 주말에 더 많은 일을 하는 것은 문화적인 이유일 수도 있지만, 근로시간에 대해 소위 '청교도법률(Blue Laws, 일요일에 특정한 활동을 금하는 법)'이라고 불리는 법적 제한이 거의 없는 데서 비롯된 것일 수도 있다.

1975년부터 2015년까지 40년 동안 미국인의 주당 근로시간은 크게 변하지 않았다. 1975년과 2015년 두 해 모두 총 업무량의 4퍼센트가 조금 넘는 업무가 일요일에 이루어졌다. 평일에 행해진 업무 분담률도 크게 다르지 않았다. 가장 큰 차이점은 2015년 토요일보다 1975년 토요일에 훨씬 더 많은 작업을 했다는 것이다. 1975년 이래로 미국인들은 주말, 적어도 토요일에는 일을 줄이고 있다. 물론 여전히 다른 선진국 사람들보다 일을 훨씬 더 많이 하고 있지만 말이다.

> 일일 근무 패턴

대부분의 회사가 문을 열고 근로자 대부분이 일하는 '보통' 평일
에 일을 하고 있다고 해도, 우리가 하루 중 언제 일하는지는 매우
중요하다. 우리 대부분은 여러 가지 이유로 주간근무를 선호한다.
직장에 혼자 있거나 아주 소수의 사람들하고만 있는 것은 무서울
수도 있고 외로움 또는 지루함을 느낄 수도 있다. 우리 근로시간을
다른 사람들, 특히 배우자와 일치시키면 그들과 함께 여가 활동을
즐길 수 있다. 또한 낮에 일하는 것이 밤에 일하는 것보다 안전상으
로도 더 유리하다. 밤에 일하려면 어두울 때 출퇴근해야 하기 때문
이다. 증거자료에 따르면 밤에 일하면 폭력범죄를 당할 가능성이 증
가한다.[3]

많은 미국 근로자는 오전 6시에 일을 시작하고, 다른 많은 근로
자는 여전히 오후 6시에도 일을 하고 있다. 하지만 오후 6시 이후에
일하는 비율은 상당히 빠르게 줄어들어서 오전 3시경에는 전체 근
로자의 5퍼센트 미만으로 떨어졌다. 이는 2000년대 중반 미국의 일
일 근로시간 패턴을 보다 상세하게 나타낸 〈그림 4.1〉에서 확인된
다.[4] 일하는 근로자 비율이 가장 높은 매일 오전 11시경을 100으로
설정하고 매시간 15분 동안 근로자 비율을 비교하였다.

〈그림 4.1〉을 보면, 정오 무렵 눈에 띄는 약간의 감소가 나타난다.
그 시간에 미국에서 행해진 일의 비율이 일시적으로 감소하는 이유
는 사람들이 직장 또는 다른 곳에서 점심식사를 하기 위해 휴식을

취하기 때문이다. 이것은 다른 나라에서도 나타나는 전형적인 근로 시간 패턴이다. 하지만 다른 선진국 사람들과 비교해보면 한낮에 일을 하다가 식사를 한다고 보고한 미국인들이 훨씬 적다. 그리고 식사를 하기 위해 자리를 비우는 시간은 미국인이 다른 나라 사람들보다 훨씬 짧다.

사람들에게 하루 동안 매시간에 일하고 있는지를 묻는 대규모 조사가 미국에서 1973년부터 2000년대 초까지 대략 5년마다 한 번씩 진행되었다. 그리고 그 기간 동안, 대규모 시간일기가 없는 경우에는 대체할 정보를 제공했다. 그 조사는 1973년에 남성 근로자 8퍼센트, 여성 근로자의 6퍼센트가 새벽 3시에 일하고 있다고 보고했음을 보여준다. 이런 비율은 〈그림 4.1〉[5]에 표시된 비율을 초과한다. 그들은 또한 연방정부가 실시한 2004년 조사에서 보이는 가장 최근의 비교 가능한 비일기 데이터가 암시한 비율도 초과한다. 그 조사의 정보에는 남성 근로자의 6퍼센트, 여성 근로자의 4퍼센트가 새벽 3시에 일하고 있다. 보다 최근의 증거도 같은 결론을 제시한다. 야간근무는 예전보다 드물지만 여전히 다른 선진국보다 미국에서 더 흔하게 이루어지고 있다.

우리는 '24시간 경제'라는 개념에 대해 이야기할 수 있다. 미디어가 널리 알리고 싶어하는 개념이다. 금융과 상업이 세계화하여 많은 미국인이 전 세계에 있는 동료들과 업무 스케줄을 맞추기 위해 일반적이지 않은 시간에 일하는 모습을 상상한다. '24시간 경제'는 신화에 불과하다. 미국인 대부분은 저녁, 밤 혹은 새벽, 즉 저녁 7시부터

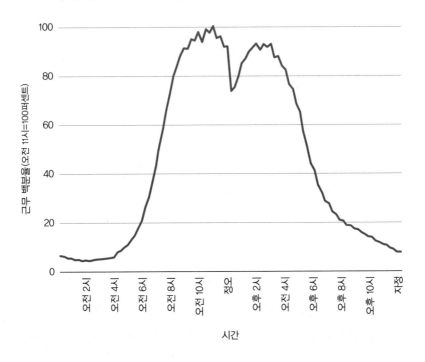

〈그림 4.1〉 2006~2007년 평일 매시간 15분 동안 일하고 있는 근로자 비율

아침 6시까지 일하지 않는다. 거의 반나절에 해당하는 그 열한 시간 동안 우리는 전체 업무의 극히 일부인 15퍼센트만을 수행한다.

미국 경제는 다른 나라들과 과거보다 훨씬 더 밀접하게 통합되어 있다. 오늘날 미국의 수출과 수입은 국내총생산GDP의 30퍼센트에 육박한다. 1960년에는 겨우 10퍼센트를 조금 넘었다. 이런 세계화 추세에도 불구하고, 다시 말해 세계 경제의 통합이 진척되고, 국제 통신과 교통이 훨씬 더 발달했지만, 미국인은 40~50년 전보다 밤에 일을 덜 하고 있다.

이런 변화는 그리 놀랄 일이 아니다. 사람들 대부분은 밤에 일하고 싶어하지 않는다. 야간근무는 사람들이 동료 근로자와 어울릴 기회를 줄이고, 가족과 함께할 가능성을 낮추며, 그들의 생물학적 리듬과 잘 맞지 않을 수 있다. 지난 반세기 동안 경제가 더 부유해지고 인플레이션을 감안한 1인당 소득이 눈에 띄게 증가하면서, 우리는 하기 싫은 것을 하지 않으려고 돈까지 지불하고 있다.

소득이 늘어나면서 지난 40년 동안 미국에서는 직장 내 안전관리가 급격하게 중요해졌는데, 이것은 우리가 더 바람직한 근로 조건을 위해 늘어난 소득을 사용한다는 사실을 여실히 보여준다. 이 기간 동안 산업재해로 사망한 근로자의 수가 절반 이상 감소했다.[6] 우리는 또한 늘어난 소득을 이용해 야간 근로시간을 단축하는 등 보다 바람직한 작업 일정을 '구매'했다. 이 놀라운 현상은 사람들이 더 나은 근무 일정과 더 만족스러운 직장생활을 얻기 위해 원치 않은 시간에 일했다면 벌 수 있었던 소득의 일부를 포기한 자연스러운 결과라고 할 수 있다. 근로자는 고용주가 낮 근무보다 밤에 훨씬 더 많은 임금을 지불해야 한다고 주장하기 위해 늘어난 수입의 일부를 사용하였고, 고용주는 노동비용을 절약하기 위해 야간근무를 줄인다. 이런 바람직한 작업 스케줄을 '구매'하여 더욱 바람직한 시간에 여가를 포함한 비업무 활동 일정을 잡을 수 있게 되었다.

사람들이 야간이나 다른 일반적이지 않은 시간에 일을 하고 싶어하지 않는다는 것은 달갑지 않은 일을 보상하는 임금의 차이로 명백하게 드러난다. 사람들이 밤에 일하는 것을 꺼리지 않는다면 학력, 나이, 민족, 성별이 주간근로자와 같은 야간근로자의 급여는 동일할 것이다. 그런데 그렇지 않다. 야간근로자는 같은 조건의 주간근로자보다 시간당 더 많은 임금을 받는다. 아마도 10퍼센트 정도 더 받을 것이다.[7] 하루 중 불편한 시간에 일해야 하는 직업을 갖도록 유도하기 위해서는 추가 급여가 필요하다. 추가 급여는 그들에게 불편함에 대한 보상으로 주어진다.

이 평균효과는 밤에 행해지는 모든 작업에 대해 낮에 행해지는 같은 일보다 많은 돈을 지불한다는 것을 의미하지는 않는다. 기업은 공급과 수요에 민감하며 하루 중 다양한 시간대 근무자의 가용성과 고객의 수요에 따라 더 많이 또는 더 적게 지불한다. 우리 집 근처 쇼핑몰에 있는 핑크베리 요거트 매장은 늦은 저녁보다 오후 시간대 근로자들에게 더 많은 임금을 지불한다. 이런 특이한 일일 급여 패턴은 근로자가 대부분 낮에는 수업에 바쁘고, 시원한 간식을 찾는 고객들이 많이 몰리는 오후에 출근하려면 추가 인센티브(보상)가 필요한 대학생들이기 때문이다. 하지만 이 사례는 이례적이다. 회사는 대부분 저녁과 야간 근무에 더 많은 급여를 지급한다.

미국인은 이전보다 야간근무를 적게 하지만, 그래도 야간의 어느 시점에 근무하고 있다고 보고하는 미국인이 유럽 근로자들의 비율보다 높다. 미국인이 야간에 일하는 빈도가 다른 나라보다 높다. 업무 패턴이 유럽 국가의 근로자보다 미국인과 훨씬 더 비슷한 영국 근로자조차도 미국인보다 밤에 덜 일한다. 이는 21세기 첫 10년 동안 미국 및 기타 국가에서 실시한 시간일기 조사를 비교한 〈그림

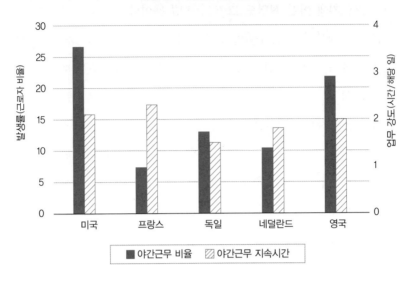

〈그림 4.2〉 2000년대 초 5개국의 오후 10시~오전 6시 사이의 유급 업무 발생률 및 작업 강도

4.2〉에 명백하게 나타난다. 미국, 프랑스, 독일, 네덜란드, 영국 다섯 개 국가의 오후 10시에서 오전 6시 사이 야간작업 발생률과 작업 강도의 측정치를 모두 표시했다.[8]

유럽인보다 많은 미국인이 밤에 일을 할 가능성이 더 있는 반면, 그렇게 하는 사람들이 오후 10시에서 아침 6시 사이에 내내 일하는 경우는 거의 없다. 〈그림 4.2〉의 줄무늬막대가 보여주듯 야간근무를 하는 평균 미국인은 유럽 국가의 야간 근로자와 거의 다르지 않은 약 두 시간 동안만 일한다. 미국인의 야간작업의 강도는 다른 선진국 근로자와 거의 비슷하다. 미국과 다른 국가들 간의 하루 근로시간의 차이는 야간근무의 발생률 차이에서 비롯된다. 강도는 비슷

하지만 발생률에 분명한 차이가 생기는 이유에 대해서는 아직 연구되지 않았기에 어떤 설명도 그저 추측일 뿐이다.

근로자 대부분은 근무일이 시작되기 전에 이미 하루 중 어느 시간에 일을 할 것인지 알고 있다. 제조업 근로자 대부분은 어느 시간에 어디서 일하는지, 몇 시에 출퇴근하는지 공장에 보고한다. 일부 소매업 종사자도 많은 전문직 종사자도 마찬가지이다. 하지만 모든 사람이 다 그렇지는 않다. 적어도 어느 정도 연구에 관련된 학자들은 강의·수업 시간 및 학생 상담을 위해 사무실에 있는 시간을 제외하고는 자신이 편한 시간으로 근무시간을 자유롭게 조정할 수 있다. 탄력근무자도 있다. 유연성을 직접 선택했기 때문에 자신이 즐기는 일정표를 만든다. 그들의 근무시간은 매일 다르지만, 고용주의 요구에 따라 어느 정도는 정해진다.

일부 근로자의 근무 시간대는 매일 또는 매주 달라지며 대부분의 경우 그들이 판매하는 제품이나 서비스에 대한 고용주의 수요 예측에 따라 고용주가 정한다. 2004년 미국인의 주간근무 스케줄에 대한 정보를 보면 남성 직원의 8퍼센트와 여성 직원의 7퍼센트가 다양한 스케줄에 따라 일하고 있다. 관리자와 학자 등 전문직에 종사하는 이들을 제외하면 비율은 거의 차이가 없다. 주중에 걸쳐 일정이 달라지는 미국인의 비율은 매우 낮다. 게다가 이 비율은 2000년대 초를 기준으로 이전 30년 동안 계속 감소하고 있었다.

'작업 일정 정하기'에서 일일 변동성의 평균 범위는 몇 가지 중요한 차이를 가리고 있다. 우리는 소매업 종사자의 업무 스케줄이 하루 중 고객 흐름의 변화에 따라 다른 근로자보다 더 유연해야 한다고 생각한다. 그것이 바로 우리가 관찰한 바이다. 2004년에는 남성 9퍼센트, 여성 소매업 종사자의 11퍼센트가 일주일 내내 가변적인 스케줄을 가지고 있었다.

독일에서 주중 매일 다양한 근무시간을 보고한 근로자는 전체 근로자 중 적은 비율이었다. 야간근무와 마찬가지로, 다양한 일정을 소화해야 하는 독일 근로자는 고정된 일정에 따라 작업하는 동일한 기술을 가진 근로자에 비해 특별수당(할증임금)을 받는다.[9] 미국에는 이 문제에 대한 증거자료가 없다. 하지만 주중 근무시간을 바꿔 기꺼이 일할 의사가 있는 미국인은 가변적인 작업 일정에 부담을 갖기 원하지 않는 동일한 업무를 하는 근로자보다 더 높은 임금을 받으리라 예상한다.

이른바 '긱gig 경제'는 점점 탄력근무 시간의 사례가 되고 있다. 긱 경제는 경기장 상인이나 택시 운전사같이 피고용인이지만 자신이 선택한 일정에 따라 일하는 탄력적 근무시간의 새로운 형태로 떠올랐다. '우버Uber' '리프트Lyft'는 단지 최근의 사례일 뿐이다. 근로자가 근로시간의 유연성이 바람직하다고 생각하는지의 여부는 당연히 사람에 따라 다르다. 그리고 그 증거는 이런 노동 형태에 참여하는 사람들이 시간당 더 많은 돈을 벌 수 있을 때 일을 더 많이 한다는 것을 보여준다. 그들 중 다수는 업무 유연성이 투입 시간과 벌어들인 돈 등 일에 대한 경험을 향상시키며 이를 선택한 대다수 사람에게 바람직하다고 생각한다.[10]

세계에서 가장 많이 논의되는 현상 중 하나는 기후변화와 지구온난화의 가능성이다. 이 정도로 주요한 변화는 사람들이 일할 때 그리고 그들이 다른 활동에 참여할 때 모두 영향을 미친다. 사람들은 일반적으로 더울 때 일을 덜하고 실내에서 더 많은 여가를 보낸다.[11] 이는 지구온난화가 노동 총량 감소와 한낮의 작업 시간 감소 그리고 유급 근로의 장소와 시간에 따른 여가 활동 장소와 시간 변화를 동반하게 될 것임을 시사한다.

❯ 미국 노동시장은 이상해

미국의 근로시간은 이상하다. 업무량은 다른 선진국의 근로시간과 비교하면 상당한 차이가 있다. 저녁, 밤, 주말에 일하는 특이한 경향은 미국 경제의 산업구조나 노동인구의 인구통계학적 특성 때문이 아니다.[12] 대신에 미국인이 받는 아주 짧은 유급휴가처럼, 그것은 아마도 하루 및 일주일에 걸쳐 근로시간이 넓게 확산되는 것을 줄이려는 정책의 부재라는 정치적 문제와 다른 나라에 비해 일중독증이라는 일반적 상태가 결합하여 반영된 것일지도 모른다.

CHAPTER 05

여성과 남성

WOMEN AND MEN

Spending Time

성별은 인간 존재의 결정적 특징이다. 앞에서 시간을 사용하는 방법에서 미국과 다른 나라 사이에 많은 흥미로운 차이점을 보여주었고, '유급 근로'라는 주요 분야에서 미국이 다른 나라와 어떻게 다른지를 설명했다. 하지만 설명한 모든 사실과 주장은 국가 전체 또는 매우 넓은 연령대의 사람들의 평균치이다.

성별을 무시하면 국가 간 광범위한 차이를 요약하고 일반인들이 시간을 어떻게 사용하는지를 보여주는 데는 유용하지만, 사회와 경제에서 남성과 여성의 역할에 대한 우리의 관점을 반영하고 바꿀 수 있는 성별 차이가 무엇인지를 도외시하게 된다. 이런 차이는 부분적으로는 여성의 기회를 제한하는 차별에서 비롯되지만, 호불호의 차이에 의해서도 생길 수 있다. 성별에 따라 달라질 수 있는 성과와 행동의 중요성을 고려할 때, 남성과 여성이 보수를 위한 근로, 가정 활동, 수면을 포함한 개인 관리, TV 시청을 포함한 여가 등의 주요 활동에 왜 그리고 어떻게 시간을 소비하는지 그리고 미국이 다른 선진국 사람들과 어떻게 다른지에 초점을 맞추는 것이 도움이 된다. 성별에 따른 사람들의 선호가 다르기 때문에 이성애자 및 게이와 레즈비언 등 동성애자 사이에 시간 사용이 어떻게 다른지 살펴보는 것도 유용하다.

우리는 여성은 집에서 요리와 청소를 하며 아이를 돌보고, 남성은 가장 역할을 한다는 성역할에 대한 고정관념을 가지고 있다. 이 고정관념은 결코 완벽하게 정확하지 않다. 이 고정관념은 매우 부정확하며 시간 사용에 있어서 성별 차이를 결정짓는 중요한 역할을 한다는 점이 오늘날 성역할에 대한 유익한 정보가 된다. 돈을 버는 것은 결혼생활에서 배우자에게 더 큰 영향력을 행사할 권한을 제공하며, 더 많은 돈을 버는 배우자는 파트너가 두 사람의 시간과 소득으로 무엇을 하는지에 더 많은 통제권을 주장한다. 남녀가 각자의 힘을 결정하는 데 있어 소득의 역할은 용돈 혹은 여성복, 남성복같이 '성별을 반영한 것'으로 여겨지는 품목에 대한 지출 그리고 커플의 행동에 대한 더 간접적인 통계에 기초한 증거자료를 통해 명확하게 드러난다.[1]

남녀가 서로를 어떻게 생각하고 대하는가에 결정적 영향을 미치기 때문에 시간 사용의 성별 차이는 중요하다. 하지만 그 차이가 생물학적 차이의 결과인지, 아니면 전통적인 문화에 뿌리를 두고 있고 따라서 기술과 인센티브(동기)가 변함에 따라 변화할 수 있는지는 다음 세기에 남성과 여성의 역할이 어떻게 발전할 것인지 예측하는 데 중요하다.

'가사전쟁chore wars'이라는 용어는 사람들이 가정 활동의 많은 부분을 구성하는 '가사'를 불쾌하게 인식함을 암시한다.[2] 역사적으로 '가사'는 주로 여성이 했고, 이런 관점은 암묵적으로 여성의 활동이 남성의 활동보다 덜 바람직하다고 정의한다. 그러므로 오늘날 누가 허드렛일을 하는지를 아는 것은 '전쟁'의 현재 결과를 이해하는 데 중요하다.

여성과 남성이 시간을 어떻게 사용하는지를 비교할 때 가장 기본이자 분명한 사실은 모든 여성 그리고 모든 남성에게는 하루 24시간밖에 없다는 점이다. 유급 근로에 많은 시간을 사용하는 사람은 가정 활동에 관여하거나 개인적인 시간(주요한 예로 수면), 여가 활동(예를 들면, TV 시청)을 즐길 시간이 적다. 한 영역에서 더 많은 시간을 사용하는 것은 적어도 다른 영역 중 일부에서 반작용으로 시간 부족을 초래한다. 한 시간 더 급여를 받기 위해 일한다면 그 기회비용은 그 남자나 여자가 포기해야 하는 한 시간에 해당하는 가정 활동, 개인적인 시간과 여가시간이다.

> 일하는 남성, 역시 일하는 여성

시간일기와 근무시간 추정치에 따르면 일주일 동안에 남성 근로자가 여성 근로자보다 더 많이 일한다는 사실을 알 수 있다. 남성 근로자의 14퍼센트만이 주당 35시간 미만인 파트타임 근로를 하고 있고, 남성 근로자의 29퍼센트는 보통 장시간, 즉 50시간 이상을 근무한다는 사실이 이에 대한 정확한 시각을 제공한다. 이 비율은 여성 근로자의 경우 완전히 반대로 나타난다. 여성 근로자 중 30퍼센트가 파트타임 근로자인 반면, 13퍼센트만이 장시간 유급 근로자로 일한다.

어떤 방법으로 유급 근로시간을 측정하든 주당 근로시간의 강도는 미국의 여성 근로자보다 남성 근로자가 더 강하다. 시간일기 데이터에서 그 차이는 약 일곱 시간이다. 유급 근로의 발생률도 남성들이 더 높다. 〈그림 5.1〉에서 2016년에 해당하는 여성의 줄무늬막대는 남성의 민무늬막대보다 12퍼센트 정도 낮은 수준이다. 성인 여성 인구와 비교했을 때 더 많은 성인 남성이 유급 근로를 한다. 1996년까지 대부분의 변화가 일어났음에도 이것은 상당한 차이지만 40년 전의 절반에 불과하다. 미국 노동시장은 아직 남녀 동일한 모습은 아니지만 남녀 노동력의 참여와 근무시간 면에서 두 세대 이전보다 차이가 대폭 줄었다. 이 발전은 놀랍다. 그것은 미국에서 일의 본질에 진정한 혁명이 일어났음을 의미한다.

미국에서 남녀 성별 차이가 많지 않은 노동시장이 증가 추세지만 다른 선진국에 비해 두드러지진 않는다. 남성의 고용률이 약간 높고, 주당 유급 근로시간이 좀 더 긴 것도 유럽의 선진국에서 전형적으로 나타나는 현상이며, 이런 차이의 최근 역사는 미국과 비슷하다. 실제로 일부 북유럽 국가는 최소한 고용률 면에서 거의 평등에

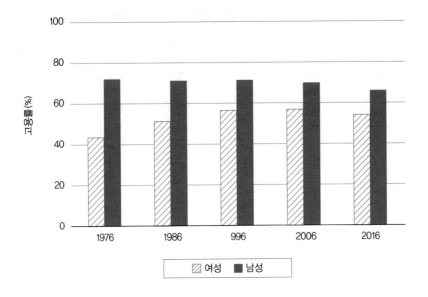

〈그림 5.1〉 성별 및 연도별 고용률(미국 16세 이상 취업 인구 비율)

가까워졌다. 스웨덴의 경우 남성의 고용률이 여성보다 4퍼센트밖에 높지 않다. 하지만 미국에서 나타나는 성별 차이는 중간소득국에서는 일반적이지 않다. 예컨대 브라질, 칠레, 멕시코, 터키는 남성과 여성의 유급 근로 고용률에 훨씬 더 큰 차이를 보인다.[3] 이 차이를 결정하는 것은 그 나라의 소득만이 아니다. 문화와 역사 역시 중요하다. 일례로 일본과 서유럽은 소득이 비슷하지만, 일본에서는 남성과 여성의 고용률 차이가 유럽보다 크다.

미국과 서유럽에서 평등에 대한 접근 방식이 이처럼 두드러진 데에는 많은 이유가 있다. 하나는 소매업, 통신업, 금융업, 서비스업 등 주로 3차 산업을 포함한 오늘날의 경제에서 요구되는 일의 성격이다. 1차 산업(농업과 광업) 부문은 매우 소규모이고 2차 산업(제조업과 운송업) 부문은 점점 중요도가 하락하고 있는 상황에서 '체력'이라는 직무요건은 예전보다 중요성이 떨어진다.

생물학적인 차이 때문에 남성이 1차 산업과 2차 산업에 상대적으로 더 적합할 수 있지만, 3차 산업 근로자로 일하는 데 남성의 생물학적 차이가 이점을 제공한다고 주장하기는 어렵다. 반대로 남녀 성격 차이나 조직 능력 혹은 갈등 회피 능력 덕분에 여성이 3차 산업과 그 산업에 많은 화이트칼라 사무직 근로자로서 유리한 위치를 차지하기 쉽다고 주장할 수 있다.

나는 운이 좋게도 경제학자들이 모인 그룹에서 여성의 역할에 관한 위원회의 열두 명의 여성과 함께 유일한 남성으로 활동할 수 있었다. 나는 남녀가 함께하는 많은 위원회에 참여했는데, 구성원은 대부분 남성이었다. 내가 유일무이한 소수자였던 곳은 여기뿐이다. 그 위원회는 내가 경험한 어느 것과도 다르게 기능했다. 더 많이 듣고, 덜 논쟁하고, 덜 대립하며, 무례한 행동도 덜했다. '태도와 성격에 대한 표준 심리리스트'는 성별에 따라 뚜렷한 차이를 보인다. 하지만 내가 다른 사람들과 함께한 이 위원회의 작동 방식은 이런 리스트가 보여줄 수 없는 차이를 경험하게 했을 뿐만 아니라, 현대 노동시장에서 비인지적 기술의 중요성이 커지는 이유를 제시했다.

오늘날 경제에서 행해지는 대부분의 업무는 체력을 덜 필요로 하며, 시장 업무에 있어 남성과 여성의 생물학적 차이가 중요하지 않기 때문에 생물학적 요인은 유급 근로시간에 나타난 성평등 증가에 대한 바람직한 설명이 아니다. 성별 업무 패턴의 수렴에 대한 또 다른 설명은 여성에게 사회적으로 수용 가능한 역할이 무엇인가에 대한 문화의 변화이다. 선진국 여성들이 '해야 할 역할'에 대한 태도는 분명히 직장에서 여성을 더 고용하는 쪽으로 바뀌었다. 1990년 베를린장벽 붕괴 직후 참석했던 한 베를린 회의에서 그 회의를 주도하던 70세 독일인 교수의 말이 떠오른다. 그는 확대된 독일에 대한 동독의 통합 가능성에 대해 언급하면서 서독 여성보다 훨씬 더 많은 유급 근로를 한 동독 여성들이 곧 '가정 내 그들의 적절한 역할'로 돌아가기를 희망한다고 했다. 이 언급에 다른 참석자들은 초조하고 당혹스러운 웃음을 보였고, 오늘날에는 어떤 70세 학자라도 대중 앞에서 감히 이런 식의 발언을 하지 못할 것이다. 그 교수는 이후 사회 발전상에 그다지 만족하지 않았을 것이다. 옛 동독 지역 여성의 경제활동참가는 그 후 10년 동안 다소 감소했지만, 독일의 나머지 지역보다는 여전히 월등히 높기 때문이다.[4]

문화는 변했고, 남녀 차이는 점점 더 줄어 성역할이 사라진 노동시장을 그 변화의 탓으로 돌리기 쉽다. 하지만 문화의 변화는 단순히 일어나는 것이 아니라 성별을 불문하고 기회를 균등하게 하는 업무 기술의 근본적인 변화에서 비롯된다. 그로 인해 더 많아진 기회와 변화가 제공한 해방적 인센티브(동기)는 직장에서 성역할을 바라보는 시각에 분명한 변화가 일어나는 궁극적인 원인일 수도 있다. '닭'이라는 문화적 변화가 '달걀'이라는 기술적 변화 이전에 왔는지 이후에 왔는지 구분할 수 없지만, 그럼에도 두 가지 모두 유급 근로를 하도록 인센티브(동기)를 바꾸고 유급 근로시간에 성평등을 증가시키는 데 기여하고 있음은 분명하다.

> 가정에서의 여성 그리고 남성

가정 활동은 세대 구성원을 돌보는 데 소요되는 시간(예를 들어, 아이에게 책 읽어주기, 10대 아이들 축구 연습 데려다주기, 아픈 가족 돌보기), 가사 활동(음식 구입, 요리, 설거지 또는 세탁) 및 구매 행위(식료품 구입, 병원 가기)로 이루어진다. 이것은 누구나 할 수 있는 활동이다. 이 중 어떤 것도 생물학적으로나 성격적으로 여성 혹은 남성이 더 적합하다고 생각하기 어렵다.

70세 미만의 모든 미국 성인을 대상으로 조사하면 남성과 여성의 유급 근로시간의 실질적 차이는 일주일에 열 시간 이상으로 극명하다. 가정 활동 시간의 차이도 그만큼 극명하지만 그 방향은 반대이다. 가정 활동에 소요되는 시간에 문화적, 역사적 이유 외에 다른 명백한 요인은 없지만, 사람들 대부분은 여성이 남성보다 더 많은 가정 활동을 수행한다는 점을 안다. 성인 여성과 남성이 가정 활동에 소비하는 주당 시간의 차이는 열한 시간 이상이다. 연간 기준으로는 거의 4주에 달한다. 여성은 남성보다 가정 활동 시간이 약 67퍼센트 더 많다.

미국 남성과 여성은 부유한 북반구 나라들과 크게 다르지 않다.

예를 들어, 최근 1년 동안의 시간일기 데이터에 따르면 네덜란드와 독일 여성은 해당 국가 남성보다 가정 활동에 각각 79퍼센트와 85퍼센트 더 많은 시간을 보냈다. 여성이 남성보다 가정 활동을 더 많이 하는 것은 보편적인 현상이지만, 성별에 따른 차이는 선진국 간에도 격차가 크다. 최근 한 해 동안 이탈리아 성인 여성은 남성보다 일주일에 세 배 이상의 시간을 가정 활동에 소비했다![5]

공동 저자와 나는 이탈리아의 이 엄청난 차이를 발견하고 이 주제를 우리 강연에 포함시켰다. 강연에 참석한 많은 사람들은 "이탈리아 여성이 다른 나라 여성에 비해 요리하는 데 많은 시간을 소비하기 때문에 그런 차이가 생기겠죠, 그렇지 않아요?" 같은 질문을 했다. 이탈리아에 대한 미국인의 고정관념에도 불구하고 이것은 사실이 아니다. 이탈리아 여성은 그들의 보금자리를 청소하는 데 하루 중 많은 시간을 소비하기 때문에 다른 선진국 여성들보다 가정 활동에 훨씬 더 많은 시간을 쓴다. 물론 시간일기는 그들이 실제 어떤 청소에 많은 시간을 소비하는지는 보여주지 않는다. 이런 남녀 간의 큰 차이는 훨씬 부유한 북부 지방에서도 남부 이탈리아와 마찬가지 양상을 보이며, 젊은 이탈리아인과 나이 든 이탈리아인 사이에서도 차이가 없다.

인간이 사용 가능한 주당 시간이 168시간으로 정해져 있기에 남성과 여성 사이에 급여를 위해 일하는 시간도 점점 비슷해졌고 더불어 가정 활동에 소비되는 성별 시간의 차이도 확연히 줄어들었다. 시간일기 데이터에 따르면 1975년 이후 미국인 남성의 가정 활동 시간은 일주일에 세 시간이 조금 안 되게 증가한 반면, 이런 가정 활동에서 여성의 시간은 거의 여섯 시간 줄었다. 여성들이 유급 근로를 많이 하기 때문에 일부는 가정 활동의 허드렛일로 볼 수 있는 일을 더 적게 하고 있다. 예전보다 유급 근로를 덜 하는 남성들이 더 많은 가정 활동 업무를 수행한다. 가정 활동에서 완전한 성평등을 이룬 국가는 없으며, 유급 근로에 쓰인 시간에서도 완전한 성평등은 없다. 하지만 미국은 이 분야에서 심지어 2세대 전보다도 훨씬 더 평등해졌다.

이런 비교는 평균이며, 평균 내에서도 엄청난 차이가 있다. 예를 들어, 독일에서는 파트너가 있는 남성이 여성보다 가정 활동에 보내는 시간이 훨씬 적지만, 그들 중 25퍼센트는 파트너보다 더 많은 시간을 가정 활동에 쓴다. 프랑스에서도 비슷한 비율의 남성이 여성 파트너보다 가정 활동에 더 많은 시간을 소비한다. 미국 남편들은 그들의 아내보다 가정 활동에 훨씬 적은 시간을 보내고 있지만, 미국 남편의 30퍼센트는 일반 미국 아내보다 더 많은 시간을 가정 활동에 할애한다.

가정 활동에 소요되는 시간의 성별 차이는, 어떤 부부의 경우 파트너보다 더 많은 가정 활동을 하고, 유급 근로를 덜 하거나 안 하는 것이 배우자에게 이익이 되기에 발생한다. 배우자가 시간당 더 많은 소득을 버는 여성은 다른 배우자가 있는 여성보다 더 많은 가정 활동을 하고 유급 근로를 할 가능성이 적다. 즉, 더 많은 유급 근로와 더 적은 가정 활동을 하려는 인센티브(동기)가 중요하다.[6] 아내가 남편보다 더 많은 돈을 버는 부부의 경우, 두 배우자가 유급 근로를 하거나 가정 활동을 하게 되는 인센티브(동기)가 중요하지만, 남편이 가정 활동에 더 많은 시간을 사용하려는 인센티브(동기)는 그의 시간 사용에 미치는 영향이 적다. 아내가 고소득자인 남편은 아내보다 더 많은 돈을 버는 남편보다 집에서 일하는 시간이 약간 더 많을 뿐이다. 여성은 남성보다 가정 활동을 하려는 인센티브(동기)에 더 많이 반응하며, 일반적으로 여성은 여전히 남성보다 소득이 적기 때문에, 여성이 직장에서 받는 남성보다 적은 급여는 여성에게 가정 일에 전문성을 가지려는 더 큰 인센티브(동기)를 부여한다.[7]

가정 활동에 소비되는 시간에 성별 차이를 보이는 또 다른 이유는 결혼한 여성이 심지어 미혼일 때도 다른 여성보다 가정 활동을 더 많이 했기 때문이다. 이런 여성은 다른 여성보다 가정 활동을 더 즐기거나 아니면 순전히 개인적인 이유로 그들이 결혼을 하든 하지 않든 간에 그렇게 해야 할 필요성을 느끼기 때문일지도 모른다. 순전히 선호의 차이에 근거한 이런 이유는 남성과 여성이 집안일을 하는 데 소비한 시간의 불일치를 절반 정도는 설명할 수 있다.[8]

이런 설명은 가정에서 각각의 배우자가 시간당 동일한 기회비용을 갖는 것으로 간주한다. 이는 동일한 금액의 급여를 포기하도록 한다. 그것은 분명 잘못되었다. 우리 대부분은 하루 내내 똑같이 생산적이진 않다. 대부분 하루, 한 주, 한 해 중 많은 시간 노동이라는 서비스에 대한 수요가 거의 없으며, 많은 사람이 하루 중 많은 시간 동안, 특히 평일에는 유급 근로 때문에 가정 활동을 하지 못할 수밖에 없다.

시간의 가치에 있어서 매일의 변화의 중요성은 아내와 내가 둘 다 정규직으로 일할 때 가사 일을 어떻게 분담했는지 보면 설명이 된다. 우리는 그녀가 나보다 훨씬 더 훌륭한 요리사라는 의견에 동의했다. 아내는 또한 나보다 요리를 훨씬 더 즐기며 그녀는 나의 시간당 급여의 3분의 2 이상을 벌지 못했다. 하지만 약 20년 동안 나는 매주 며칠은 저녁 준비를 했고, 그동안 그녀는 사무실에 남아 법률 관련 일을 했다. 대학교수라는 내 직업은 시간에 관한 한 거의 완벽한 유연성을 가진 반면, 그녀는 오전 9시부터 오후 6시까지 사무실에 있어야 하는 직업을 가지고 있었기 때문이다. 내 요리 레퍼토리는 생선이나 치킨, 스파게티로 한정되어 있었지만, 나는 아내가 퇴근하면 저녁을 먹을 수 있게 식사를 준비했다. 이 상호 간의 결정은 우리 직업이 주는 제한―내 경우에는 제한이 거의 없음―을 고려하면 적합했다.

> 모두 일한다

미국의 조사에서 시간일기를 완성한 남성 중 6퍼센트만이 일기 작성 당일에 급여나 가정 활동을 위한 일을 하지 않았다고 보고했다. 유급 근로나 가정 활동 중 어느 한 가지에도 시간을 들이지 않은 날은 대부분 주말이었다. 시간일기를 완성한 그날 유급 근로나 가정 활동에 시간을 할애하지 않았다고 적은 여성은 3퍼센트에 불과했다. 어떤 사람은 며칠씩 병상에 누워 있었지만, 대부분은 한 주 동안 한 가지 또는 두 가지 활동을 모두 했다. 거의 모든 사람이 유급 근로나 가정 활동을 한다.

하지만 일이란 무엇인가? 한 사람의 일은 다른 사람에게 즐거움을 준다. 내가 처음 돈을 받고 한 일은 동네에 있던 수영장의 '바스켓보이basket boy'로, 사람들 대부분은 당연히 보잘것없는 직업이라고 여길 것이다. 나는 수영하러 온 사람들(남성)에게 옷을 넣을 바구니를 주었고, 그들이 채워 가지고 온 바구니를(안전번호도 확인하지 않고) 선반 위 번호의 위치에 올려놓고, 수영하고 온 사람이 번호표를 제시하면 옷을 돌려주는 일을 했다. 60년이 지난 지금 생각해보면 그 일은 지루하고 재미없게 들린다. 하지만 그렇지 않았다. 사람들과 어울릴 기회가 생겼고, 일주일이 지나자 모든 바구니의 위치를 외워서 생각은 자유로워졌다. 나는 일하는 시간 내내 몽상을 할 수 있었다. 여름이 가고 청소원으로 승진했다. 그것 역시 아주 적은 보수를 받는 일이었지만, 우리 집 주변을 청소하는 것과, 아내에 따르면 아주 조금이라고는 하지만, 가정 활동을 잘할 수 있는 기술도 익힐 수 있었다.

가정 활동과 유급 근로를 이런 식으로 생각하면, 당신이 하는 집 안일이 시장에서 유급 근로를 하는 것보다 더 즐거운 일인지 질문하게 될 것이다. 이 질문에는 모든 유급 근로와 가정 활동 업무가 포함될 수 있으며, 한 시간을 줄여야 한다면 유급 근로와 가정 활동

양쪽의 일부를 줄일 수도 있다. 내 업무 경험에서 알 수 있듯이 답은 명확하지 않다. 남성과 여성의 유급 근로시간 또는 가정 활동에 종사하는 시간보다는 총 근로시간, 즉 총 유급 근로시간과 가정 활동에 소비되는 시간을 비교하는 것이 합리적이다.

자신에게 물어보라. 남성이든 여성이든 전체적으로 누가 더 많이 일한다고 생각하는가? 여성을 선택했다면 자신에게 다음과 같이 물어보라. 여성은 남성보다 총 얼마나 더 많은 일을 하는가? 우리는 근무시간 문제를 전문으로 연구하는 경제학자, 거시경제학자, 경제학 입문 과정에 있는 18세 학생, 사회학과 교수와 대학원생을 포함한 다양한 그룹의 사람을 대상으로 조사를 실시했다. 모든 그룹에서 대다수는 여성이 남성보다 최소한 5퍼센트 이상 더 일한다고 응답했다. 노동문제를 연구하는 외국 경제학자의 50퍼센트 이상은 여성이 최소한 10퍼센트 이상 더 일한다고 답했고, 사회학자들은 가장 강력한 의견을 내놓았는데, 60퍼센트는 여성이 남성보다 적어도 10퍼센트 이상 더 일한다고 했다.

이 모든 그룹의 사람들은 전부 틀렸다. 어떤 사람은 다른 사람보다 오류가 덜했고, 미국의 노동 전문가들이 현실에 가장 근접했다. 지난 10년 동안 미국에서 평균 성인 남성은 주당 53시간 이상 일했고, 평균 성인 여성은 54시간 이상 일했다. 미국에서는 남성과 여성이 하는 일의 총량에서 거의 동등하다. 남성은 여성에 비해 예전보다는 훨씬 덜 하지만 유급 근로를 전문으로 한다. 여성은 더 많은 가정 활동에 전문화되었지만 예전보다 그 시간은 상대적으로 줄어

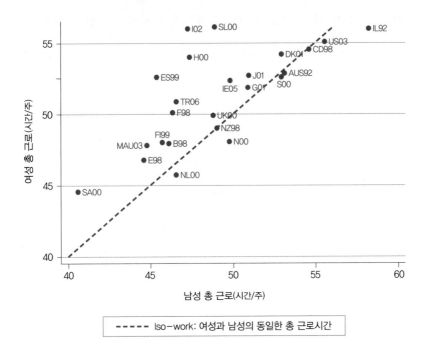

〈그림 5.2〉 2000년경 24개국 남녀 총 근로시간

───── Iso-work: 여성과 남성의 동일한 총 근로시간

들었다. '동일 총 근로시간Iso-work'은 2010년대 미국 내 모든 근로시간의 성별 구분에 대한 꽤 훌륭한 근사치이다.[9]

Iso-work는 단지 미국만의 현상은 아니다. 많은 선진국도 이와 유사한 상황이다. 오늘날 독일에서는 여성이 남성보다 일주일에 약 한 시간씩 더 일하고, 네덜란드에서는 남성이 여성보다 약 한 시간 더 일한다. 〈그림 5.2〉는 24개국의 성별 총 근로시간을 나타낸 것으로, 1990년대 또는 2000년대 초반의 데이터에 기초한 각각의 비교이다. 각 점은 한 국가를 나타내며 각각의 레이블은 해당 국가를 한

자에서 석 자로 표기한 영어 약어와 시간일기 설문 조사가 완료된 연도를 의미한다.[10] 빗살 점선은 전체 근로시간의 완전한 평등을 나타낸다. 이 줄 위의 점은 해당 국가의 남성과 여성이 유급 근로나 가정 활동을 위해 동일한 시간을 보내고 있음을 보여준다. 이것이 바로 '동일 근로시간 라인 Iso-work line'이다.

〈그림 5.2〉에 표시된 대부분의 점은 동일한 근로시간 라인에 매우 가깝게 집중되어 있으며, 그중 일부는 이스라엘(IL92), 노르웨이(N00), 네덜란드(NL00)처럼 심지어 선 한참 아래에도 있다. 하지만 다른 나라들은 훨씬 상위에 있다. 그 나라들에서는 여성이 남성보다 더 많이 일한다. 몇몇 나라에서는 여성이 매주 총 네 시간 이상 더 일하는 것으로 나타났다. 이탈리아(I02), 에스토니아(ES99), 슬로베니아(SL00), 헝가리(H00), 터키(TR06), 남아프리카공화국(SA00), 프랑스(F98) 등이 그렇다. Iso-work는 미국과 다른 많은 선진국의 특성을 잘 나타내지만, 산업화된 나라에서도 보편적이지는 않다.

일부 국가에서는 동일한 총 근로시간으로 이어지지만 다른 국가에서는 남성 총 노동에 비해 여성의 노동이 상당 부분 초과되는 특성이 〈그림 5.2〉에 내포되어 있다. 첫째, 나라가 부유할수록 남성의 총 근로시간은 여성의 총 근로시간에 근접한다. 장기간에 걸쳐 동일한 총 근로시간의 발전을 도표화할 수는 없지만, 〈그림 5.2〉를 보면 선진국에서는 여성과 남성의 근로시간이 거의 동등하지만 가난한 나라에서는 그렇지 않다는 사실을 알 수 있다. 근본적인 원인이 무엇이든, 동일한 근로시간은 경제발전에 따른 현상임을 알 수 있다.

동일한 총 근로시간이 어떤 행위를 설명하는 나라들과 그렇지 않은 나라들 사이에서 발견되는 또 다른 공통된 요소는 문화이다. 이탈리아, 프랑스, 스페인 같은 가톨릭 국가는 부유하지만 여성이 남성보다 실질적으로 더 많은 일을 한다. 경제발전 차이와 함께 이 일반적인 차이를 고려한다면, 경제와 문화 모두 전체 노동의 성별 구분을 결정하는 데 기여한다는 사실은 놀랄 일이 아니다.

경제적 차이를 측정하는 것은 쉽다. 모든 국가에는 1인당 GDP에 대한 정보와 남녀 임금, 고용 척도 및 기타 지표를 축적한 수년간의 데이터가 있다. 하지만 '문화'를 측정하기는 어렵다. 우리는 종교나 인종·민족 배경이나 문화를 설명하는 대용물로 여겨질 수 있는 태도에 대한 질문에 답해야 한다. 여성과 남성의 역할에 대한 사람들의 태도에서 드러나듯이 문화는 노동의 총량 차이를 결정하는 데 영향을 미친다. '일자리가 부족할 때는 남성이 우선권을 가져야 한다'는 말을 여러 나라 사람들에게 물었을 때, 이 입장에 동의할 가능성이 여성의 노동량이 남성을 능가하는 나라에서는 정비례한다.

중요한 문제는 '앞으로 수십 년 동안 총 근로시간에서 성별 차이가 어떻게 변화할 것인가'이다. 예측은 항상 위험한 일이지만, 여행 증가, 미디어의 세계화 및 기타 동질화 요인에 의해 국제적인 차이가 부분적으로 없어지고 전 세계(또는 적어도 선진국) 문화의 성장은 총 근로시간에서 성평등을 증가시키는 데 기여할 것이다. 또한 〈그림 5.2〉에서 묘사한 중간소득국과 다른 가난한 나라의 생활수준이 올라가 전 세계적으로 남성과 여성의 총 근로시간이 더욱 근접할 것이다. 전 세계 성역할의 양상이 총 근로시간에 더 큰 평등을 가져오는 방식으로 변화하리라는 게 합리적인 예측이다.[11] 하지만 총 근로시간에서 유급 근로와 가정 활동이 보이는 성별 차이가 사라지기까지 오랜 시간이 걸릴 것이다. 생명력이 긴 문화적 태도는 빠른 변화를 가로막는다. 2010년대 미국에서조차 여성은 배우자가 자신보다 유급 근로를 덜 하면 덜 행복했고, 반면에 남성은 배우자보다 유급 근로를 더 하면 행복감이 컸다.[12]

어떤 이는 남성과 여성이 대략 같은 양의 일을 하는 동일한 총 근로시간을 가진 잘사는 비가톨릭 국가에서 성평등이 거의 달성되었다고 유추할지도 모른다. 이런 추론에 반대되는 한 가지 주장은 여성이 남성보다 많이 하는 가정 활동은 남성이 여성보다 더 많이 하는 유급 근로보다 덜 유쾌하고 덜 즐겁다는 것이다. 이것은 어떤 경우에는 사실일 수 있지만 다른 많은 경우에는 사실이 아닐 수도 있다. 보통 사람들은 보수를 받는 노동, 즉 '남성의 활동'이 육아, 가사노동, 혹은 쇼핑 같은 '여성의 활동'보다 덜 즐겁다고 말한다.[13]

유급 근로가 가정 활동보다 덜 즐겁기에 남성이 여성보다 더 많은 유급 근로를 하고, 일반적으로 가정 활동도 적게 하므로 남성의 시간 사용이 불리하다고 결론지을 수도 있다. 그 결론은 틀릴지도 모르지만, 그렇게 결론을 내리는 것이 왜 합리적인지에 대한 경제 및 문화적 이유가 있다. 남성과 여성의 노동 총량이 같더라도 여성이 가정 활동에 특화된 것은 가사일에서 여성에게 불리하게 작용한다. 가계에 소득을 제공하는 배우자가 부부의 돈과 시간을 어떻게 소비할지 결정할 힘을 갖게 된다는 것이 가장 중요한 점이다. 그래서 남자가 가계소득에서 더 많은 비중을 차지할 때, 그는 부부가 여가시간에 무엇을 할지, 얼마나 많은 돈을 자선단체에 기부할지, 어떤 종류의 자선단체에 기부할지를 결정하는 발언권을 갖게 된다. 여성이 부부의 수입에서 차지하는 비중이 더 크면 그 반대의 현상이 일어난다.[14]

정부는 일정 정도 남성에게 권한을 부여하는 것을 승인한다. 한 나라의 총생산량GDP은 유급 근로만 측정하고 가치를 매긴다. 가정 활동에 소비되는 시간은 금전적 가치가 없는 것으로 여긴다. 유급 근로 대신 아이를 돌보거나 화장실을 고치는 데 시간을 보낸 사람들이 알고 있듯이 이것은 논리적으로 옳지 않다. GDP는 웰빙이 아닌 시장의 생산만을 측정한다. 하지만 사람들이 시장의 생산과 웰빙을 혼동하기에 우리는 암묵적으로 유급 근로를 가정 활동보다 더 가치 있는 일이라고 생각한다.

많은 경제학자는 사람들이 생산하는 것을 정확하게 측정하기 위해 GDP 계정에 가정 활동의 가치도 추가해야 한다고 주장해왔고, 이것을 어떻게 할지에 대한 연구도 활발했다. 어떻게 하느냐, 즉 가정 활동에 소비하는 시간의 가치를 어떻게 가치화할 것인가에 어려움이 있다. 유급 근로를 통해 벌 수 있는 가치만큼이어야 하나? 그 일을 할 사람을 고용하는 데 드는 비용이어야 하는가? 예를 들어, 빌 게이츠가 막힌 화장실을 고친다면, 그의 천문학적인 시간당 임금으로 그의 시간을 평가해야 할까, 아니면 단순히 그 일을 할 배관공을 고용할 비용으로 평가해야 할까? 더 어려운 문제는 어떤 일을 가치화하느냐이다.

가정 활동에 소요되는 시간을 가치화하기 위해 GDP 계산을 보완하는 국민소득계정을 만드는 것은 비록 시간당 가치를 결정하기 어렵더라도 가정 활동에 소비되는 시간에 경제적 가치가 있다는 것을 인정하게 할 것이다. GDP 계산을 고치지 않고 국가별 통합 계정 생성, 즉 보충적인 국민소득계정을 만드는 것은 시간이 지남에 따라 감소하기는 하겠지만 여성들이 특화된 활동의 중요성에 금전적 가치를 부여함으로써 그 일을 공식적으로 인정하는 것이다. 이런 인식은 어느 정도 여성과 남성이 하는 일에 대한 우리 관점을 변화시키고 시간과 소득 할당에 대한 결정에서 여성들에게 더 많은 발언권을 줄수 있다. 남성의 많은 유급 근로가 결혼생활에서 결정권을 가진다는 시장 중심적인 편견을 줄일 수 있을지도 모른다.[15]

전 세계적으로 총 노동의 평등이 증가할 것이라는 예상은 확실해 보인다. 유급 근로와 가정 활동에서 성별 차이의 추세에 대한 예측이 기저에 깔려 있다. 노동시장에서 성별 차이가 거의 없는 미국 같은 선진국에서는 총 노동에서 남녀평등을 증가시킬 힘이 유급 근로에서 (그리고 정의상 가정 활동에 소요되는 시간에서도) 더 큰 평등으로 이어질 것이라는 접근 방식을 취한다. 유급 근로와 가정 활동 등 총 근로시간의 두 구성 요소에서 성별의 완전 평등은 이루어지지 않을 수도 있지만, 우리는 그 방향을 향해 전진해왔다. 여성이 가사 전쟁에서 조만간 완전한 '승리', 즉 완전한 평등을 달성할 것 같지는 않지만, 성별 특화의 정도를 줄이면서 지난 50년 동안 그들이 이룩해왔고, 계속될 진전 덕분에 역시 부부가 함께할 일을 결정하는 데 있어 남녀의 역할이 점차 평등해질 것이다.

> 개인 시간
: 수면과 기타 활동

　남성과 여성에게는 원하는 대로 쓸 수 있는 주당 168시간이 있다. 그래서 많은 선진국에서 Iso-work는 '동일한 여가 활동Iso-leisure'및 개인 시간이 있다는 의미로 받아들여진다. 남자와 여자의 개인 시간과 여가는 대략 같다. 하지만 비업무 활동에 소비되는 총 시간이 거의 같다는 점이 남성과 여성이 개인적인 시간과 여가를 구성하는 개별 활동에 동일한 시간을 소비한다는 것을 의미하지는 않는다. 개인 시간 중 가장 큰 비중을 차지하는 수면은 성별에 따라 다르다. 18세에서 70세 사이의 일반 미국 여성은 그 연령대의 일반 미국 남성보다 보통 한 시간 정도 더 잔다. 이 차이는 남성들이 유급 근로에 더 많은 시간을 보내기 때문에 발생하는 것은 아니다.

　평균적으로 여성이 남성보다 잠을 조금 더 많이 잔다고 하지만, 집에 어린아이가 있는 여성은 상황이 다르다. 취학 전 아동, 특히 유아가 있는 여성은 파트너에 비해 수면시간을 줄인다. 어린아이의 존재는 남성의 수면시간을 아주 약간밖에 줄이지 않는다. 지금은 고인이 된 저명한 교육자 겸 학자가 내게 "첫 아이가 젖을 먹으려고 밤에 깼을 때 기뻤어요. 아내가 깨어 있는 그 시간에 책을 쓰거나 잠을 잘 수 있었기 때문이에요"라고 했다. (비일상적인 업무 행태가 아니라, 적어도 수면시간으로 봤을 때) 그는 전형적이었다. 모두가 평일 밤보다는 주말에 더 많이 자는 반면, 대부분의 유급 근로가 끝난 이후 평일에는 남녀 간 수면시간의 차이가 더 두드러진다. 주중 남성의 수면에는 여성보다 변화가 많다. 하지만 주말에는 여성보다 많이 잔다. 주중에는 가정 활동에 소비되는 시간에 변화가 덜 하므로 여성의 주중 수면시간에도 변화가 덜하다.

수면시간은 성인 미국인의 개인 시간 가운데 80퍼센트를 넘을 만큼 압도적인 부분이지만, 개인 활동에 전념하는 나머지 20퍼센트의 시간에도 성별 차이가 있다.

남성은 여성보다 식사에 일주일에 30분 정도 더 많은 시간을 쓴다. 수면 외에 개인적인 시간 사용에 있어 주요한 성별 차이는 자기 가꾸기에 사용하는 시간에서 발생한다. 영화 〈마이 페어 레이디My Fair Lady〉에서 헨리 히긴스가 부르는 〈여자들이 하는 일은 머리 손질뿐Straightening up their hair is all they ever do〉이라는 노래의 가사는 옳지 않지만, 미국 여성은 매주 남성보다 한 시간 30분씩 더 개인적인 활동에 시간을 소비한다. 일주일에 다섯 시간 이상을 씻고, 샤워하고, 옷을 입고, 머리 손질을 하는 데 쓴다.[16] 추가 수면시간과 함께 이것은 여성이 남성보다 개인 관리에 일주일에 약 두 시간 30분을 더 쓴다는 것을 의미한다.

심지어 나이 차이를 바꾸어도 미혼여성은 몸단장에 매주 다섯 시간 48분을 쓴다. 이것은 기혼여성의 다섯 시간 18분보다 30분 정도 더 소비하는 것이다. 미혼남성도 기혼남성보다 몸단장에 더 많은 시간을 보내지만, 여성에 비해 그 차이는 미미해서 일주일에 겨우 몇 분 더 쓸 뿐이다. 결혼의 경제이론은 이 차이를 완벽하게 설명한다. 배우자를 찾을 때 남자는 가족을 위해 소득을 창출하는 능력보다 여성 배우자의 외모에 더 많은 신경을 쓴다. 여성의 노동시장 기회가 남성과 비슷해짐에 따라 이런 성별 격차가 변하고는 있지만, 여성은 외모보다 남성의 소득 능력을 우선시한다. 상황이 그렇다. 그래서 고소득 배우자를 끌어들이는 데 도움이 될 수도 있기에 미혼여성은 기혼여성에 비해 상대적으로 외모에 더 많은 시간을 쓴다. 여성의 외모에 몸단장이 얼마나 영향을 미치는지에 대한 증거는 빈약하지만, 여성은 몸단장을 하는 데 더 많은 돈과 시간을 쓴다.[17]

선진국의 배우자 시장의 특이성이 결혼 상태에 따른 몸단장 시간의 성별 차이를 설명한다. 하지만 왜 기혼여성은 기혼남성보다 몸단장에 더 많은 시간을 소비하는 것일까? 그것은 습관 때문일 것이다. 결혼 전에 남성보다 더 많은 시간을 몸단장에 썼고, 이것이 결혼생활로도 이어졌다. 또 다른 가능성은 비록 이 주장에 대한 증거는 없지만, 몸단장은 남성보다 여성에게 더 즐거운 활동이라는 점이다. 증거가 있는 또 다른 가능성은 자신을 돌보는 데 소요되는 추가적인 시간으로 더 예뻐 보이는 것이 남성보다 여성의 행복감을 높인다는 사실이다.[18]

> 여가 활동

: TV 시청과 기타 활동

유급 근로와 가정 활동을 모두 하는 미국 성인 여성은 남성보다 일주일에 한 시간 정도 더 일하고 개인 활동에 주당 두 시간 30분 정도 더 많은 시간을 소비하기에 여성은 남성보다 여가시간을 일주일에 세 시간 30분 정도 덜 즐기고 있다. 전체적인 차이는 TV 시청이라는 한 가지 활동에 소요되는 시간의 차이로 설명된다. 미국 성인 남성은 일주일에 19시간 36분을 TV 시청에 쓰고, 여성은 일주일에 '단지' 16시간 12분을 TV 앞에서 보낸다. 대부분의 채소는 성별이 없지만, 미국의 '카우치 포테이토'는 수컷이다.

다른 나라 남성도 여성보다 TV를 많이 본다. 하지만 프랑스와 독일의 경우 TV 시청 시간에 성별 차이는 일주일에 두 시간 미만이다. 여러 차원에서 시간 사용이 미국과 더 가까운 영국에서 남성과 여성 모두 미국보다 TV 시청률이 낮지만, 남성의 추가 TV 시청은 미국만큼 많다. 사람들이 어떻게 시간을 쓰는지 측정할 수 있는 모든 나라에서 TV 시청은 '남자가 하는 일a guy thing'이다.

남자는 TV 앞에 앉아 극도로 많은 시간을 스포츠 시청에 소비한다. 영국 남성의 경우 여성보다 주당 약 한 시간 정도 더 스포츠경기를 시청한다. 미국에서 TV로 보는 스포츠경기가 중요하다는 것은 남성들이 주말에 주요 스포츠경기가 방송되는 TV 앞에서 보내는 시간이 크게 증가한 것으로 나타난다. 평일보다 한 시간 더 TV

를 시청한다. 여성들 사이에서는 금요일부터 주말까지 TV 시청 시간이 25분밖에 늘지 않는다.

결혼한 미국 남녀의 TV 시청률은 미혼 남녀보다 낮으며, 심지어 미혼과 기혼자의 연령 차이와 직장 및 개인 관리에 소비하는 시간의 차이를 감안하더라도 그렇다. TV가 혼자 집에 있는 사람의 동반자 기능을 한다는 것이 합리적인 설명일 수도 있다. 하지만 기혼자이든 미혼자이든 TV를 시청하는 데 소요하는 시간의 남녀 차이는 모두 주당 약 세 시간 30분으로 동일하다.

TV 시청이 여성보다 많은 남성의 여가시간의 거의 전부를 차지하는 상황에서 미국 남성과 여성 모두 이용할 수 있는 거의 22시간의 주간 여가시간은 다른 활동에 다양하게 소비되며, 이 시간을 어떻게 할당할지에 대한 성별에 따른 뚜렷한 차이는 없다. 성인 남성은 성인 여성보다 종교 활동과 시민 활동 등 사회활동에 매주 30분 이상 덜 쓰지만, 스포츠나 레크리에이션에 쓰는 시간은 일주일에 한 시간 정도 더 많다.

> 성적 성향과 시간

미국의 시간일기 데이터나 다른 국가의 유사한 데이터는 사람들에게 성적 취향이나 과거의 성행위에 대한 답변을 요구하지 않기에 설문조사 응답자를 성적 취향으로 구별하지 못한다. 이 문제는 중요하다. 기존의 전통적인 성적 성향에 반한 대안적 정의가 게이나 레즈비언으로 분류될 수 있는 인구에게 엄청나게 영향을 미치기 때문이다. 사람들에게 어떻게 시간을 보냈는지에 대한 어떤 정보도 없이 그들의 성향을 드러내도록 요청한 한 연구에서 1~3퍼센트의 남녀가 직접적인 질문에 반응해 자신을 게이나 레즈비언으로 밝혔다.[19] 동성에게 성적으로 어느 정도 끌린다거나 동성 간 성관계가 적어도 어느 정도 매력적이라고 느낀다고 말한 모든 사람을 게이나 레즈비언으로 분류하면 이 비율은 거의 8퍼센트까지 상승한다.

미국의 시간일기 데이터에서는 같은 성별의 사람과 결혼했거나 동성 파트너가 있다고 진술한 사람을 게이나 레즈비언으로 간주할 수 있다. 이것은 미국 데이터에서 훨씬 낮은 레즈비언이나 게이 비율의 추정치를 산출하는데, 이는 결혼했거나 파트너가 있는 미국 여성이나 남성의 1퍼센트보다 약간 적다. 최근 몇 년 동안 동성결혼의 합법화가 점점 더 널리 퍼져 이 기준을 적용해 식별된 비율은 2003년에서 2015년까지 미국에서 증가했지만, 여전히 미미하다.

게이 남자와 레즈비언 여자는 이성애자와는 전혀 다른 인구학적 특성을 가진다. 예컨대 결혼을 했거나 파트너가 있다고 인식된 레즈비언의 36퍼센트는 석사나 박사 학위를 가지고 있는 반면, 이성애자 여성의 경우는 그 비율이 절반 정도이다. 이성애자와 게이 남자와의 차이는 적지만 여전히 상당하다. 미국에서 일반적인 레즈비언이나 게이인 성인의 평균 연령은 다른 미국 성인 남녀의 평균 연령보다 네 살 정도 어리다. 이런 인구통계학적 차이는 모두 시간 사용에 영향을 미친다. 그런 이유로 성적 성향에 의한 비교는 나이와 학력 차이의 영향도 설명해야 한다.

이성애자를 게이와 레즈비언과 비교하기 위해 시간 사용의 주요 범주에 소요되는 추가된 또는 더 적어진 시간을 측정한다. 〈그림 5.3〉은 나이, 학력 및 여러 인구통계학적 특성의 차이를 조정한 뒤 각 활동에 사용된 시간이 이성애자와 동성애자 여성, 이성애자와 동성애자 남성 사이에 있는 차이점을 제시한다. 제로 라인 위로 뻗은 막대는 이성애자가 게이와 레즈비언보다 특정 활동에 더 많은 시간을 할애한다는 것을 보여준다. 제로 라인 아래로 내려가는 막대는 그들이 게이와 레즈비언보다 특정 활동에 시간을 덜 쓴다는 것을 보여준다. 줄무늬막대는 여성들 사이의 차이를 보여주고, 민무늬 막대는 남성들 사이의 차이를 보여준다.

가장 두드러진 것은 총 노동의 두 가지 구성 요소인 유급 근로와 가정 활동에서 이성애자와 레즈비언 여성 사이의 차이이다. 레즈비언이 이성애자인 여성보다 노동시장에서 더 많은 시간을 보낸다는 것은 잘 알려져 있다. 그보다 덜 알려진 사실은 레즈비언이 가정 활동을 훨씬 줄여 유급 근로에 추가시간을 보충한다는 것이다. 이런 차이의 일부는 그들이 가정에서 아이를 가질 가능성이 낮기 때문에 발생한다. 심지어 다양한 연령의 아이가 있는 경우 생기는 차이를 조정해도 레즈비언은 여전히 이성애자 여성보다 유급 근로에 더 많은 시간을 쓰고(주당 여덟 시간 이상), 가정 활동에 일주일에 거의 여섯 시간을 덜 소비한다. 이런 차이를 종합해보면, 우리는 같은 나이,

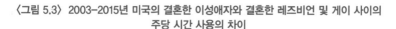

〈그림 5.3〉 2003-2015년 미국의 결혼한 이성애자와 결혼한 레즈비언 및 게이 사이의
주당 시간 사용의 차이

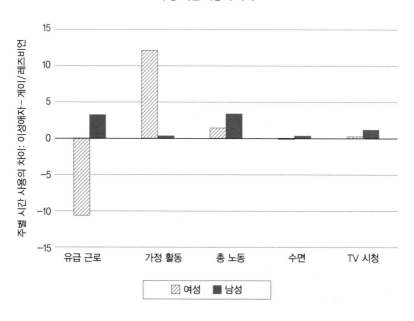

학력, 자녀수 그리고 다른 특징을 가진 이성애자들이 레즈비언 여성과 비교해 매주 두 시간 더 적게 일한다는 것을 알 수 있다.

남성들 사이에서도 유급 근로와 가정 활동에 소비되는 시간의 양에 나타나는 성적 지향에 의한 차이는 작지만 무시할 수 없다. 이성애자는 동성애자 남성보다 일주일 동안 유급 근로에 더 많은 시간을 보내며, 가정 활동에 더 적은 시간을 소비함으로써 이런 차이를 보상하지도 않는다. 이성애자 남성이 가정 활동 역시 약간 더 많이 한다. 이는 동성애자 남성은 이성애자 남성보다 훨씬 적게 일하지만, 게이 남성들에게 개인 관리와 여가를 위한 시간이 일주일에 세 시

간 이상 더 많이 있음을 의미한다.[20]

게이와 레즈비언의 총 유급 근로시간이 적다는 사실이 수면이나 TV 시청이라는 두 가지 주요 비업무 활동에 할애할 시간이 많다는 것을 의미하지도 않는다. 이 두 가지 활동에 사용한 그들의 시간은 이성애자들이 쓴 시간과 거의 차이가 없다. 대신 이들의 비업무활동 시간은 다양한 활동으로 나뉘는데, 레즈비언이 다른 여성들보다 운동과 스포츠에 주당 약 한 시간씩 더 소비하고, 게이는 몸단장에 이성애자 남성보다 일주일에 30분 정도 더 쓴다는 것이 큰 차이점의 일부이다.[21]

> 여성과 남성은 다른가?

분명 어리석은 질문이지만 시간을 사용하는 맥락에서 답하자면 물론 남성과 여성 사이에 차이는 있다. 남성은 유급 근로를 더 하고, 가정 활동에 적은 시간을 소비하며, 가장 흥미로운 점은 적어도 미국에서는 전체 근로시간에서 여성보다 아주 조금 덜 일한다는 것이다. 하지만 선진국에서 이런 격차는 줄고 있고, 앞으로도 더 줄어들 것이다. 60년 전 성년이 된 사람들이 사망하고, 오늘날의 사회적, 기술적 조건에 익숙하고 유급 근로에 종사하는 보상의 변화에 직면한 사람들이 성인이 되면서 과거의 경제·사회적 조건에 기초한 문화 태도는 사라질 것이다. 40세 이하 미국 남성은 14퍼센트만이 일자리가

부족할 경우 남성을 선호해야 한다는 말에 동의했고, 40세 이상 남성의 경우 25퍼센트가 찬성했다.[22]

남성과 여성이 개인 관리와 여가에 이용할 수 있는 시간이 거의 같다는 점이 남성과 여성이 동일한 비업무활동에 종사함을 의미하는 것은 아니다. 여자는 남자보다 잠을 많이 자고, 남자보다 몸단장에 더 많은 시간을 보내며, TV 시청에 훨씬 적은 시간을 쓴다. 심지어 이런 차이조차도 시간이 지남에 따라 줄어들 가능성이 있다. 노동시장에서 성적 평등이 높아지면 연애와 결혼 시장에서 보이는 사람들의 행동에서도 차이는 줄고 더 평등해지는 변화가 생길 것이다. 남성은 이제 면도용 액세서리보다 파우더, 데오도란트, 향수 같은 세면용품에 더 많은 돈을 지출한다. 이는 이런 제품을 사용하는 시간에 성평등이 증가했음을 보여준다.[23] 아마도 대학이 남녀 학생들에게 체육 활동에 참여할 수 있는 동일한 기회를 주도록 한 타이틀 IX(1972년 교육개정안의 일부로 통과된 미국 내 연방민권법—옮긴이)로 자극 받은 여성 스포츠의 성장과 더불어 성인 인구가 운동과 스포츠에 소비하는 시간에도 성평등이 증가하였다.

우리는 시간을 어떻게 보낼지에 대한 대부분의 측면에서 성별 차이의 지속적인 감소를 보게 될 것이다. 부분적으로 이것은 노동시장의 평등이 증가하면서 비롯된다. 노동시장에서 시간의 기회비용 측면의 남녀 간 차이는 이미 좁아졌다. 또 직장과 가정에서의 지속적인 기술 변화에서 비롯된다. 이게 좋은 걸까? 아마 그러리라. 동일한 총 근로시간과 그 안에서 더 평등한 직무 분업이 가정 내 권력 평준화에서 창출하는 편익은 상당할 것으로 보인다. 하지만 그것은 특히 나 같은 '아재'에게는, 우리가 자라온 세상과 다른 세계에 익숙해지도록 교육하는 비용을 발생시킨다.

CHAPTER 06

함께하기

TOGETHERNESS

Spending Time

사람들은 자손에게 정통성을 부여하고 상속을 명확하게 하기 위한 광범위한 이유를 위해서든 혹은 주거비 절감 같은 협의의 경제적 목표를 위해서든 다양한 이유로 함께 산다. 이것은 잘 알려져 있다. 하지만 결혼 및 기타 가구를 만들어 파트너십을 형성하는 데는 또 다른 중요한 경제적 이유, 즉 시간 절약을 위한 목적도 있다. 이런 절약은 중요하지만, 항상 경제적 행동에 기초한 것이라고 생각하지는 않는다. 파트너와 함께하는 것은 가정 활동 측면에서 이점이 있으며, 각 배우자는 시간당 더 많이 만족한다. 해당 업무에 더 효율적인 파트너가 이를 수행할 수 있기 때문이다. 이것은 사람들이 물건을 구매하고 사용하는 시간을 절약하여 기회를 확대할 수 있게 한다. 일을 더 즐기거나 덜 고통스러워하는 사람은 일을 전문화하여 배우자의 삶을 더 낫게 할 수 있다. 빨래와 식사준비가 가장 전형적인 예이다. 빨래나 식사준비보다 빈번하진 않지만, 자동차 수리 같은 경우도 있다. 며느리가 내 아들보다 자동차 수리를 더 효율적으로 잘했기에 결혼 초기에 며느리가 자동차 수리를 했다.

> 파트너와 함께하기
: 더 효과적인 가정 활동인가 혹은 공유하는 여가인가?

이 명목상 질문은 어떤 면에서는 거짓이다. 더 효율적인 가정 활동과 동시에 더 많은 시간도 공유한다. 아이들이 집을 떠난 뒤 아내와 나는 둘 다 일주일에 5~60시간, 1년에 50주씩 일을 했다. 우리는 가정생산 활동인 주간 식료품 쇼핑을 함께했다. 그것이 전체적으로 우리의 시간을 절약해주기 때문은 아니다. 반대로 아내는 내가 쇼핑센터 통로에서 꾸물거리기 때문에 나와 쇼핑을 함께하면 오히려 시간이 더 걸린다고 한다. 하지만 함께 쇼핑하는 것은 우리에게 좀 더 오랜 시간 함께할 기회를 준다. 요리를 함께하는 것 역시 공유하고 더 많이 함께할 수 있는 또 다른 가정생산 활동이다. 저녁 파티를 할 때 아내는 가끔 나를 '보조 요리사'라고 부르는데, 나는 당근 껍질 벗기기 혹은 다른 보조 임무를 수행하며 주방에서 아내를 돕는다.

결혼에 대한 경제이론은 여러 일 중 각각의 파트너가 가진 비교우위 즉, 그들이 가진 전문성에서 이익을 얻는다. 그것은 마치 국가가 상대적으로 효율성 있는 생산품은 수출하고, 비효율적인 생산품은 수입하여 이익을 얻는 것과 같다. 한쪽 배우자는 가정 활동에 시간을 쓰는 게 더 효율적이고 다른 한쪽 배우자는 유급 근로에 시간을 할애하는 것이 효율적이기 때문에 파트너는 함께한다. 유급 근로에 따른 소득은 교육 수준에 따라 증가하므로 경제학자들은 더 많은 교육을 받은 사람은 유급 근로에 특화될 것이며, 교육은 덜 받았지만 최소한 가정 활동에서는 효율적인 사람과 파트너가 되리라고 예상한다.[1] 여성에 대한 노동시장 차별과 함께 역사적으로 남성이 유급 근로를 할 가능성이 더 높다는 점이 부정적인 선택 결혼을 야기했다. 다시 말해, 고학력 남성은 부부의 행복을 증가시킬 목적으로 교육을 덜 받은 여성과 배우자 관계를 맺는 것으로 인식됐다.

비교우위는 남성과 여성이 가정 활동을 수행하는 데 똑같이 효율적이지만 남성이 노동시장에서 시간당 더 많은 보수를 받는다면 남성은 유급 근로를 할 가능성이 높다는 것을 의미한다. 역사적으로 여성 생식력의 최고점은 일찍 찾아오고, 결혼의 주요 기능이 명확한 상속권 체계에서 재생산을 보장하는 것이었음을 감안할 때 배우자 매칭 이론은 대체로 남성 배우자가 여성보다 나이가 훨씬 많았으리란 것을 암시한다. 남성의 낮은 가정 활동 비율과 여성의 저조한 노동시장 참여와 마찬가지로, 이 이론은 선진국에서 배우자들 간의 많은 나이 차이를 설명하는 데 유용한 역할을 했다. 1900년에 미국 남성과 그들의 아내 간 나이 차이는 네 살이었다. 그 차이는 저소득 국가의 나이 차이와 비슷하다. 1979년까지만 해도 미국의 배우자 간 나이 차이는 평균 2.7세였다.

하지만 이런 큰 나이 차이는 선진국에서 더 이상 일반적이지 않다. 2016년까지 평균 미국 부부의 나이 차이는 2.1세로, 1900년에서 1979년 사이보다 훨씬 더 빠르게 좁혀졌다. 20년 후 그 차이는 더욱 줄어들 것이다. 남자가 50세 미만인 미국인 커플의 나이 차이는 2016년에 겨우 1.1세였다. 부부간 나이 차이의 감소는 다른 선진국에서도 마찬가지이다. 예컨대, 프랑스 부부의 평균 나이 차이는 2.4년이지만, 남자가 50세 미만인 부부간 나이 차이는 1.7세밖에 되지 않는다. 역사적 기준으로 볼 때 부부간 나이 차이가 줄어드는 현상은 주목할 만하다. 그것은 여성이 점점 더 많이 노동시장에 진입하고 스스로 소득을 창출했기 때문에 발생한다. 그래서 그들은 더이상 경제적 지원을 위해 나이가 많은 남성에게 의존하지 않는다.

이런 변화의 결과로 파트너들의 관점이 비슷해져서 긍정적인 선택 결혼이 증가했고, 파트너들 간의 나이 차이가 줄었다. 학력 부분에서도 마찬가지이다. 1979년에 대졸 이상인 미국 남편 중 40퍼센트만이 대졸 이상인 아내와 결혼하였다. 2016년까지 비교 가능한 비중은 70퍼센트였다. 나이와 마찬가지로 학력에서도 긍정적인 결합이 증가하였다.

나이에 대한 관점과 그보다 더 중요한 가정 활동과 유급 근로에 소비된 시간의 관점에서 오늘날의 결혼은 불과 40년 전에 비해 더 비슷한 사람끼리 엮이게 되었다. 노동시장에서 성평등의 증가와, 비록 더디기는 하지만 가정 활동에서의 성평등에 대한 접근 덕분에, 이제 사람들은 가정 활동과 유급 근로의 상대적 생산성보다는 배경이 비슷하고, 여가 활동에 대한 취향이 비슷한 파트너를 선택한다. 그들은 함께 시간을 즐길 배우자, 함께 행복할 수 있는 배우자를 선택한다.

＞ 함께한다는 것은 무슨 의미이며, 그 수는 얼마인가?

'함께한다'는 말은 여러 가지 의미를 가지지만, 최소한 양쪽 모두 동시에 무언가를 할 수 있도록 배우자 모두 유급 근로를 하고 있지 않는 시간을 말한다. 배우자들의 업무 일정이 겹치면 함께할 기회가 많아진다. 파트너를 마주할 가능성을 설명하기 위해 〈그림 6.1〉은 하루를 24시간(하루의 100퍼센트)으로 나누었다. A부분은 한쪽 혹은 양쪽 배우자 모두 직장에 있어 함께 있을 가능성이 없다고 가정하는 하루 중 한 부분이다. 〈그림 6.1〉처럼 '파이'의 나머지 부분으로 묘사되는 나머지 시간에, 배우자들은 함께할 기회를 가지지만, 그들이 그렇게 하는가? 그리고 함께한다는 것은 무엇을 의미하는가?

'함께한다'는 것에 대한 좁은 의미의 정의는 같은 장소에서 같은 일을 하고 상호작용하는 시간이라고 기술할 수도 있다. 〈그림 6.1〉에서 B부분으로 나타낸다. 예컨대, 배우자들이 부엌에서 함께 저녁 설거지(가정 활동)를 할 수도 있고, 함께 침대에 누워 성관계를 즐길 수도 있고(개인 관리), 혹은 거실에서 연극 대본을 소리 내어 읽을 수도 있다(여가 활동). 좀 더 넓은 정의는 B와 C 부분에서 설명하듯이 함

〈그림 6.1〉 함께 보낸 시간 분류

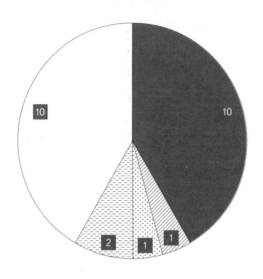

■ A: 한 사람이 일한다　▨ B: 같은 장소에서 함께 활동　⊡ C: 같은 장소에서 같은 활동을 따로
⊠ D: 같은 장소에서 다른 활동　□ E: 다른 장소에 있거나, 수면

께하지만 각각 책을 읽는 것이다. 배우자들이 같은 활동을 하고 있
지만 상호작용은 하지 않는다. 그들은 유치원 선생님이 아이들에 대
해 염려했던 것, 즉 '평행놀이'를 하고 있다. 이것은 그들이 함께하지
않는다는 것을 의미하거나 심지어 서로의 존재를 즐기지 않는다는
의미는 아니지만, 그들은 진정한 상호작용을 하지 않는다.

이 같은 행동은 윌리엄 해펠리William Haefeli가 그린 만화에 묘사되
어 있다. 엄마, 아빠, 두 명의 아이들이 TV, 컴퓨터 그리고 몇 개의
전자책 리더기가 있는 방에 있다. 각자 다른 화면을 보고 있는데, 엄

마는 "우리 모두 TV를 보고 있지만 모두 함께 TV를 보는 것은 아니다"라고 말한다.[2]

'함께함'이라는 단어의 더 느슨한 정의는 〈그림 6.1〉의 B, C, D 세 가지를 모두 포함한다. 더 광범위한 정의에 따르면, 부부는 같은 장소에 함께 있지만 상호작용하거나 심지어 같은 일을 할 필요는 없다고 명시한다. 내가 거실에서 〈왕좌의 게임Game of Thrones〉을 보고 있는 동안 아내는 그녀의 집 안 사무실에서 법률 자원봉사 일을 하고 있을지도 모른다. 아내가 부엌에서 저녁 식사를 준비하는 동안 나는 내 집 안 사무실에서 페이스북을 보고 있을 수도 있다. 두 경우 모두 같은 장소에 함께 있지만, 서로 교류하지도 심지어 같은 활동을 하지도 않는다. 이제 하루 중 상당 부분을 차지하는 E 부분이 남았다. 어느 배우자도 노동시장 일을 하고 있지 않으며 서로 상호작용할 수 있지만, 어떤 정의로 봐도 함께하지 않는다. 한 명은 쇼핑하러 나갔을 수도 있고, 다른 한 명은 근처 병원에서 헌혈을 하고 있을 수도 있다. 한 명 또는 두 명 모두 자고 있을 수도 있다.

이런 차이는 가용자료로 할 수 있는 가장 명확한 구분법이다. 그런데 심지어 어렵지도 않고 속성으로 대충 만들어지지도 않았다. 저녁 식사 후 아내와 함께 설거지를 하고 있다면, 우리는 같은 시간에 같은 장소에서 같은 활동을 하고 있지만 서로 교류하고 있는 것일까, 아닐까? 만화가 제시한 바와 같이 부부의 상호작용을 직접 관찰하지 않고는 배우자와 함께하는 정도를 측정하기 어렵다. 이런 관찰은 우리가 함께하는 시간을 측정하는 데 사용할 수도 있는 데이터에서는 불가능하다. 직접 관찰이 가능하다 하더라도 그것들이 정상적으로 일어나는 현실을 정확하게 나타낸다고 믿어서는 안 된다. 관찰되고 있다는 사실이 대부분의 경우 커플 간 상호작용의 성격과 지속되는 기간을 변화시킬 것이다.

첫 번째 단계로, 일반적인 근무일에 배우자가 함께 시간을 보낼 가능성이 있는 B, C, D, E를 더한 정보를 보자. 어느 한 부부를 무작위로 선택한 남자 그리고 무작위로 선택한 여자와 비교해보자. 증거는 분명하고, 놀랍지도 않다. 커플은 함께할 기회를 갖기 위해 시간을 계획한다. 무작위로 짝을 이룬 남녀보다 훨씬 그렇다. 두 배우자가 한 주에 30시간 이상 거의 풀타임으로 일하는 미국 부부라면 둘 다 일하지 않는 시간이 매일 열네 시간 정도가 될 가능성이 있다. 〈그림 6.1〉의 관점에서 B+C+D+E는 이런 커플들의 평일 약 열네 시간을 구성한다. A는 열 시간을 차지한다.

함께할 수 있는 시간의 양은 근무시간을 계획하는 배우자의 능력에 달려 있다. 학력이 높고 소득 수준이 더 높은 배우자는 대개 비교적 학력이 낮은 배우자보다 근무시간을 정할 자유가 더 많다. 이는 남성과 여성이 유급 근로에 동일한 시간을 보내는 두 커플을 비교했을 때 시간당 더 많은 돈을 버는 부부가 함께할 잠재 시간을 더 많이 갖게 된다는 것을 의미한다. 함께 시간을 보내는 것이 바람직하기에 경제력이 더 많은 부부가 함께할 시간을 더 많이 계획할 수 있어 그들의 행복이 커질 수 있음을 의미한다. 또한, 미국의 경우에는 두 사람이 각각 유급 근로에 소비한 총 시간이 거의 비슷하면

B+C+D+E가 더 크다는 것을 볼 수 있다.

파트너와 함께 보낼 수 있는 이 열네 시간 중 수면에 많은 시간을 소요할 것이다. 함께 자는 것은 같은 시간에 같은 장소에 있는 것과 같은 개인적인 활동을 포함하지만, 의식이 없거나 잠을 잔다면 개인적인 상호작용의 여지가 거의 없다. 수면은 E 부분, 즉 하루 중 배우자가 진정으로 함께하지 않는 시간으로 계산되어야 한다. 쇼핑을 하거나 운전을 해 아이를 음악 레슨에 데려다주거나 다른 개인 관리를 하거나 혹은 여가시간을 즐기는 등 같은 장소에서 하지 않는 가정 활동도 하루 중 배우자가 진정으로 함께하지 않는 시간에 포함되어야 한다. 남편은 아내가 호숫가에서 조깅하는 동안 집에서 TV를 보고 있을지도 모른다. 아내는 남편이 옷가게에서 쇼핑하는 동안 정원을 가꾸고 있을지도 모른다. 나머지 시간, B+C+D 부분은 총 네 시간이며 부부가 같은 장소에 함께 있으며 깨어 있는 하루의 부분이다.

당신은 아마도 부부가 함께 보낸 시간을 같은 방식으로 인식하리라 여길 것이다. 그들이 같은 장소에 있는지 아닌지를 사실에 대한 문제로 볼 것이다. 그래야 하지만 그렇지 않다. 이 문제를 연구한 미국, 프랑스, 스페인 등 몇 나라에서 여성은 자기 배우자에 비해 같은 날 배우자와 함께하는 시간이 약간 적다고 보고했다.[3] 대략 일주일에 20분 정도밖에 되지 않지만, 이는 주목할 만한 흥미로운 수수께끼를 제시한다.

2000년대 초반부터 10년 동안 미국 부부는 하루 약 네 시간을 깨어 있는 상태로 같은 장소에서 보냈다. 이것은 그리 긴 시간이 아니다. 하지만 기억하라. 이 수치는 잠자는 것을 포함하지 않으며 그 계산에서는 샤워나 성관계 같은 다른 개인적인 활동으로 함께 보내는 시간도 제외했다. 이 시간을 측정한 몇몇 다른 나라(스페인과 프랑스)보다 이런 시간이 적다는 사실은 미국인의 연간 노동이 길어진 데 따른 자연스러운 결과라고 볼 수 있다.

미국의 시간일기 조사는 한 가구의 두 배우자에게서 일기를 수집하지 않는다. 그들은 배우자가 상호작용하는 시간을 구분하기 위해 동일한 장소에 있지만 서로 다른 일을 하는 D 부분의 시간을 B+C+D 부분의 총시간에서 빼지 않는다. 그렇게 하기 위해 우리는 부부가 각자 작성한 동일한 날의 기록을 수집한 다른 선진국의 데이터에 의존할 필요가 있다. 2009년부터 2010년까지 프랑스의 데이터는 이 기준을 충족한다. 프랑스와 미국의 문화는 다르지만 근로자 대부분이 3차 산업에 종사하는 두 나라 모두 산업화된 선진국이다.

프랑스인의 경험을 통해 분명히 알 수 있는 것은 사람들이 '함께 있다'고 말하는 시간과 (비수면 상태에서) '같은 일을 함께하는 시간' 사이에는 엄청난 차이가 있다는 점이다. 평일에 프랑스 커플은 약 여섯 시간을 함께하는데, 이것은 미국 커플보다 다소 많으며 프랑스의 평일 근무시간이 짧다는 것을 고려하면 예상 가능한 수치이다. 하지만 이 주당 일일 평균 여섯 시간 중 부부가 함께 보내며 같은 일을 하는 시간은 두 시간도 채 되지 않는다. 이 결과를 미국에 적용하면 미국인 부부는 같은 장소에 함께 있는 하루 네 시간 중 실제로 함께 소비하고 같은 일을 하는 시간은 겨우 80분 정도라는 것을 시사한다.

함께하거나, 함께 같은 활동을 하는 시간은 두 경우 모두 평일보다 주말에 약 3분의 1이 더 많았다. 한쪽 배우자 또는 양쪽 배우자 모두 주말에 유급 근로에 훨씬 더 적은 시간을 할애하기 때문이다. 프랑스나 다른 나라보다 미국의 근로시간이 주 7일에 걸쳐 더 균등하게 나타난 점은 미국에서 부부가 함께 같은 일을 하는 시간의 양이 일주일 내내 균등하다는 것을 암시한다.

1년 중 몇 개월에 걸친 비교는 유급 근로에 소요되는 시간이 부부가 함께하는 시간 및 상호작용에 영향을 미친다는 동일한 한계를 보여준다. 여름철 그리고 휴가가 잦은 11월과 12월에 프랑스 부부는 함께 있을 가능성이 더 높고, 따라서 그들은 같은 일을 함께하는 데 더 많은 시간을 쓴다. 이 결과에는 부분적으로 아이들의 방학이 영향을 미쳤다. 그 시기는 심지어 아이가 없는 가정의 함께하는 시간과 여가에 영향을 미친다. 자녀를 둔 부부가 시간을 사용하는 방식을 바꾸면 자녀가 없는 근로자도 그에 맞게 일정을 조정하는 것이 유리하기 때문이다. 그러므로 자녀가 없는 커플도 방학 기간 중에 함께하는 시간이 늘어난다.[4]

부부가 나이들수록, 특히 소득, 자녀의 유무 그리고 기타 가족 관련 책임 같은 상황의 변화로 함께 시간을 보내는 것에 대한 선호도가 바뀔 수 있다. 프랑스의 데이터를 보면 이런 요인들에 따른 조정이 있더라도 함께하는 시간(B+C+D 부분 및 B+C 부분만 해당)은 부부가 나이를 먹을수록 달라진다. B+C+D 및 B+C에서 함께하는 시간을 계산하면 20대 초반에서 40대 중반까지 줄어들다가 다시 늘기 시작한다. 50대 초반이 되면, 함께하는 시간은 신혼부부와 같아진다.

부부가 중년 이후 비업무, 비수면시간의 더 많은 부분을 함께하는 것은 아마도 둘 다 나이가 들어서일 수 있다. 뭔가를 함께하면서 전보다 더 큰 즐거움을 느끼기 때문일 수도 있다. 아니면 전보다 함께하는 즐거움이 더 많아서일 수도 있고, 다른 커플보다 함께 있는 것을 좋아해 파트너십이 여전히 살아 있기 때문일 수도 있다. 결혼 전에 나는 예배에 거의 참석하지 않았지만 아내는 자주 참석했다. 결혼 생활 동안 나는 종교행사에 더 많이 꾸준히 참석했고 지금은 아내와 거의 비슷하다. 종교활동은 일반적으로 나이가 들수록 증가하는데, 이런 변화가 단지 나이가 들었기 때문일까? 아니면 아내의 선호가 내게 '전염'되어 함께하고 싶은 욕구를 공동으로 가지게 되었고, 그 욕구가 활동을 수행하도록 이끌었을까?

어떤 부모든 아이를 가지면 부부가 함께 보내는 시간이 줄어든다고 말한다. 그 이유 중 하나는 집에 미취학 아동이 있으면, 부모 둘 중 한 명은 아이와 함께 집에 있을 수 있도록 업무 일정을 조정할 필요가 있기 때문이다. 5세 이하의 아이를 가진 21세기의 미국 부부는 동일한 시간 동안 유급 근로를 하지만 집에 미취학 아동이 없는 같은 나이와 학력의 부부에 비해 집에서 함께 보내는 시간이 주당 한 시간 30분 더 적다. 집에 5세 이상의 아동이 있는 경우 부부가 함께하는 시간은 일주일에 평균 40분 더 줄어든다. 아이는 돈도

시간도 많이 들게 하고 부모가 함께 더 많은 시간을 보낼 기회도 줄인다. 아이, 특히 미취학 아동은 부모가 같은 일을 하면서 함께 보내는 시간을 줄인다. 프랑스에서는 부모가 교감할 수 있는 시간을 어린아이가 하루에 30분 이상 줄인다.

오늘날 미국 부모는 1960년대 미국 부모보다 많은 시간을 함께 보내고 있는데, 이는 그들의 조부모보다 집에 어린아이의 수가 줄어 생긴 분명한 결과이다.[5] 하지만 10년 전보다 미국 가정에 어린아이 숫자가 줄어든 1970년대와 비교하면 부부가 갖는 둘만의 시간에는 큰 변화가 없다. 아이가 없는 부모도 1960년대보다 더 많은 시간을 함께 보내고 있다. 하지만 이 역시 1970년대 이후로 크게 달라지지 않았다. 매년 유급 근로의 양이 줄지 않고, 수면시간이 줄어들지 않는 가운데, 부부가 일을 함께하거나 함께하기 위해 선택한 시간에는 변화가 없었다. 이런 변화가 부족한 것은 소득 증가와 교통의 발달로 부부가 선호하는, 함께 있으면서 서로 다른 일을 함께 혹은 따로 할 기회가 늘어난 이유일지도 모른다.

함께하기(공유하기)가 커플의 관계를 유지하게 한다. 나이, 거주지, 학력, 유급 근로시간이 동일한 부부 중 가계 재정을 함께 관리하는 부부는 이혼할 확률이 더 낮다. 부부가 모든 재정을 공동으로 관리하면 이혼 가능성은 특히 낮아진다. 아이와 함께 식사하는 데 시간을 쓰는 부부도 이혼율이 낮은 편이다. 무언가를 함께한다는 것은 더 행복하고 이혼 가능성이 더 낮은 관계를 의미하며, 그 자체로 이혼 가능성을 줄이는 데 도움이 된다.[6]

요즘 미국에서는 남녀가 함께 산다는 것이 반드시 '결혼한 관계'라는 의미는 아니다. 그런 적이 있었는지 모르겠다. 대부분 결혼했지만 일부는 동거 중이다. 이런 구분은 배우자의 함께함에서 차이를 만든다. 학력, 나이, 인종, 소득, 자녀수 그리고 수많은 특징이 동일한 남자와 여자를 보면, 결혼보다 동거를 선택한 사람들이 (모든 커플이 함께하는 하루 약 네 시간에 비해) 하루에 약 20분씩 적게 쓴다. 그렇다고 해서 그 커플이 갑자기 결혼을 한다고 해서 더 많은 시간을 함께 보내진 않는다. 동거를 선택한 사람들은 결혼을 선택한 사람들과 다르다. 아마도 그들의 관계가 더 짧은 기간이었기 때문이고, 그들은 '헌신'에 대한 관심이 덜하기 때문에 상대에게서 더 많은 자립을 원하기 때문이다.

이런 논의는 배우자가 유급 근로를 하지 않고, 따라서 하루에 수면시간을 제외한 약 열여섯 시간을 함께할 경우 서로가 얼마나 많은 시간을 함께할 것인지 하는 문제로 이어진다. 프랑스에서는 아주 적은 유급 근로가 이뤄지는 주말에도 파트너들은 수면시간을 제외한 대략 열여섯 시간 중 일곱 시간만 상대와 함께 지내고 있다. 미국의 결과도 비슷하다. 파트너는 비록 그들이 깨어 있는 모든 시간을 함께 보낼 수 있을지라도 비근로, 비수면시간의 절반도 안 되는 시간을 함께한다.

우리는 사랑이란 최소한 어느 정도는 함께 있는 것이라고 생각하기에 이런 결론은 좀 혼란스럽다. 경제학자가 유머감각이 없다는 사실은 〈그림 6.2〉에 잘 나타난다. 경제학자가 연인이나 배우자에게 보

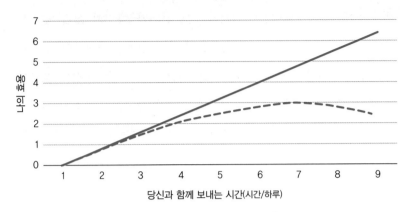

〈그림 6.2〉 함께하기의 장점

출처: http://www.businessinsider.com/14-economics-valentines-2013-2/#love-transcends-the-principle-of-diminishing-returns-1

내는 '밸런타인데이 카드'를 보자. "당신과 함께 보내는 시간의 한계 이윤은 절대 감소하지 않을 것입니다"라고 적혀 있다. 유머는 점선과 실선의 대조에 있다. 점선은 '수익 감소의 원리'를 나타낸다. 어떤 활동에 추가시간을 투입하면 일반적으로 더 적은 행복을 낳는다는 생각이다. 직선은 카드 발신자의 효용 즉 행복이며, 배우자와 더 많은 시간을 보낼수록 더뎌지는 속도가 생각보다 느리지 않아서 수익감소의 원칙을 위반한다.

이것은 매우 달콤한 감정이지만 명백한 현실과는 거리가 멀다. 부부는 심지어 사랑에 깊이 빠진 부부조차도 같은 시간에 같은 일을 하기를 바라거나 심지어 하루 종일 서로 곁에 있기를 바라지는 않는다. 곧 다가올 남편의 완전 은퇴에 직면한 몇몇 여성은 그 늙은

괴짜와 항상 함께 집에 있고 싶지는 않다고 말했다. 이런 정서는 사랑과 이타주의를 반영한다. 그들은 그 남자가 자신의 삶을 갖기를 원한다고 하지만 일부는 혼자 있고 싶다는 열망을 반영한다. 실제로 점선이 평평해지는 것에서 알 수 있듯이 함께 보내는 시간이 증가함에 따라 추가적인 행복은 더 느리게 상승한다. 〈그림 6.2〉의 점선에 나타난 것처럼 일곱 시간을 함께한 뒤에 효용(만족)이 감소할 수도 있다.

〉 함께하는 것이 웰빙에 어떤 영향이 있나?

'두 명이어도 혼자만큼 저렴하게 살 수 있다'는 옛말은 부부와 동일한 소득을 가진 독신자의 웰빙 규모가 같다는 점을 암시한다. 그것은 말도 안 되는 소리이다. 하지만 규모가 크고 구조가 다른 가구를 똑같이 잘살게 만드는 데 필요한 소득 지표인 '등가지수equivalence scale'를 측정하기 위해 대규모 소득 조사를 통해 동일한 소득을 가진 가구의 형편을 비교했다.[7] 부부가 독신자만큼 잘살기 위해 추가 소득이 얼마나 필요한지, 아이가 태어난 뒤에도 부부가 형편(복지)을 유지하기 위해 얼마나 많은 추가 소득이 필요한지를 조사했다.

등가지수의 개념은 난해하게 보일지 모르지만, 매일 직간접적으로 우리 삶에 영향을 미친다. 미국 및 다른 나라의 정부는 가구의 크기와 구성에 비례해 소득이 어느 정도 수준 이하일 때 구매 보조금을 지급하거나 원조를 제공한다. 메디케이드(의료부조) 자격, 이전에는 식료품 할인구매권인 '푸드 스탬프'라고 불리던 영양지원보충프로그램SNAP 및 많은 프로그램이 그렇다. 어떤 경우에는 그 정도 크기와 구조를 가진 가구에 대해 연방정부가 결정한 달러로 표기된 가구소득을 빈곤 수준과 비교한 뒤 자금을 지원한다. 이런 척도는 아이를 양육하지 않는 부모가 전 배우자에게 지불해야 하는 지원 대상 아동 수에 따라 아동양육비 지급액을 설정하는 데 중요하다.

이것이 어떻게 작동하는지 알기 위해 우리는 2016년 미국의 빈곤선 및 경제협력개발기구OECD에서 만든 등가지수를 사용해 성인이나 어린이가 늘어날 때마다 가정의 웰빙을 유지하기 위해 얼마나 많은 추가 소득이 필요한지 조사할 수 있다. 성인이 한 명에서 두 명으로 늘어난다고 가계의 복지를 유지하는 데 필요한 소득이 두 배가 되진 않지만 추가 비용은 약 50퍼센트 늘어난다. 두 사람은 한 사람이 사는 것처럼 적은 비용으로 살 수는 없지만, 따로따로 사는 것보다는 적은 비용으로 살 수 있다. 성인 두 명에서 성인 두 명과 아이 한 명으로 늘어나면 더 많은 소득이 필요하지만, 성인 한 명에서 성인 두 명으로 늘어나는 것보다 적은 50퍼센트의 증가에도 미치지 않는다.[8]

커플이 소비를 절약한다고 등가지수에서 보여주듯이, 함께 보내는 시간 덕분에 시간 사용을 절약할 수 있다. 함께 사는 개인이 서로 다른 활동을 전문적으로 할 능력을 활용하고 가정 활동을 보다 효율적으로 나누면 웰빙을 유지하기 위해 그만큼 많은 소득이 필요하지 않다. 한 연구는 배우자 각각이 달성하는 것보다 부부가 함께하

면 배우자의 시간을 10퍼센트 정도 절약하면서 동일한 만족도에 도달할 수 있다고 추정했다.[9]

소득만을 기준으로 등가지수와 공식 빈곤 수준을 계산하는 것은 함께 있으면 시간을 절약할 수 있다는 점을 놓치고 있다. 두 명이 함께하는 것이 각자 하는 것보다 작업 당 시간을 줄일 수 있다. 결혼 생활 동안 아내와 나는 세탁을 하는 데 걸리는 시간을 절약했다. 아내는 빨랫감을 분류하는 숙련된 노동을 했고, 나는 분리된 빨래 더미를 세탁기에 넣고 건조기로 옮기는 비숙련노동을 했다. 이 노동은 우리에게 함께할 더 많은 시간을 줄 뿐만 아니라, 우리는 각자 전문화된 임무를 잘 완수할 수 있게 되면서 시간도 절약하게 되었다. 한번은 내가 아내의 실크 블라우스를 건조기에 넣은 사건이 있었다. 그러므로 내가 '잘하게 되었다Got good'는 표현은 적절하지 않다.

모든 커플이 이런 경제적 측면을 활용하진 않는다. 1970년대 초반 내 지인인 한 젊은 부부는 세탁기와 건조기에 빨랫감을 넣고 다림질을 하는 등 세탁 작업을 각자 따로 한다고 자랑스럽게 말했다. 그들은 파트너가 가정 생산의 차원에서 서로에게 허용했을지도 모를 혜택을 이용하지 못했다. 두 사람은 경제학자였기 때문에 나에게 그 사실은 퍽 이상해 보였다. 놀랄 것도 없이 그들의 결혼 생활은 5년 만에 파탄이 났다.

늘어나는 자녀로 인해 쓰는 돈에는 규모의 경제가 있다. 당신은 더 어린 자녀에게 옷이나 유모차를 물려줌으로써 이런 규모의 경제를 활용할 수 있다. 또한 자녀의 수가 늘어나면서 가정 활동에 쓰는 시간 활용 규모의 경제가 있다. 음식 준비가 가장 좋은 예이다. 부모가 쌍둥이를 위해 스크램블에그를 준비하는 데는 한 아이를 위해 준비할 때보다 시간이 조금 더 걸릴 뿐이다.

더 큰 아이에게도 이런 장점이 있을 수 있다. 어린 내 두 손자는 첼로를 배운다. 그들의 첼로 레슨은 같은 선생님이 연속해서 한다. 며느리가 같은 선생님을 고용했기에 돈이 절약된다. 내 며느리의 저축 상황은 등가지수가 왜 자녀 한 명에서 두 명이 될 때보다 무자녀에서 한 명의 자녀가 생길 때 더 많이 일어나는지를 설명해준다. 며느리에게 더욱 중요한 것은, '첼로 소년들'을 연달아 수업을 받게 함으로써 일주일에 한 번 왕복할 시간을 절약한다는 점이다. 시간은 돈이기에 등가지수는 이런 시간의 절약을 설명한다. 빈곤에 대한 측정도 마찬가지여야 한다.[10]

아이를 하나 더 갖는 것이 가정 활동에 소비되는 시간에 미치는 영향은 한 명의 유아가 있는 가정을 쌍둥이가 태어난 가정과 비교하여 시간이 어떻게 소비되는지 보면 잘 알 수 있다. 멕시코 가정에는 시간 사용에 관한 많은 정보가 있어서 이런 비교가 가능하다. 자녀가 없는 부모에 비해 엄마는 한 명의 유아가 있을 경우 하루 다섯 시간을 가정 활동에 더 썼지만, 쌍둥이를 낳으면 여덟 시간을 더 썼다. 시간 소비가 자녀수에 따라 두 배로 늘어나지는 않는다. 아이가 늘어나면 가정에서 시간 사용에 있어 규모의 경제가 가능해진다.

> 동성과 함께하는 것 그리고 동성결혼

동성애자들은 성적 선호를 제외하고 연령, 교육, 지역 등 정확히 동일한 인구통계학적 특성을 가진 이성애자들보다 유급 근로를 덜 한다. 이것은 파트너가 있는 게이 남성이 비슷한 인구통계학적 특징과 유급 근로시간을 가진 파트너가 있는 이성애자 남성보다 배우자와 더 많은 시간을 보낸다는 뜻일 수도 있다. 〈그림 6.1〉의 A 부분은 이성애자인 남성보다 동성애자의 경우 더 작을 수 있다. 하지만 그들이 결혼을 했든 동거를 하든 간에 동성애자 남성은 이성애자 남성들이 파트너와 함께 보내는 시간보다 더 많은 시간을 자신의 파트너와 보내지는 않는다.[11]

이것은 여성 동성애자들에게는 해당하지 않는다. 그들은 파트너와 보내는 시간이 이성애자 여성보다 거의 매일 한 시간씩 더 많다고 보고한다. 동성애자인 남성과 비교하면 좀 놀랍다. 레즈비언 여성이 같은 수의 자녀를 가진 이성애자 여성보다 유급 근로를 많이 하기 때문이다. 어쩌면 레즈비언 커플은 인구통계학적 특성이 거의 같은 이성애자 커플보다 그들의 업무 일정을 더 동일한 시간대에 맞춰서 그럴 수도 있다. 또는 이성애자와 그들의 배우자보다 단지 B+C+D 부분의 더 많은 시간을 함께 보내는 것을 선택하였을 수도 있다. 분명 레즈비언 커플의 이런 기회 또는 선호도는 배우자가 있는 게이 남성보다 더 많다.

시간을 함께하는 것은 투자를 나타내며, 결혼은 배우자가 함께할 수 있고, 각 배우자의 행복과 그에 따른 결혼의 가치를 향상시킬 여가 활동에 대한 관심을 개발하기 위해 투자할 수 있는 체계를 제공한다. 마찬가지로 함께 있으면, 아내와 세탁의 예에서 알 수 있듯이, 두 사람 모두 가정 활동의 전문적 기술이 향상된다. 이는 오늘날 이혼이 그다지 어렵지 않은 미국과 선진국 대부분에서조차 결혼이 배우자에게 함께 투자할 기회와 인센티브(동기)를 제공하는 장기적인 관계에 대한 헌신을 의미하기 때문에 가능하다.

법적 약속인 결혼계약으로 가능해진 결혼에 대한 시간 투자는 부부가 시간이 지날수록 시간과 돈을 절약하는 방법을 개발하게 되어 두 사람 모두에게 더 많은 이득이 된다.

이런 이익을 창출하는 능력의 중요성은 2009년 내가 '페리 등 대 슈왈츠제네거 등Perry et al. v. Schwarzenegger et al.'이라는 소송에 참여하면서 분명해졌다. 대법원은 이 사건을 2013년 '미국 대 윈저The United States v. Windsor' 소송에 참고하였다. 이 소송은 2013년 대법원의 역사적 결정으로 이성애자 결혼의 한계를 무너뜨린 사건 중 하나이다. 나는 원고 측 변호사에게서 이성애자와 동일한 결혼할 권리를 허용하는 것에 비해, 2008년 투표로 가결된 캘리포니아의 주민발의안 제8호처럼(캘리포니아 대법원의 2008년 5월 항소 판결에 앞서 동성혼인 반대자들에 의해 발의된 법안. 2008년 11월 캘리포니아 주 선거에서 캘리포니아 투표 법안과 주 헌법 개정안이 통과됨—옮긴이) 게이와 레즈비언을 동거 관계로만 제한하는 것이 그들의 행복을 어떻게 감소시킬 수 있는지 생각해달라는 요청을 받았다.

변호인단의 요청에 대한 답변은 쉬웠다. 동거 관계는 동거로 인한 금전적 절약을 창출하지만, 결혼으로 발생하는 만큼의 큰 이득은 얻지 못한다. 동거 관계에 있는 커플은 결혼에서 생기는 동일한 계약상 영구성이 없기 때문에 함께 시간을 보내고, 가정 활동에 특화된 기술을 만들고, 관계의 가치를 향상시키는 추가적인 여가 활동의 개발을 만드는 등 관계에 투자하려는 인센티브(동기)가 부족하다. 동성애자/레즈비언을 동거 관계로만 제한함으로써 주민발의안 제8호는 그들 관계의 잠재적 가치를 제한했다는 점을 강조한다는 것이 내 주장이었다. 그것은 그들에게 경제적 손실을 초래한다. 나는 이 주장이 이 사건에서 사법적 결정의 핵심이라고는 생각하지 않지만, 그것은 분명 동거 관계가 결혼제도보다 배우자에 대해 동등한 대우를 제공하지 않는다는 법적 개념에 대한 경제적 주장이었다.

> 해피투게더?

배우자가 깨어 있는 비근무일 중 4~6시간 함께 있다면 이것은 서로에 대한 그들의 헌신을 발전시키기 위한 표현이자 방법이다. 함께 사는 커플은 일반적으로 깨어 있는 동안 같은 시간에 정확히 같은 일을 하는 데 심지어 하루에 한두 시간만 보내기도 한다. 이것은 그들이 함께 행복하다는 것을 의미하는가? 그렇다. 배우자의 인구통계학적 특성을 대폭 조정한 뒤에도 배우자와 함께 보내는 시간이 떨어져 보내는 시간보다 행복하다는 뜻이다.[12] 그러나 사람들이 깨어 있는 비업무 시간의 절반도 안 되는 시간을 함께 보내는 것 그리고 같은 일을 하면서 함께 보내는 시간은 그 절반도 안 된다는 사실은 분명히 함께할 수 있는 행복에는 한계가 있다는 점을 의미한다. 아마도 배우자의 모토는 성 어거스틴St. Augustine의 말을 바꿔 말하는 것일 수도 있다.

"주님, 우리가 함께하게 해주소서. 하지만 너무 많이는 안 됩니다Lord, give us togetherness, but not too much."

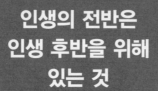

CHAPTER 07

인생의 전반은
인생 후반을 위해
있는 것

THE LAST OF LIFE, FOR WHICH THE FIRST WAS MADE

삶의 모든 단계는 흥미롭고 중요하다. 특히, 그 시기를 경험하는 사람에게는 그렇다. 우리는 어릴 때부터 남은 인생을 준비하며 배워간다. 20대부터 60대 혹은 그 이상까지 돈을 벌고, 그 소득을 노후에 더 많은 여가를 마련하는 데 사용한다. 10대에는 삶 내내 지속되는 시간 사용 습관을 형성하는 데 특히 집중해야 한다. 청소년기의 거의 유일한 주요 활동인 학교 생활은 의식적이든 무의식적이든 시장성 있는 기술 개발을 위한 투자이다. 10대에게 학교 생활은 성인의 유급 근로와 같은 것으로 간주된다. 많은 유급 근로와 마찬가지로 학교 생활은 미래의 생산성을 높이고, 같은 나이인 다른 사람과 교류하는 장소를 제공하며, 평일의 상당 부분을 차지한다. 유급 근로처럼 학교 혹은 학업에 시간을 사용하는 것은 더 즐거울 수도 있는 다른 활동을 포기해야 한다는 의미이다. 해당 나이에 경험한다는 점 외에 학교 생활이 유급 근로와 크게 다른 점은 직접 소득을

창출하지 않는다는 것이다.

이른바 '황혼기('부분일식기'가 더 적절한 용어일 수 있음)'는 초년과 다르다. 정규직으로 시작해 한 번에 은퇴까지 쭉 일하든지 점차적으로 하든지 70세를 넘어 살아남은 거의 모든 사람에게는 이전보다 많은 비근로시간이 있다. 이렇게 선물 받은 시간은 가정 활동, 수면을 포함한 개인 관리, TV 시청을 포함한 여가 활동의 세 가지 주요 용도로 사용된다. 하지만 우리가 더 이상 유급 근로를 하지 않더라도 TV를 시청하면서 보내는 한 시간은 비싸다. 우리는 그 시간을 잠을 자거나 맛있는 저녁을 요리하거나 조깅을 하는 데 사용할 수도 있다. 유급 근로를 하지 않는 은퇴한 사람도 여전히 하루 24시간을 어떻게 보낼 것인지 경제적인 선택을 해야 한다. 노인이 일을 하든 하지 않든 시간은 기회비용이 든다.

젊음에서 청년, 중년을 거쳐 노년으로 이동하면 기회도 변한다. 어릴 적에는 충분한 돈을 가질 수 있을까 걱정하지만, 시간이 특별히 부족해질 것이라고는 생각하지 않는다. 나이가 들수록 일을 해서 벌 수 있는 돈과 축적한 재산에서 얻는 돈 둘 다 많아진다. 하지만 늘어난 소득을 즐길 시간이 충분하지 않다고 느낀다. 나이가 들며 선호도가 변하지 않는다고 해도 나이가 들수록 행동은 달라진다. 삶에서 돈과 시간이 상대적으로 부족하면 인센티브(동기)도 변하기 때문이다. 나이가 들수록 더 많은 기회와 돈을 갖게 된다. 하지만 늘어난 소득을 소비할 시간은 매일 24시간으로 같다. 우리는 인생 계획을 하면서 남겨진 날이 문자 그대로 오래 계속되지 못할 것을 알고 있다.

> 청소년의 시간 사용
: 설탕과 향신료, 달팽이와 강아지 꼬리

큰손녀가 열여섯 살이었을 때 아이 부모는 딸의 휴대전화 요금청구서 때문에 골치를 앓았다. 너무 오랜 시간 동안 소셜미디어를 검색하여 월간 데이터 한도를 크게 초과했다. 사회화는 손녀의 존재감을 이루는 큰 부분이었다. 그녀는 모범생이었고 학업도, 소비하는 시간도 중요했다. 손녀가 일반적이었는지는 모르겠지만, 학업과 사회화는 10대의 전형적인 활동이다.

미국의 시간일기 데이터는 15세 이상만을 대상으로 했다. 정규 고등학생이라고 밝힌 15~17세 청소년들이 작성한 6,000개 이상의 일기가 있었다. 이 연령대는 학교에 다니는 미국 10대의 약 80퍼센트를 차지한다. 제한된 기간인 학년은 10대에게 어른보다 생활과 시간의 계절적 차이를 더 크게 만든다. 12~1월 그리고 6~8월에는 미국 10대 대부분이 학교에 풀타임으로 다니지 않는다. 그래서 휴식을 취하거나 유급 근로를 할 수 있다. 나머지 7개월은 학기 중이고, 고등학생 삶의 대부분을 반영한다고 할 수 있는 기간이다.

15~17세 고등학생이 학교에 있을 가능성이 가장 높은 7개월 동안 어떻게 시간을 사용하는지는 〈그림 7.1〉에 나타나는데, 이것은 성별

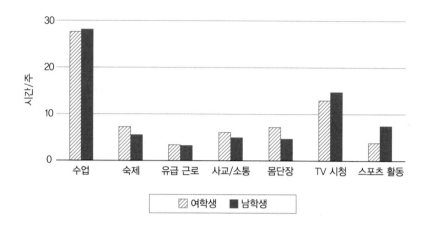

〈그림 7.1〉 2003~2015 미국의 풀타임 학기 중 만 15~17세 고등학생의 시간 사용(주당 시간)

에 따른 차이에 초점을 맞춘다. 수면시간을 포함하지 않는 이 그림은 몇 달 동안 10대들이 사용한 시간의 절반 정도를 설명한다. 일반적인 주에는 남자 대학생과 여학생 모두 수업시간으로 약 28시간을 썼다. 학기 중에는 주 5일 수업이 진행되는데 이는 고등학생들이 하루 약 다섯 시간 30분 수업을 한다는 보고를 의미한다. 고등학교에서는 대체로 같은 과목을 듣기 때문에 남자 대학생과 여학생의 수업시간은 거의 차이가 없다.

고등학생인 10대는 학기 중 일주일에 평균 일곱 시간 가까이 숙제를 한다. 수업 시간을 포함하면 15~17세인 학생들은 일주일에 평균 35시간 정도를 학업에 쓰고 있다는 뜻이다. 주 35시간의 유급 근로시간을 정규직으로 정의하면, 고등학교에 다니는 것을 정규직으로 생각할 수도 있다. 그것은 유급 근로와 같으며 비록 즉시 소득을 창출하지는 않지만, 기술 발달과 지식 습득은 학교를 미래의 소득 능력에 투자하는 정규 직업과 같도록 한다.

미국 청소년의 시간일기에 보고된 숙제시간을 비교할 만큼 10대의 시간일기를 충분히 가진 나라는 거의 없다. 하지만 15세 학생을 대상으로 한 국제표준조사는 미국 학생들이 숙제를 하는 데 보내는 시간이 다른 나라 학생들과 거의 차이가 없음을 보여준다. 어떤 나라에서는 중학생들이 더 많은 숙제시간을 보고하고, 다른 나라에서는 더 적은 숙제시간을 보고한다. 미국은 대략 중간 정도이다.[1]

고등학교 남학생과 여학생은 교실에서는 같은 시간을 보내지만, 숙제에 쏟는 시간의 양에서는 큰 차이를 보인다. 여학생은 남학생보다 숙제에 학기 중 주당 거의 두 시간을 더 쓴다. 7개월 학기 전체를 계산하면 추가로 60시간에 이른다. 중등교육 4년 동안에는 240시간으로 늘어난다.

미국 여고생은 남학생보다 높은 학점으로 졸업하고, 최고 학점을 취득할 가능성이 더 많으며 대학과목선이수Advanced Placement를 더 많이 듣는다. 이 차이를 뒤집는 유일한 것은 대학수학능력시험SAT의 수학 시험이다. 여학생은 일관되게 남학생보다 평균 30~40점 낮은 점수를 받는다.[2] SAT의 수학 시험에서의 반전을 설명하지는 않지만, 아마도 고등학교에서 남학생들이 열등한 성적을 받는 것은 과제에 여학생들만큼 많은 시간을 투자하지 않은 결과일 것이다.

남학생의 부족한 숙제시간은 여학생보다 유급 근로에 더 많은 시간을 할애하기 때문도 아니다. 여학생의 3분의 1 그리고 남학생의

3분의 1만이 학기 중에 유급 근로를 한다. 일하는 고등학생 중 남학생과 여학생 모두 일주일에 평균 스물네 시간, 하루에 약 세 시간 30분 일한다. 그리고 그중 절반은 주말에 한다. 미국 고등학생의 성적에서 남학생과 여학생의 차이는 남학생이 여학생보다 정신적 성숙이 늦기 때문에 정신적 또는 정서적 성숙도에서 생기는 기본적인 성별 차이에서 발생할 수 있다.[3] 하지만 그것은 남학생들이 더 많은 유급 근로를 해서 생기는 결과는 아니다.

이와는 대조적으로 수업이 있는 날 15~17세의 독일 남학생들은 독일 여학생들보다 수업에 더 많은 시간을 보내지만, 추가로 발생하는 수업시간은 남학생의 부족한 숙제시간을 정확히 상쇄한다. 이런 상황은 15~17세 영국 학생들의 학교 일과에도 적용된다. 남학생들의 수업 시간은 더 길지만, 공부는 덜하기 때문에 남학생과 여학생이 학교에서 보내는 총 시간은 같다. 미국과 달리 독일과 영국에서 남녀 고등학생 모두 교육에 동일한 시간을 투자한다. 남학생은 교육에 더 적은 시간을 소비하여 자기를 희생하거나 불이익을 받지 않는다. 미국 고등학교의 남학생과 여학생의 시간 차이가 특별한데, 미국 남학생과 여학생이 유럽의 남학생과 여학생보다 다른 속도로 성숙하지는 않으므로 정신적/정서적 성숙도의 차이라고 볼 수 없다.

성인과 마찬가지로 고등학생의 시간에서 가장 많은 부분을 차지하는 것은 수면이다. 15~17세인 학생들은 하루 평균 아홉 시간이 조금 넘게 수면을 취하며, 그들이 이용하는 주당 168시간 중 64시간을 잠에 투자한다. 성인과 마찬가지로 학생들은 동일한 달에 평일보다 주말에 잠을 더 많이 잔다.

주말이면 보통 고등학생은 밤에 열 시간 이상 잠을 잔다. 토요일이나 일요일 아침(또는 이른 오후)에 10대 청소년을 침대에서 쫓아내려고 시도한 부모를 제외한 모든 사람은 놀라고 만다. 어른과 달리 10대 소년은 10대 소녀보다 많이 잔다. 하지만 아주 조금 더 많이 잔다. 성인이 되면 수면시간에서 이러한 성별 차이가 역전된다.

잠은 우리가 즐기는 것이지만 '배터리 충전'을 하고 낮 동안 더 좋은 기능을 하도록 하는 투자이기도 하다.[4] 오전 8시에 고등학교나 대학에서 가르친 적이 있거나 아침 7시에 흐릿한 눈을 한 10대를 학교에 데려다준 적이 있다면 여덟 시간 30분이 넘는 수면에도 아이가 학교에서 제대로 활동할 만큼 충분한 잠을 자고 있는지 의아해할 것이다. 이런 우려로 중등학교 시작 시간을 30분 혹은 그 이상으로 늦추려는 움직임이 일었는데, 늦춰진 시간이 10대의 주간 바이오리듬에 더 잘 맞고 학교에서 더 좋은 성적을 내게 해줄 것이라는 생각 때문이었다.

등교시간을 늦추는 것이 10대가 학교에서 학업에 매진할 수 있도록 돕는다고 결론지은 연구가 많다. 이것은 수면시간이 10대의 성적에 영향을 미치기 때문에 늦춰진 등교시간과 늦춰진 취침 및 기상 시간이 몸이 원하는 수면에 더 적합함을 보여준다. 아주 분명한 예로 한국의 일부 지역에서는 10대의 등교시간을 늦춘 반면, 다른 지역에서는 늦추지 않았다.[5] 등교시간을 늦춘 학교의 성적은 다른 학교에 비해 향상되었지만, 아이들도 밤에 추가로 30분 더 잘 수 있었다. 이 30분은 전적으로 숙제를 하는 시간에서 발생했다. 본질적으로 아이들은 잠에 더 많은 시간을 투자하고, 공부에 더 적은 시간을 투자할 수 있다. 공부와 수면 모두 학교 성적을 향상시키는 데 필요한 요소인데, 이런 공부와 수면의 맞교환이 이득임을 향상된 성적이 말해준다. 등교를 조금 늦게하고 비교적 비생산적인 30분의 숙제시간을 추가 30분의 수면으로 대체하였다. 학생들은 이미 상당한 양의 숙제를 하고 있다.

손녀의 소셜미디어 사용이 과한지는 모르겠지만 (부모는 당장 휴대폰 요금제부터 관리하기 시작했다) 〈그림 7.1〉에서 보듯이 여학생은 남학생보다 서로 의사소통하는 데 더 많은 시간을 쓴다. 차이는 일주일에 한 시간밖에 되지 않지만, 여학생이 추가로 보내는 시간은 10대 남학생에 비해 20퍼센트나 많다.

10대 시절 작은아들은 종종 샤워에 25분을 소비하고 집의 온수 공급을 완전히 고갈시키고 나서야 샤워를 끝내곤 했다. 나는 경험상 이 과도한 물 쓰기가 10대 소년들의 전형적인 활동이라고 믿었다. 그것은 아마도 미국 데이터가 세심한 몸단장 활동을 구별하지 않아 그랬을 것이다. 하지만 나의 부모 역할에서 영감을 얻은 일화와 달리, 10대 소년은 10대 소녀보다 몸단장을 위해 일주일에 두 시간 30분 혹은 하루에 20분이나 적은 시간을 쓴다. 이 10대 후반 미혼인 성인들 사이에서 이런 성별 차이는 훨씬 더 크다.

일과 학교, 몸단장, 잠자기, 사회화 등 이런 모든 활동을 위해 남학생보다 여학생이 총 네 시간 10분 더 많은 시간을 쓴다. 남학생은 시간을 쓸 다른 일이 있다. 〈그림 7.1〉에서 알 수 있듯이, 10대 소년은 이 네 시간 10분의 차이 중 세 시간 36분을 스포츠 활동에 쓴다. 여학생의 보다 노골적인 사회화가 사회적 관계를 형성하는 기능이 있는 것처럼 남학생이 스포츠에 보내는 추가시간은 동일한 기능을 일부 충족시킬지도 모른다. 소년들은 또한 TV를 보는 데 일주일에 한 시간 42분을 더 소비하는데, 이것은 동일한 방향의 성별 차이이지만 미국 성인들 사이에서보다는 다소 적은 성별 차이이다. 남학생이 운동과 TV를 보는 데 쓰는 추가시간은 그들이 몸단장, 사교 그리고 공부하는 데 보내는 부족시간을 상쇄하고도 남는다.

10대들의 시간 사용에 대한 이러한 논의는 고등학생이 학교에 다니는 7개월에 대해서만 언급한다. 미국의 15세에겐 학기 중이 아닌 7월과 8월에 일자리를 구하기는 하늘의 별따기이다. 그 몇 달 동안 15세 학생은 유급 근로보다 공부에 더 많은 시간을 보낸다. 하지만 16세, 17세 아이들조차도 여름에 유급 근로보다 수업과 숙제를 하는 데 더 많은 시간을 보낸다. 그 몇 달 동안 고등학생은 학기 중에 공부에 쏟는 시간의 거의 절반을 공부에 쏟고 있다.

시간일기 데이터를 보면 미국 고등학생의 활동은 예상보다 덜 암울하다. 15~17세 10대들은 스스로 고등학생이라고 생각하고, 그들 대부분은 적어도 학기 중 몇 달 동안은 정규직처럼 학교에 다닌다. 미국 고등학생은 공부에 시간을 쏟고, 적어도 그렇게 한다고 보고한다. 대중매체가 묘사하는 것보다 사람들과 교제하는 데 사용하는 시간은 적다. 문제는 정규 고등학생이 아닌 20퍼센트에 있다. 일부는 파트타임 학생이지만 그들 중 많은 이가 학생이 아니다. 그들은 수업시간이나 숙제에 쓰지 않는 시간을 잠을 더 자거나 TV를 훨씬 더 많이 보며 보냈다.

> 성년이 되기까지
: 18~21세 그리고 그보다 조금 많은 나이의 성년

2016년 25~29세인 미국인 중 절반 이상이 대학에서 얼마간의 시간을 보냈으며, 그중 36퍼센트는 적어도 4년제 대학 학위를 취득했다고 보고했다. 하지만 연중 아무 때나 조사해도 18~21세인 미국인 중 37퍼센트만 대학에 등록했다고 보고했고, 그중 28퍼센트만 정규 학생이라고 했다.[6] 성년 가운데 청년층을 이루는 가장 큰 집단을 정규 대학생과 대학에 파트타임으로도 등록하지 않은 사람들로 나눌 수 있다.

1968년부터 2017년까지 나는 학년 초, 총 2만 명이 넘는 18세 학생들에게 경제학 입문을 강의했다. 나는 항상 젊은 여성이 젊은 남성에 비해 사회적으로 그리고 공부에도 더 전념하고 훨씬 더 성숙했는지를 알고 놀랐다. 나는 또한 반에서 상위권인 학생들 가운데 여학생의 수가 비정상일 정도로 많은 것이 인상 깊었다. 나는 항상 "여성 여러분과 소년들이여, 대학에 오신 것을 환영합니다"라는 말로 신입생에게 첫 강의를 시작하고 싶었다. 물론 결코 이렇게 말할 배짱이 없었지만, 나는 그것이 열여덟 살짜리들의 성별 차이를 잘 묘사한다고 생각한다. 하지만 어느 학생의 지도교수는 자기도 신입생 여학생이 남학생보다 더 성숙하다고 느끼지만, 졸업할 때에는 대학 4년 동안 남학생을 최소한 여학생과 똑같이 성숙하게 만드는 어떤 일이 일어난다고 내게 말했다.

젊은 여성과 남성의 명백한 상대적 성숙도의 변화는 어쩌면 젊은 남성과 여성이 대학에서 그들의 시간을 사용하는 방법의 차이에서 기인한 것인지도 모른다. 〈그림 7.2〉는 〈그림 7.1〉과 동일한 정보를 제공하지만, 학기 중 18~21세 정규 대학생에 대한 정보를 제공한다. 여자 대학생과 남자 대학생은 숙제를 하는 데 거의 같은 시간을 쓰지만, 여자 대학생은 매주 수업시간에 두 시간을 더 쓴다. 여자 고등학생과 마찬가지로 여자 대학생도 남자 대학생보다 공부에 더 많은 시간을 할애하고 있다. 남자 대학생이 졸업할 즈음 여자 대학생을 추월하는 것은 공부하는 시간, 즉 활동에 쏟는 시간의 양이 달라서가 아니다.

남자 대학생이 유급 근로에 더 많은 시간을 투자하여 '생활 기능'을 얻고 있는 것도 아니다. 학기 중 남자 대학생의 유급 근로시간은 오히려 여자 대학생보다 약간 적다. 수면시간은 성별에 따라 거의 동일하며, 10대들 사이에서 볼 수 있는 남자 대학생의 추가 수면이나 성인 여성의 추가 수면도 없다. 고등학생과 마찬가지로 여자 대학생은 남자 대학생보다 몸단장에 더 많은 시간을 쓴다. 남자 대학생은 여성들보다 더 많은 시간을 사회화에 쓰고 있다. 고등학교

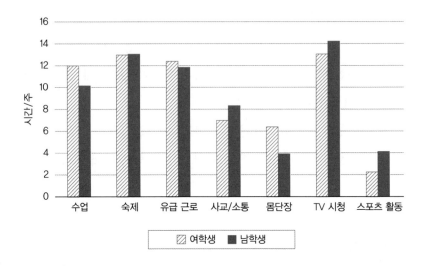

〈그림 7.2〉 2003~2015년 미국 학기 중 18~21세인 정규 대학생의 시간 사용(주당 시간)

에서 나타나는 행동 차이와 180도 반대된다. 학습, 유급 근로, 사교 그리고 몸단장에 여성들이 매주 총 세 시간을 더 쓴다. 고등학생과 마찬가지로 남자 대학생은 TV를 더 많이 보고 스포츠 활동에 더 많은 시간을 보내며 모든 차이를 보충한다.

수업시간과 공부시간, 유급 근로시간을 합해보면 대학생은 학기 중 일주일에 35시간이 넘는 '일'을 하고 있다. 대학생이 되는 것이 정규직은 아니지만, 유급 근로와 결합되면 정규직이다. 남성보다 1년에 60시간 이상, 일주일에 두 시간 정도 더 많이 일하는 여자 대학생에게는 더욱더 풀타임 일이다. 남자 대학생이 학습에 더 능률적이라는 말은 터무니없다. 아마도 그들은 성차별 때문에 더 빨리 성공하는 것 같다. 남성은 대학 시절에 더 많은 유리한 생물학적 변화를 겪는

지도 모른다. 앞에서 말한 하나 혹은 두 가지 모두가 대학생이 어떻게 성숙하는지에 있어 두드러진 성별 차이를 야기할 수 있다. 하지만 그들이 시간을 어떻게 사용하는지의 차이가 원인은 아니다.

동년배들이 대학에 있는 동안, 학생이 아닌 청년들은 정규 대학생보다 더 많은 유급 근로를 하지만, 2003년부터 2015년까지 그들은 주당 평균 24시간만 일했다. 그들은 학습을 하거나 근로를 하지 않는 시간을 다른 사람들과 어울리는 데 사용하지도 않는다. 학생보다 사교 활동에 많은 시간을 소비하지도 않았다. 또한, 몸단장에 많은 시간을 소비하지 않는다. 대신 그들은 학생들보다 일주일에 세 시간을 더 자고 다섯 시간 가까이 TV 시청을 더 한다. 이런 젊은이들의 소득 능력을 향상시키는 활동에 시간을 덜 소비한다면, 추가 교육 자체의 혜택을 넘어 대학 졸업자의 소득이 성인 중등학교 졸업자보다 우위를 갖게 되는 또 다른 이유가 된다.

학생이 아닌 청년들은 또한 다양하고 소소한 여가 활동에 대학생보다 훨씬 더 많은 시간을 쓴다. 이 중에서 가장 두드러진 것은 웹서핑이나 비디오게임 같은 오락적인 컴퓨터 활동에 보내는 시간이다. 나이가 조금 더 든 21~30세 남성의 경우, 취업한 사람들 또는 정규 대학생들은 이런 활동에 일주일에 네 시간을 소비했다. 고용되지 않은 사람은 일주일에 거의 열 시간 동안 오락적인 컴퓨터 활동을 하며 보냈다. TV 시청, 컴퓨터게임, 수면은 학교에 다니지 않거나 정규직으로 고용되지 않은 젊은 남성들이 시간을 쏟아붓는 활동이다.[7]

> 어르신들

이전 논의는 대부분 '마지막 인생' 즉, '노인'을 무시하고 18~69세 사람들에게 초점을 맞추었다. '노년'을 정의하기는 쉽지 않지만 롤링 스톤즈Rolling Stones가 노래한 것처럼 나이를 먹는 것이 '원치 않는 일'인지로 구별하면 쉽다. 흔히 노인은 65세 이상을 말한다. 미국 인구 조사국은 노인을 연령대로 분류하였는데 65세에서 74세를 '젊은 노인', 75세에서 84세를 '중 노인' 그리고 85세 이상을 '고령 노인'으로 구분했다. 시간 사용을 분석하기 위해 나는 여기서 60세 이상에 초점을 맞추었고, 60~64세 구간을 추가해 노인 인구를 다섯 살 간격으로 나누는데, 이것은 우리가 전성기를 지나 나이를 먹을수록 시간 사용이 어떻게 변하는지 가장 명확하게 볼 수 있는 분류법이다.

60세를 넘어서면 가장 중요한 문제는 줄어든 유급 근로로 남는 시간을 어떻게 사용할지에 대한 선택이다. 우리는 그것을 TV 시청을 포함해 더 많은 스포츠 활동 같은 여가 활동에 사용할 수 있다. 더 많이 자거나 식사에 더 많은 시간을 할애할 수 있다. 개인시간을 더 많이 즐길 수도 있다. 늘어난 자유시간을 이용해 집, 자동차, 보트 또는 다른 소유물을 돌볼 수도 있고, 요리 실력을 향상시킬 수도 있는데, 이 모든 것이 가정에서의 추가 활동을 만들어낸다.

노년기를 지나며 유급 근로의 양은 점차 줄어드는데, 그것은 경제활동 참여의 감소 또는 유급 근로를 계속하는 사람들의 경우 유급 근로시간의 감소라는 두 가지 요인 모두에서 기인한다. 미국에서는 60대 초반과 후반 그리고 60대 후반과 70대 초반 사이에 노년층의 유급 근로 참여가 크게 감소한다. 60대 후반이 되면 더 이상 유급 근로에 종사하지 않을 가능성이 높아진다. 50대 후반부터 시작되는 유급 근로의 중단은 우리가 공식적으로 노인으로 분류되는 시점보다 훨씬 빠르다.

우리는 교육을 더 많이 받으면 더 오래 일할 수 있다는 것을 알고 있다. 추가 학력이 더 많은 소득을 가져오고, 더 많은 일을 하도록 더 큰 인센티브(동기)를 부여하기 때문이다. 이런 인센티브(동기)로 일반 근로자보다 훨씬 더 많은 소득을 올릴 수 있는 박사학위, 의학박사 혹은 법학박사를 소지한 가장 고학력자들이 다른 사람들보다 훨씬 더 오래 일할 것으로 기대된다. 그리고 실제 그렇다. 평균 수준의 교육을 받은 유급 근로에 종사하는 나이 든 미국인보다 두 배 이상 많은 이들이 노인이 되어서도 일하고 있다. 하지만 이 고학력자들조차도 유급 근로를 줄인다. 70세가 되면 이 정도 교육을 받은 사람의 절반은 더 이상 유급 근로를 하지 않고, 80세가 되면 4분의 1도 안 되는 사람들만 여전히 경제활동에 종사한다.

일을 계속하기로 한 사람들도 동년배들과 여가를 즐기는 데 더 많은 시간을 보내기 위해 유급 근로의 양을 줄인다. 하지만 아주 약간만 줄인다. 유급 근로를 하는 일반 미국 노인은 일하는 시간을 주당 열 시간 미만으로 줄인다. 유급직으로 남아 있는 대부분의 고학력 근로자도 마찬가지이다.

이런 근로 완화 패턴은 왜 우리가 한창 때보다 나이가 들었을 때 일을 덜 하는가의 문제로 이어진다. 결국 몸이 아프고, 에너지가 적을 수도 있다는 사실을 제외하면, 체력이 절정에 달했을 때 여가를 즐길 수 있도록 유급 근로시간을 평생에 걸쳐 좀 더 골고루 분산하는 것이 좋을 것 같다. 이런 합리적인 제안에도 불구하고 중년에 유급 근로를 집중하는 것은 협의의 금전적 관점에서 볼 때 이치에 맞는다. 일을 할 때 우리는 기술에 투자한다. 장기간에 걸쳐 더 높은 소득을 창출하는 이 투자를 늦게 하는 것보다는 일찍 하는 것에 더 많은 보상이 따른다. 투자가 늦어지면 그 보상 기간이 길지 않을 가능성이 크다. 그런 이유로 어릴 때 학교에 가는 것이며 일과 기술을 쌓는 데도 같은 원리가 적용된다. 나의 스승이자 친구는 말했다.

"늙은 개에게 새로운 재주를 가르칠 수 없는 것이 아니라 늙은 개가 새로운 재주를 배워봐야 아무런 보탬이 되지 않는다."

청년과 중년일 때 일에 집중하는 또 다른 이유는 여가시간에 그냥 천장을 응시하며 보내지 않기 때문이다. 여가를 즐기기 위해서는 돈과 시간을 함께 써야 한다. 그리고 오랫동안 일을 하지 않았다면 여가를 즐길 만한 저축도 없다. 청년과 중년에 일을 많이 하고 노후에 일을 적게 하면 충분한 시간과 축적된 저축으로 더 행복해질 수 있다. 그런데 우리는 중년의 여가를 부정하고, 노년기에 일하지 않는 시간이 너무 길다.

개인연금 그리고 정부가 제공하는 노령연금(미국의 사회보장)은 노후에 비업무에 집중할 수 있는 추가적인 인센티브(동기)가 된다. 하지만 만일 자영업자라면 개인연금을 스스로 만들거나 혹은 고용주와 공동으로 만들어야 한다. 일반적으로 우리는 노후에 우리의 행동을 변화시키기 위한 인센티브(동기)를 제공하는 제도를 만든다. 그것이 강요되지는 않는다. 사회보장제도도 노년의 경제적 고통에서 자신을 보호하고자 하는 사람들의 집단적 욕구에서 비롯되었다. 그것은 일할 수 없는 위험에 대한 보험이기도 하다. 왜냐하면 이런 프로그램들이 없더라도 노년이 되면 유급 근로를 하지 않게 되기 때문이다.[8]

사람들이 노후에 유급 근로를 줄이거나 완전히 그만두는 마지막 이유는 배우자가 은퇴했기 때문이다. 프랑스의 연금제도는 배우자 연령 차이에 의거한다. 보통 나이가 더 많은 남편이 연금 혜택 수령을 위해 경제활동을 그만두면 여성이 은퇴하는 시스템이다.[9] 그들이 은퇴하면 배우자는 더 많은 여가와 가정 활동 시간을 함께 즐길 수 있다. 나의 경험이 좋은 예가 될 수 있다. 아내가 일흔 살에 이르러 완전히 은퇴했을 때 나는 부담을 느꼈고 함께 더 많은 활동을 할 수 있도록 내 유급 근로시간을 줄이고 싶었다.

감소하고 있지만 여전히 일하고 있는 노년층의 주당 유급 근로시간이 조금만 하락한 것은 놀라운 일이다. 하지만 이에 대한 아주 좋은 설명이 있다. 그 이유 중 하나는 일하는 소수의 노인들이 일중독자라는 것, 즉 남들보다 훨씬 더 일찍 일했기 때문에 이전과 거의 같은 속도로 계속 일해야 한다고 느끼는 사람들이라는 이유이다. 하지만 나는 그들이 주당 60시간의 유급 근로에서 35시간으로 단축시킨 일중독자로서 노동시장을 완전히 떠나지 않고 유급 근로에 소요되는 시간을 줄이고 속도를 늦추는 것이 가능하다는 것을 알고 있다.

고령화 시대로 접어들면서 근로자의 평균 근로시간이 줄어든 것은 근로 비용과 업무의 성격에서 비롯된다. 아침에 일어나는 일, 출퇴근하는 데 드는 비용을 부담하는 일 그리고 일선에서 일하기 위해 입을 옷을 사는 일은 하루 근무시간이나 주당 근무시간에 관계없이 돈을 써야 하는 일이다. 이런 고정 근무비용을 매일 그리고 매주 더 많은 시간에 분산하면 그들이 창출하는 재정적 부담을 줄일수 있다. 하루 한 시간짜리 유급 근로를 위해 매일 출근하는 사람은 거의 없을 것이다.

노년층 경제활동참가자의 주간 근로시간이 소폭 감소한 이유는 근로자가 단지 파트타이머이거나 단시간 근무자일 경우, 고용주 역시추가 비용을 부담할 수밖에 없기 때문이다. 고용주는 근로자의 일정을 재구성해야 하고, 다양한 유형의 보험에 가입해야 하고 더 많은관리감독을 해야 한다. 이렇게 발생한 추가 비용은 매일 몇 시간씩의 생산적인 노동만으로는 정당화될 수 없다. 60세 미만 근로자의8퍼센트만이 자영업자인 것과 비교하여 75세 이상 인구 중 일하는사람의 26퍼센트가 자영업자이다. 하지만 여전히 사무실에 도착하고 사무실을 운영하는 데 드는 고정비용을 부담해야 한다. 이 비용은 가게를 하루에 몇 시간만 운영하거나 일주일에 며칠만 운영한다고 해도 지출된다. 특정 전문직이나 일부 업종에서 자영업자인 극소수 근로자만이 집에서 일함으로써 이 비용을 들이지 않을 수 있다.

나이를 먹을수록 유급 근로를 줄여 많은 자유시간이 확보된다.

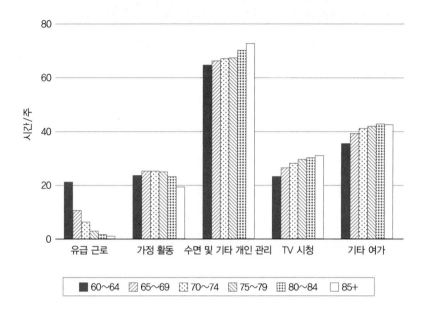

〈그림 7.3〉 2003~2015년 미국 노령층의 시간 사용(주당 시간)

범례: ■ 60~64　▨ 65~69　⬚ 70~74　▧ 75~79　▦ 80~84　☐ 85+

가로축 항목: 유급 근로 / 가정 활동 / 수면 및 기타 개인 관리 / TV 시청 / 기타 여가

세로축: 시간/주

〈그림 7.3〉은 60세 이상부터 다섯 살 간격으로 일반 미국인이 매주 유급 근로, 가정 활동, 수면 및 기타 개인 관리, TV 시청 및 여가 활동의 다섯 가지 활동에 소비하는 시간을 나타낸다. 미국인은 60대 초반에서 70대로 이동하면서 주당 평균 열다섯 시간의 자유시간이 추가로 생긴다. 그 해방된 시간의 3분의 1은 TV 시청에 쓰고, 40퍼센트는 다른 여가 활동에 사용하며 나머지는 다른 세 가지 주요 비업무 활동에 분산한다. 놀랍게도 요리, 청소, 집과 차를 수리하거나 개를 산책시키는 데 소요되는 시간은 상대적으로 적다.

70대 초반에서 80대로 가면 기존 주당 유급 근로시간 중 네 시간

30분까지 자유시간이 늘어난다. 이 모든 시간 혹은 일부는 수면과 다른 개인 관리와 TV 시청으로 재사용된다. 가정 활동이 감소하는 이유는 건강상 제약 때문에 우리의 시간을 대체할 수 있는 더 많은 서비스를 구입하기 때문일 것이다.

데이터가 허용하는 마지막 단계를 보자. 80대 초반에서 최고령으로 가면 유급 근로시간이 거의 남지 않는다. 이전 변화보다 훨씬 작은 주요 변화는 가정 활동에 전념하는 시간은 줄고 수면과 TV 시청 시간이 지속적으로 증가한다는 점이다.

종교 활동은 나이와 밀접하게 연관되어 있다. 10대 후반에서 50대 사이의 미국인은 종교 활동이 하루 평균 6분밖에 되지 않지만, 70대에는 15분까지 늘어난다. 여전히 많지는 않지만 젊었을 때보다 두 배 이상 늘었다. 많은 필자들이 인터뷰 자료를 통해 보여주었듯이 종교 활동은 건강한 노인에게서 훨씬 많이 나타나는 활동이다.[10] 시간일기 데이터는 나이가 들면서 활동시간이 증가하는 것은, 노년에 접어들어 종교 활동이 왕성해지는 것에서 대부분 나타난다는 것을 보여준다. 종교 활동의 발생률은 10대 후반의 8퍼센트에서 70대에서는 20퍼센트 이상으로 증가한다. 종교 활동을 하는 사람들의 경우에는 10대였을 때보다 나이가 들었을 때 활동 강도가 약간 낮아진다.

노년기 미국인에게 나타나는 시간 사용의 전환 방향을 다른 선진국과 완벽하게 비교할 순 없다. 60~64세에도 다른 선진국 사람들은 경제활동을 할 가능성이 적고, 하더라도 매년 더 적은 시간을 투입하기 때문이다. 하지만 다른 나라의 공적연금(미국사회보장제도와 비슷한)이 미국보다 일찍 퇴직하도록 인센티브(동기)를 제공함에도 불구하고 그 다른 나라들의 상황이 그리 달라 보이지 않는다. 60대 초반에 일하는 노인이 프랑스나 독일보다 많지만 미국보다는 많지 않은 영국에서는 60대 초반에서 70대 초반 사이에 주간 근로시간에서 감소하는 아홉 시간이 어떻게 재사용되는지를 보면 감소하는 시간이 더 큰 미국과 매우 놀랍도록 유사한 비중으로 나뉜다. 영국에서 70~74세의 사람들의 근로시간 평균을 내보면 일주일에 세 시간만 일하는데, 80대 초반에는 거의 노동을 하지 않는 것으로 나타난다. 미국처럼 가정 활동은 거의 네 시간 감소하는 반면, 수면과 다른 개인 관리에 소비하는 시간은 많이 증가한다. 전반적으로 영국의 상황은 〈그림 7.3〉과 매우 흡사하다.

유럽의 두 거대 경제국가인 프랑스와 독일에서 노년의 시간 사용은 미국과는 다소 다른 양상을 보인다. 64세 이후 유급 근로에서 해방된 추가시간이 거의 없음에도 프랑스 노인들은 미국 노인들이 그러하듯이 시간을 사용하는 방법을 바꾼다. 프랑스의 가정 활동 시간은 60대 후반에서 80대 초반까지 꾸준히 감소하는 반면, 수면과 다른 개인 관리에 쓰는 시간이 증가한다. 그리고 미국 수준에는 미치지 못하지만 TV 시청도 마찬가지로 증가한다. 프랑스 최고령자는 미국 최고령자와 마찬가지로 수면, 기타 개인 관리, TV 시청에 훨씬 더 많은 시간을 할애하며 가정 활동에는 훨씬 더 적은 시간을 할애한다. 독일 노인들의 패턴도 비슷하다.

미국과 다른 선진국 사람들은 60세를 넘어서면서 유급 근로에서 급격히 멀어지며 그들은 여가 활동, 수면 그리고 다른 개인 관리에 더 많은 시간을 할애한다. 가정 활동은 노후 초반에 증가했다가 줄어든다. 미국과 다른 선진국의 주요한 차이는 TV 시청이 더 큰 중요성을 차지한다는 점이다. 여가시간의 증가, 즉 직장 밖에서 시간이 더 많다는 점은 롤링 스톤즈 곡의 제목이 거짓이라고 말하는 것 같다. 미국과 영국의 노인들이 중년의 자국민들보다 더 행복하다는 사실은 그리 놀라운 일이 아니다.[11]

> 건강과 혼자 살기

일흔이 넘자 가정 활동이 감소하고, 수면과 다른 개인 활동과 TV 시청과 같은 수동적인 활동이 증가한 이유는 건강 상태의 변화, 즉 적극적인 활동을 할 능력이 감소하기 때문이다. 시간을 사용하는 방법을 바꾸는 것이 건강 악화 때문인지 아니면 단지 노화 그 자체 때문인지가 문제의 핵심이다. 몇 년 동안 미국의 시간일기 데이터는 사람들의 건강에 대한 자가 보고를 제공하는데, 스스로 건강을 '최상excellent' '매우 양호very good' '양호good' '적당fair' 혹은 '나쁨poor'으로 평가한다. 이 평가는 신체검사를 통해 얻은 건강에 대한 일부 객관적 정보만큼 정확하지는 않지만, 건강상 제약이 있는지 등 건강의 객관적 측정을 상당히 뒷받침한다.[12] 60세 이전의 미국인 중 16퍼센트만이 건강이 '적당'하거나 '나쁘다'고 말한다. 그 숫자는 60세 초반에는 22퍼센트 그리고 84세 이후에는 33퍼센트까지 증가한다. 최소한 60세까지 생존하는 남성과 여성 사이에는 큰 차이가 없다.

'그냥 적당' 혹은 '나쁘다'는 노인이 시간을 사용하는 방식에 상당한 영향을 미친다. 같은 연령대와 교육 수준인 사람들에 비해 건강 상태가 '적당'이나 '나쁘다'고 한 60세 이상 노인은 주당 근로시간에는 다섯 시간, 가정 활동에는 네 시간 그리고 여가 활동에는 세 시간 정도를 덜 쓴다. 그들은 수면과 다른 개인 관리에 다섯 시간, TV 시청에 일곱 시간을 더 쓰며 남은 시간을 채운다.

60세 이상 연령대에서 남성은 점점 줄어든다. 그들은 60~64세 미국 인구의 48퍼센트를 차지하지만, 70~74세의 46퍼센트, 80~84세의 42퍼센트 그리고 84세 이후에는 간신히 7.7퍼센트를 차지한다.[13] 50대 후반인 미국인 중 겨우 10퍼센트만이 결혼한 적이 없고, 70세 이상 노인의 3분의 1이 과부이거나 홀아비이다. 85세 이상 미국인의 경우 60퍼센트가 그렇다. 이들은 주로 여성이다. 60세 이상부터 배우자를 잃고 재혼하지 않은 사람 중 거의 80퍼센트가 여성이고, 70세 이상의 여성 중 거의 절반이 과부이다.

노령의 미국 여성(그리고 다른 나라 여성) 가운데 남편이 죽고 홀로 남은 여성이 많은 상황에서 배우자가 생존해 있는 여성들에 비해 시간을 어떻게 사용하는지 살펴보는 것은 노화가 여성의 삶에 미치는 영향에 대한 흥미로운 통찰을 제시한다. 홀로 남은 여성은 똑같이 건강한 60세 이상의 기혼 여성보다 유급 근로를 일주일에 한 시간 더 한다. 그들은 잠을 자거나 다른 개인적인 활동에 한 시간을 더 소비하고, TV를 보는 데 세 시간을 더 쓴다. 이들은 가정 활동에서 네 시간을 줄이고 TV 시청 외의 다른 여가 활동에서 한 시간을 줄여 더 많은 일과 수면, TV 시청이 가능하게 한다. 혼자 있는 노부인은 소득을 유지하기 위해 더 많은 유급 근로를 해야 한다고 느낄 수도 있지만, 결혼 생활을 유지하고 있는 여성들보다 식사 준비나 청소를 해야 한다는 압박감은 분명 덜하다. 노인들의 모든 변화와 마찬가지로 시간 사용은 가정 활동에서 수면이나 TV 시청으로 옮겨간다.

> 수면과 TV 시청

미국에서 유급 근로를 하지 않는다면 수면과 TV 시청이 주된 일과이다. 여름방학 중인 학생, 나이 든 과부, 건강하지 못한 사람들 그리고 학교에 다니지 않는 젊은이를 유급 근로자, 정규 학생 또는 결혼한 사람들과 비교해보면 주중의 현저한 양의 시간을 이 두 가지 활동에 쓴다. 수면과 TV 시청은 미국인의 시간 사용량 중 각각 1위와 3위를 차지할 뿐만 아니라 다른 일을 하지 않을 때 가장 많이 하는 일이다.

CHAPTER 08

이어지는 문제와
오래된 그리고
새로운 문제

THE PERENNIAL ISSUE AND AN OLD/NEW CONCERN

Spending Time

시간은 인간 존재의 필수적 특징인 만큼, '인종'이라는 중요한 문제에 시간이 어떻게 부합하는지를 고려해봐야 한다. 오랫동안 미국에 살고 있는 어느 아일랜드인이 내게 "미국인들이 인종 혹은 민족적 정체성의 관점에서 자신을 정의하려는 정도가 놀라웠다"고 말한 적이 있다. 인종은 미국 역사상 가장 큰 격변인 남북전쟁이 배경이다. 흑인인권운동(Black Lives Matter, 흑인의 목숨도 소중하다)이 분명하게 보여주듯 인종은 미국인의 일상생활과 정치 활동에 영향을 미친다. 미국인의 생활에 미치는 인종의 주요한 역할 덕분에 미국은 다른 서방국가들보다 더 많은 인종별 분류의 통계 및 기타 정보를 가지고 있다. 인종, 특히 아프리카계 미국인(흑인)과 백인 사이의 구분은 오늘날 미국을 다른 서방 선진국과 구별하는 중요하고 독특한 인구통계학적 특성이다.

경제학자들은 개개인이 '다른 삶의 방식different strokes for different folks'

을 가지고 있고, 사람들의 기호가 개인별로 상이하다는 것도 알고 있다. 하지만 그들의 행동을 분석하고 예측하는 데, 특히 돈과 시간의 부족으로 발생한 보상에 대한 사람들의 반응을 분석하는 데는 인종이나 민족에 따른 선호의 차이가 없다고 가정한다. 선택은 다를 수 있지만, 평균적으로 집단의 구성원에 대한 차별이 없다면 인종/민족에서 발생하는 행동에는 차이가 없다. 그것은 커다란 '가정'이다. 나이, 학력 그리고 다른 모든 조건이 동일한 사람들이 차별 때문에 시간당 임금을 낮추고 구매하고 싶은 물건에 대해 더 높은 가격을 지불해야 한다면 기회는 그룹마다 다를 것이다. 이런 기회의 차이는 인종과 민족이 다른 사람들이 시간과 돈을 어떻게 쓸 것인지 고민할 때 다른 선택을 하도록 한다.

미국 정부는 백인(백인계 남아시아인 제외), 아프리카계 미국인 그리고 아시아계 미국인(남아시아 및 동아시아 출신 모두 포함)이라는 세 개의 주요 인종 집단을 나누어 통계를 냈다. 하지만 뒤의 두 집단 모두 오늘날 미국에서 가장 큰 소수집단은 아니다. 가장 규모가 큰 집단은 인종 집단이 아니라 민족 집단인 히스패닉계이다. 그들은 주요 인종 집단에 속할 수 있고, 스스로 히스패닉 민족 집단에 속하는 것으로 인식하고 정부 통계에서 히스패닉계로 분류된다.

인종과 히스패닉계 민족이 겹치는 것을 고려하여 미국의 인구통계학적 그룹 간 비교를 할 때는 아프리카계 미국인, 백인 혹은 아시아계인 히스패닉 미국인, 아시아계 미국인, 비히스패닉계 백인 등 네 개의 뚜렷한 그룹으로 나눈다. 이 그룹들은 2012년부터 2016년까지 미국 성인 인구 중 각각 12.6, 14.7, 5.6, 64.9퍼센트를 차지했다. 미국 원주민, 하와이인, 태평양섬 주민, 알레우츠인 그리고 자신을 적어도 이 세 개의 인종 중 하나로 보는 소수의 사람들로 구성된 나머지 2.2퍼센트의 인구는 다른 집단의 행동과 신뢰할 수 있는 비교를 하기에는 시간일기 데이터가 너무 적다.[1]

시카고 교외에 살던 내가 다니던 고등학교의 1961년 졸업생 중 두 명의 이민자가 있었다. 둘 다 서유럽인이었다.[2] 그리고 거의 400명의 학생 중에서 아시아계 미국인은 한 명뿐이었다. 아프리카계 미국인도 없었고 히스패닉계 학생도 없었다. 50번째 고등학교 동창회를 위해 학교를 방문했을 때 직원들은 나에게 전체 학생 중 거의 50개의 서로 다른 언어를 쓰는 학생들이 있고, 거의 모든 인종의 학생이 있다고 알려주었다. 이 두드러진 변화는 일반적으로 그동안의 미국의 경험과 오래된 이슈인 이민에 대한 새로운 문제의 기저가 되는 인구통계를 보여준다. 1860년부터 1920년까지 미국 인구의 약 15퍼센트를 이민자들이 차지했다. 1924년 강력하고 제한적인 이민법을 제정하여 1960년대 중반까지 유지하자, 미국 인구 가운데 이민자 비율은 1960년에는 겨우 5퍼센트로 떨어졌다. 오늘날 이민자 비중은 15퍼센트로 복귀했고, 2016년 대통령선거에서 드러났듯이 20세기 전반에 그랬던 것처럼 다시 핵심적 정치 이슈가 되었다.

미국은 분명 '이민자의 나라'이다. 그런데 미국인들은 그들 대부분이 두 세대 전에 미국에 온 이민자라는 사실을 종종 잊어버리는 것 같다.

이민이 다시 한번 정치적, 사회적으로 중요해지면서, 이민자가 토착민과 어떻게 시간을 다르게 사용하는지, 그들이 미국에서 보낸 시간이 더 많아질수록 이런 선택들이 달라지는지를 검토하면, 미국 사회에서 이민자들의 역할에 대한 논의에 유용한 정보를 줄 수 있다. 다른 선진국에서도 마찬가지이다. 서유럽이 인종적으로 동질하다는 우리의 고정관념은 지난 50년 동안 이들 국가로 이민이 경이적으로 증가하면서 구식이 되었다.

> 인종과 민족 그리고 근로시간

경제활동참가율에는 취업자(또는 자영업자)와 실업자 등이 포함되며, 16세 이상 취업 또는 구직을 하는 인구의 비율을 측정한다. 2012년부터 2016년까지 5년 동안 인종과 민족 집단의 경제활동참가율 차이는 적었고, 참가율은 아프리카계 미국인이 61퍼센트, 백인 히스패닉이 66퍼센트에 달했다. 이 차이는 크지 않다. 하지만 미국 노인 인구 중 아시아계 및 아프리카계 미국인, 특히 백인계 히스패닉 미국인이 비히스패닉계 백인들에 비해 과소대표되었고, 64세 이후에는 모든 인종과 민족 집단에서 비교적 적은 수의 사람만 일을 하기에 경제활동참가 측면에서 인종과 민족적 차이가 과장된다. 연령, 학력, 거주지 등 인구통계학적 차이를 조정하면 경제활동참가의 차이는 훨씬 덜 두드러진다.

경제활동참가는 일의 발생률이나 근로의욕만 측정한다. 주당 평균 근로시간은 노동 강도를 측정한다. 여기서도 인종과 민족의 차이는 적어 보이는데, 근로자의 주당 평균 근로시간은 히스패닉계 백인 37.9시간, 아시아계 39.1시간이다. 이 차이를 보면 근로시간의 관점에 따른 인종과 민족적 차이는 너무 과장되었다. 일단 나이, 학력, 거주지를 감안하면 우리는 세 개의 더 작은 인종/민족 집단이 각각 비히스패닉계 백인보다 유급 근로에 주당 약 30분 정도 적게 쓴다는 것을 알게 된다. 일을 하는 사람들(고용근로자 또는 자영업자) 가운데 통상적인 근로시간의 차이는 적다.

주간 근로시간은 고용근로자들의 보고서에 기초해 계산한다. 실업자, 즉 노동인구에 속해 있고 적극적으로 일자리를 찾지만 일자리를 구할 수 없는 사람들은 제외한다. 최근 몇 년간 아프리카계 미국인의 실업률은 비히스패닉계 백인보다 두 배나 높았고, 히스패닉계 미국인의 실업률은 비히스패닉계 백인과 아프리카계 미국인의 중간 정도였고, 아시아계 미국인의 실업률은 비히스패닉계 백인보다도 훨씬 낮았다.[3] 이런 최근 수치는 지난 25년 동안의 실업률 차이에서 나타나는 전형적인 모습이다. 그것은 경제활동참가율과 근로자들의 주당 근로시간에 대한 정보와 함께 비히스패닉계 백인들이 아프리카계 미국인과 히스패닉계 백인 미국인보다 아주 약간 더 많이 일하며 아시아계 미국인과 거의 비슷하다고 알려준다.

이 모든 정보는 사람들이 유급 근로를 하는지 아닌지, 직장에서 얼마나 많은 시간을 사용하는지에 관한 것이다. 이 정보는 그들이 일에 소비하는 실제 시간에 대해 아무것도 말하지 않는다. 그리고 일의 생산성에 대해 서로 알려주지 않는다. 미국인 시간일기 데이터에서는 근로자들이 직장에서 무엇을 하고 있었는지, 즉 그들이 직업으로 간주하는 일에 종사했는지, 아니면 다른 활동에 종사했는지를 기록한다. 미국의 시간일기로 사람들이 사교하거나 여가를 즐기거나 일할 준비를 하거나 식사를 하거나 그밖의 업무 중 다른 비업무 활동을 하는 데 매 근무일에 어느 정도의 시간을 쓰는지 조사할 수 있다.

사람들이 일터에서 하루 중 일하고 있다고 보고하는 시간에는 인종과 민족적 차이가 현저하다.[4] 연령, 학력, 거주지, 성별 등 인구통계학적 차이를 감안한 비히스패닉계 백인들은 가장 큰 소수민족인 아프리카계 미국인, 히스패닉계 백인 미국인, 아시아계 미국인보다 하루 중 약 1퍼센트 더 많은 시간을 근로에 소비한다. 이는 근무일 중 극히 일부이지만, 이로 인해 비히스패닉계 백인의 비근무시간은 소수 인종 출신 근로자의 비근무시간보다 20퍼센트 적어지고, 정규직으로 일하는 해에 열다섯 시간이 넘는 추가 근무시간이 발생한다.

근로자를 해고로부터 보호하는 정부 정책이 있어 소수 인종 출신 근로자의 업무 노력을 줄이려는 인센티브(동기)가 생긴다고 해도 그들이 고용주의 분노로부터 안전하다고 할 수는 없다. 실제로 일하는 데 소비되는 근무일 중 다수 인종과 소수 인종의 얼마간의 차이는 직장 내 동등한 처우를 요구하는 규제의 집행 범위와는 무관하다. 다수 인종과 소수 인종의 차이가 다른 인종이나 다른 민족 근로자들이 종사하는 일의 종류의 차이에서 기인하지도 않는다.

직장에서 시간을 사용하는 방법에 대한 인종과 민족적 차이는 완전히 차별에 대한 반응으로 나타난다. 즉, 자신의 급여가 다수 인종 출신 근로자의 급여보다 낮을 것이며, 다수 인종 출신 근로자만큼 많이 혹은 열심히 일해도 승진에 동일한 기회가 생기지 않는다는 것을 안다면 성공하기 위해 열심히 일하려는 인센티브(동기)가 줄어든다. 이 설명과 일치하는 증거가 있다. 아프리카계 미국인은 백인들만큼 일하는 데 관심이 있다. 그들은 삶에서 일이 얼마나 중요한지와 삶에 만족하는지 묻는 질문에 "예"라고 대답할 개연성이 있다.[5] 결국 이것에 대해 완전히 만족스러운 대답은 없다. 하지만 경제활동참가, 주간 근로시간, 실업 그리고 직장에서 시간 사용법 등에 대한 증거는 백인들이 나이, 학력, 거주지, 성별, 결혼 여부 그리고 다른 인구통계학적 특징까지 같은 아프리카계 미국인이나 히스패닉계 사람들보다 더 많은 시간을 일에 쓴다는 것을 보여준다는 데 의심할 여지가 없다. 물론 이런 인종과 민족의 차이는 미미하다.

＞ 인종과 민족 그리고 직장 밖 시간
: 인종적 구분

아프리카계 미국인과 히스패닉계 백인 미국인이 비히스패닉계 백인보다 비업무 시간이 조금 더 많을 때 가장 유용한 비교는 가정 활동, 개인 관리 및 여가를 제외하고는 동일한 소수 인종과 다수 인종 그룹의 사람들의 인종이나 민족의 차이를 비교하는 것이다. 이는 성별, 혼인 여부, 연령, 교육, 자녀수, 거주지 같은 인구통계학적 특성에서 동일함을 전제로 한다. 그것은 유급 근로의 양도 동일하다는 뜻이며 따라서 다른 세 가지 주요 범주에 분산해 사용할 시간도 동일하다.

세 소수 인종 각각에 대해 그리고 유급 근로 외의 다섯 가지 주요 범주의 시간 사용(가정 활동, 수면, 기타 개인 관리, TV 시청 및 기타 여가 활동)에 대해 우리는 〈그림 8.1〉을 보며 세 그룹의 사람들이 같은 나이와 학력, 같은 양의 유급 근로를 하는 비히스패닉계 백인들에 비해 얼마나 더 많은 또는 더 적은 활동을 하는지 알 수 있다. 제로선 위의 막대는 소수 인종의 구성원이 비히스패닉계 백인들보다 더 많은 시간을 쓴다는 것을 의미한다. 제로선 아래의 막대는 소수 인종이 더 적은 시간을 보낸다는 것을 보여준다. 각 인종과 민족 그룹의 막대는 총량이 제로여야 한다. 이 그룹들이 모두 동일한 양의 유급 근로를 할 때, 소수 인종의 구성원이 비히스패닉계 백인들에 비해 한 가지 비업무 활동에 더 많은 시간을 쓴다면 하나 혹은 다른 활동에 소비하는 시간을 줄여서 상쇄해야 한다.

세 소수 인종의 사람들은 백인보다 더 많은 비업무 시간을 주로 잠자는 데 소비한다. 아프리카계 미국인들은 하루에 10분 더, 그리고 히스패닉계는 하루에 거의 20분을 더 쓴다. 수면 실험에서 아프리카계 미국인이 백인보다 적게 잤다는 연구결과에 비추어 이것이

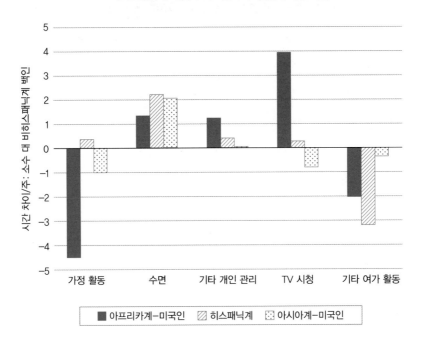

〈그림 8.1〉 2003~2015년 미국에서 동일한 시간 동안 일하는
비히스패닉계 백인과 비교한 소수 인종의 시간 사용

사실일까?[6] 실험실 연구는 극소수의 사람을 대상으로 한 반면, 시간 일기는 1만 5,000명 이상의 아프리카계 미국인들이 기록했고 실험실의 매우 인위적인 환경이 아닌 정상적인 환경에서 수면을 측정했다.

소수 인종이 잠을 더 많이 자는 이유 중 하나는 임금이 낮으면 수면의 기회비용이 낮기 때문이다. 하지만 소수 인종에게서 추가 수면이 나타나는 또 다른 미묘한 이유는 수면은 시간당 써야 하는 돈이 거의 없기 때문이다. 10년 혹은 그 이상 사용할 침대와 그에 딸린 베개와 시트 등 침구세트만 구입하면 된다는 사실에서 기인한다.[7] 많은 연구에 따르면 소수 인종, 특히 아프리카계 미국인들이 정확히 같은 물품, 특히 주택, 자동차 및 기타 관련 물품에 백인보다 많은 돈을 지불한다.[8] 따라서 소득이 같더라도 소수 인종이 비싼 상품의 구매 등 덜 필요한 활동에 백인보다 더 많은 시간을 사용한다. 수면은 상대적으로 '시간집약적' 활동이어서 수면시간은 다른 어떤 시간 사용보다 구매가 적은 만큼, 더 많이 자는 것은 우리가 구매하는 물건의 가격 차이에 대한 합리적인 경제적 답변이다.

백인보다 잠을 더 많이 자는 것 외에도 세 소수 인종의 구성원은 주로 몸단장과 같은 자기관리 활동에 더 많은 시간을 쓴다. 샤워나 씻기 같은 활동도 비교적 시간집약적이다. 이렇게 추가된 시간은 또한 소득 측면에서 나타나는 인종이나 민족의 차별 그리고 이런 활동들이 시간에 반해 돈이 적게 드는 경향이 있다는 점으로 설명될 수 있을 것 같다.

세 소수 인종 사이의 또 다른 공통점은 비슷한 비히스패닉계 백인에 비해 다른 여가 활동으로 보내는 시간이 적다는 것이다. 이런 차이점은 소수 인종의 좀 더 많은 수면시간에 대한 차별에 기반한 설명과도 일치한다. 스포츠 경기 관람, 스키, 사냥, 골프, 테니스 같은 여가 활동은 소비되는 시간당 구매비용이 많이 든다. 콘서트에 참석하거나 박물관에 가는 비용에서 차별이 없다고 해도, 판매자의 차별로 인해 상품에 더 많은 돈을 지불해야 하는 차별이 있기 때문에 소수 인종들은 많은 구매가 필요한 활동에 덜 참가하게 된다. 다른 여가 활동으로 보내는 시간이 적다는 사실과 소수 인종이 수면과 기타 개인 활동에 투자하는 시간이 많다는 것은 동전의 양면과 같다.

가장 규모가 큰 세 개 소수 인종은 인구통계학적으로 동일한 비히스패닉계 백인에 비해 가정 활동과 TV 시청이라는 다른 두 가지 주요 활동에 소비하는 시간이 다르다. 가장 흥미로운 사실은 아프리카계 미국인들이 TV를 보는 데 하루 평균 세 시간 15분을 쓴다는 것인데, 이는 모든 미국인이 하루 평균 약 두 시간 45분간 TV를 본다는 자료와 비교하면 엄청난 차이이다. 수면과 마찬가지로 TV 시청은 비교적 적은 돈이 필요하므로 시간 기회비용의 인종적 차이의 결과일 수도 있고, 수면과 마찬가지로 다른 활동을 위한 상품을 구매할 때 나타나는 소수 인종에 대한 차별 때문일 수도 있다. 또 유년기에 몸에 밴 습관에서 비롯되었을 수도 있다. 8세 미만의 아이의 경우, 소수 인종 아이는 백인 아이보다 TV를 보는 데 더 많은 시간을 쓴다.[9]

아프리카계 미국인은 비히스패닉계 백인보다 TV를 보는 데 더 많은 시간을 사용하는 반면, 가정 활동에는 그만큼의 시간을 덜 쓴다. 이들은 가정 활동에 하루 평균 세 시간 이상을 쓰는 미국인에 비해 20퍼센트 이상 적게 쓴다. 이런 차이에 대한 명확하고 구체적인 이유는 없지만, 하루 24시간 중 수면, TV 시청 등 한 가지 활동에 더 많은 시간을 소비하려는 인센티브(동기)는 가정 활동을 포함한 다른 활동에 더 적은 시간을 소비하게 한다.

히스패닉계와 아시아계 미국인은 가정 활동과 TV 시청에 쓰는 시간을 볼 때 비히스패닉계 백인들과 거의 차이가 없다. 평균 〈그림 8.1〉의 막대는 다른 두 소수 인종에 속한 사람보다 아프리카계 미국인 사이에서 두 배 이상 길다. 일반적으로 〈그림 8.1〉은 미국 역사에 구석구석 스며들어 있고 21세기에도 유효해 보이는 이야기를 담고 있다. 아프리카계 미국인의 경험은 다른 모든 소수 인종의 경험과 다르기 때문에 남북전쟁 이후 150년 동안 인종, 특히 흑인과 다른 사람들의 차이는 미국인들이 시간을 어떻게 보내는지를 포함해 어떻게 행동하느냐에 결정적 차이로 남았다. 아프리카계 미국인 대통령의 당선과 현대인의 인종적 태도에 대한 조사를 보면 아프리카계 미국인에 대한 관용이 늘었다는 백인들의 말에도 불구하고, 시간 사용이라는 중요한 영역에서의 차이는 여전히 남아 있는 인종 차별을 두드러지게 보여준다.[10]

> 미국 이민자와 자손들

이민자의 역할이 다시 소용돌이치고 심지어 여러 서구 세계에서 정치적 논의의 전체 요지를 결정하고 있다. 이민자가 토착민과 어떻게 다른지, 이민 이후 그들이 토착민에게 동화되어 시간 사용 패턴이 토착민과 얼마나 가깝게 일치하게 되는지 여부를 아는 것은 이론적으로나 정치 토론의 사실적 기초로 중요한 문제이다. 토착민과 이민자는 단순히 미국에서 출생해 보낸 시간의 길이를 넘어서 많은 방식에서 서로 다르기 때문에 그들 사이의 시간 사용의 차이를 단순 비교할 수 없다. 미국 이민자는 매우 젊은 사람들과 중년층 사이에 불균형적으로 집중되어 있다. 15~30세 연령대에는 토착민보다 이민자가 약간 적고, 50세 이상에서는 이민자가 더 적다. 토착민보다 이민자의 고졸자 비율이 적지만, 토착민과 이민자의 대졸자 비율은 같거나 이민자의 대졸 비율이 더 높다. 이런 비교가 다른 선진국에서는 다양하지만, 프랑스와 독일에서는 이민자의 연령 구조와 취득 교육 수준에서도 토착민과 차이가 난다.[11] 이런 기타 인구통계학적 차이를 염두에 두고 이민자와 토착민을 구분하는 지위 외에 최대한 많은 방법을 고려해 이민자와 토착민의 시간 사용을 비교하는 것이 중요하다.

미국 이민자는 같은 나이, 학력 등을 보유한 토착민에 비해 매주 유급 근로를 조금 더 많이 한다. 이민자는 미국에 와서 일을 한다. 게으르다는 이민자에 대한 고정관념은 정확하지 않다. 이민자는 토착민보다 잠을 더 많이 잔다. 하루에 20분 정도 더 잔다. 이민자는 매주 TV 시청과 다른 여가 활동에 토착민보다 거의 두 시간 정도를 적게 사용하여 일과 수면시간을 보충한다. 이는 〈그림 8.2〉에 잘 나타난다. 각각 여섯 쌍인 민무늬막대는 이민자가 토착민에 비해 여섯 가지 일반적인 시간 사용 범주에서 더 사용하는(또는 더 적게 쓰는) 시간을 보여준다. 〈그림 8.1〉의 스타일과 같이 제로선 위로 위치한 막대는 이민자가 토착민보다 더 많은 시간을 해당 활동에 소비한다는 의미인 반면, 아래쪽으로 위치한 막대는 더 적은 시간을 보낸다

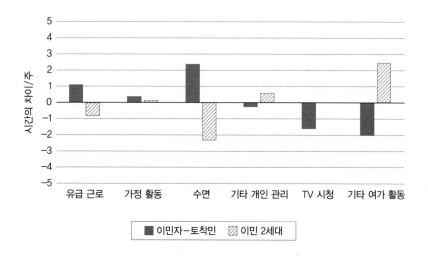

〈그림 8.2〉 2003~2015년 미국의 이민 지위에 따른 시간 사용의 차이(동일 인구통계, 주당 시간)

범례: ■ 이민자-토착민　　▨ 이민 2세대

는 뜻이다. 이민자와 토착민 사이의 차이점으로 묘사된 그 어떤 것도 나이, 학력, 결혼 유무 혹은 자녀의 수와 같은 인구통계학적 차이에서 기인하진 않는다. 그 차이는 순전히 이민자와 토착민이 시간을 달리 쓰게 선택하도록 하는 것이 무엇이든 간에 그 무엇에서 비롯한다.

사람들이 시간을 사용하는 방법의 기본 옵션인 TV는 이민자들에게는 접근하기가 쉽지 않을 수도 있다. 언어 문제나 일반적으로 TV에 묘사되는 미국 문화에 공감이 어렵기 때문이다. 미국으로 이주한 사람들은 토착민보다 직업윤리가 뛰어나기 때문일 수도 있다. 어쩌면 내 선조들이 그랬듯이, 이민자는 열심히 일하고 경제적 그리고 문화적 유산을 남겨야 자신은 경제적으로 풍요롭지 않더라도 자식이나 손녀손자가 중산층이나 중상류층으로 올라갈 수 있다고 생각하기 때문일지도 모른다. 근본적인 보상이 무엇인지는 알 수 없지만 이민자가 적어도 토착민만큼 일을 한다는 것에는 의심의 여지가 없다.

많은 일련의 연구는 이민자가 미국에 도착한 나이가 그들의 경제적 성공에 큰 영향을 미친다는 것을 보여준다.[12] 어린 시절 미국에 와서 교육받은 사람은 어른이 되어 같은 나라에서 온 같은 나이의 다른 사람보다 더 많은 소득을 올린다. 비록 성인 이민자가 어린 나이에 온 이민자와 동일한 시간 동안 자국에서 교육을 받았다고 해도 마찬가지이다. 〈그림 8.2〉에 나타난 토착민보다 많은 이민자들의 추가 근무시간은 이민자가 미국에 도착했을 당시 연령의 차이에서 비롯되지 않으며, 도착 당시 연령도 이민자 대부분의 시간 사용에 영향을 미치지 않는다. 하지만 어린 나이에 이민을 온 이민자와 다른 이민자 사이에 나타나는 한 가지 주요한 차이점은 아이 때 미국에 온 사람들이 TV 시청이 가능한 미국 정신을 흡수했다는 점이다. 어릴 때 이민을 온 사람은 다른 이민자보다 TV 시청을 훨씬 더 많이 한다. 다른 차이점으로는 어린 나이에 온 이민자가 토착민보다 많이 자지만 다른 이민자보다는 덜 잔다는 사실이 있다.

모든 나라에서 이민에 대한 정치 토론의 핵심 이슈는 이민이 토착민에게 미치는 영향이다. 소득 지원 등 사회 프로그램에 대한 지출 부담과 나아가 토착민의 취업 기회에 미치는 영향에 대한 우려가 무엇보다 중요했다. 많은 미국인이 밤과 주말 등 일반적이지 않은 시간에 일을 하는데, 그들은 당연히 그 시간에 일하는 것이 유쾌하지 않다. 하지만 이런 비정상적이고 바람직하지 않은 시간의 유급 근로는 미국에 이민 온 노동자들 사이에서 아주 흔한 일이다. 그들은 토착 노동자보다 밤 10시부터 다음 날 새벽 6시 사이에 일할 가능성이 15퍼센트 더 높다.

이민자들은 때때로 토착민이 불편해하는 시간에 일을 한다. 이것은 토착민의 부정적 압력을 완화시킨다. 근로자 중 이민자 비중이 높은 미국의 대도시 지역에서 토착민은 야간근무를 덜 한다. 이민자가 이런 불편한 일을 기꺼이 맡으면서 토착민이 그 일을 수행할 필요가 줄어든다. 이탈리아에서도 저녁/야간 근무와 일요일 근무에 대해 비슷한 결과가 관찰된다.[13] 이민은 적어도 토착민에게 근무시간의 차원에서는 바람직하지 않은 시간대에 일하는 부담을 줄여주는 혜택이 있다.

이민자 대부분은 미국에 남는다. 그리고 대다수는 토착민으로 간주되고, 미국 태생이지만 이민자 부모를 둔 이민 2세대 아이를 낳는다. 나의 네 분의 조부모님 모두 이민자여서 내 부모님은 이민 2세 그리고 나는 이민 3세 미국인이다. 이민자 부모를 둔 미국인의 약 절반이 양친 모두 이민자인 가정 출신이다. 나는 부모가 모두 이민자인 미국 태생의 사람을 '2세대'로 지칭하는 좁은 의미를 사용한다. 2세대 미국인의 시간 사용과 오늘날 이민자들의 시간 사용을 비교하기 위해서이다.

〈그림 8.2〉의 줄무늬막대는 이민자들에 비해 2세대 미국인이 여

섯 가지 주요 활동에 소비하는 더 많은 혹은 더 적은 시간을 나타낸다. 예컨대, 수면을 보면 2세대 미국인이 이민자보다 수면시간이 적다는 것을 알 수 있다. 다른 막대는 이민자와 토착민 사이의 차이를 보여주는 민무늬막대의 기저에 깔린 비교와는 현저하게 다르다. 2세대 미국인이 이민자들과 거의 같은 시간을 사용하는 TV 시청과 가정 활동을 제외하면, 2세대 미국인과 이민자의 차이는 이민자와 토착민 사이의 차이점과 정확하게 정반대이다. 2세대 미국인은 이민자보다 매주 한 시간 적은 유급 근로를 하는데, 이민자는 토착민보다 매주 한 시간 더 유급 근로를 한다. 2세대들은 이민자보다 두 시간 20분을 적게 자는데, 정확하게 이민자들은 토착민보다 두 시간 20분 더 잔다. 토착민은 이민자보다 다른 여가 활동에 두 시간 30분에 약간 못 미치는 시간을 더 쓴다.

〈그림 8.2〉에서 민무늬막대와 줄무늬막대를 함께 더하면 2세대 미국인과 토착민의 차이를 나타내는 막대가 도출된다. 이 막대들 중 오직 한 개만이 한 시간 이상 제로선 위나 아래에 표시될 것이다. 토착민보다 이민자를 훨씬 많이 닮은 TV 시청을 제외하면 2세대 미국인의 시간 사용은 토착민의 시간 사용과 거의 동일하다. 〈그림 8.2〉의 비교는 이민자가 결코 적응하지 못할 것이라고 우려하는 사람들을 안심시킨다. 그들은 적응 못 할 수도 있지만, 적어도 그들의 자손은 적응할 것이다. 짧은 오페레타 〈캉디드〉에 나오는 '나는 쉽게 동화된다'라는 노래처럼 이민자의 자녀들은 '토착민이 하는 대로 한다'고 한다.

미국에 동화되는 과정이 모든 이민자와 그 자녀들에게 동일하지는 않다. 영어가 제1언어 또는 제2언어인 인도 같은 국가에서 온 사람들은 다른 이민자나 2세대 미국인과 다르게 행동한다.[14] 그들의 시간 사용 패턴은 미국에 도착한 후 토착민에게 더 가깝고 더 빠르게 접근한다. 하지만 가장 좋은 예인 멕시코처럼 영어가 널리 쓰이지 않는 나라에서 온 이민자들도 시간이 지나면서 시간 사용 패턴이 점점 더 토착민의 것과 닮아간다.

> 다른 나라의 이민자들

이민 경험은 나라마다 다르다. 이민 물결의 시기는 나라마다 다르다. 예를 들면, 미국에서는 1880년과 1910년 사이에 이민이 매우 중요했지만, 당시 프랑스나 독일에서는 덜 중요했다. 이민자의 국적도 나라마다 다르다. 예컨대 멕시코, 필리핀 그리고 한국에서 온 이민은 1960년대부터 미국에서 매우 중요한 부분이었지만 프랑스와 독일에서는 아주 소수였다. 이런 이유와 다른 요인들로 우리는 이민자와 토착민의 시간 사용의 차이가 다른 곳에서도 미국과 같을 것이라고 기대할 수 없고, 미국에서 보이는 동일한 동화의 과정을 관찰할 수도 없다.

〈그림 8.3〉의 수직막대는 〈그림 8.2〉처럼 여섯 가지 주요 시간 사용 범주에 관해 프랑스와 독일에서의 이민자와 토착민 간 주당 소

〈그림 8.3〉 프랑스와 독일의 이민자-토착민 범주별 시간 사용(주당 시간)

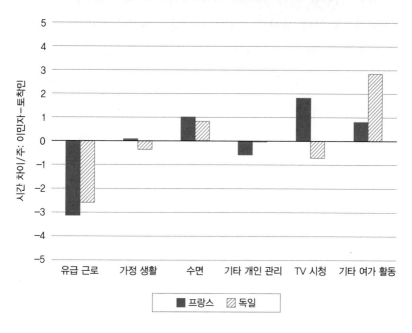

비한 시간 차이를 보여준다. 민무늬막대는 프랑스의 차이를 나타내고, 줄무늬막대는 독일의 차이를 나타낸다. 〈그림 8.2〉의 미국 내 이민자와 토착민의 차이를 보여주는 민무늬막대와 마찬가지로 〈그림 8.3〉의 막대는 연령, 학력, 거주지, 성별, 결혼 여부 및 기타 인구학적 특성에 따라 조정된다. 이민자라는 지위만 다른 이민자와 토착민의 차이를 보여준다.

〈그림 8.3〉의 가장 왼쪽에 있는 막대 쌍은 프랑스와 독일의 이민자들이 인구통계학적으로 동일한 토착민보다 유급 근로를 적게 한다는 것을 보여준다. 그들은 토착민보다 수면과 다른 여가 활동에

더 많은 시간을 쓴다. 그리고 기타 개인 관리에 시간을 아주 조금 덜 쓴다. 두 나라 사이의 유일한 차이점은 프랑스 이민자가 토착민보다 TV를 더 많이 보는 반면, 독일 이민자는 TV를 덜 본다는 사실이다. 이는 기타 여가 활동에 소비한 시간에서 나타나는 이민자와 토착민 간 차이와 거의 정반대이다.

이 그림에 두드러지게 나타난 점은 〈그림 8.2〉의 왼쪽 막대에 묘사된 시간의 사용이다.[15] 이 수치는 미국 이민자들이 프랑스나 독일의 이민자들과는 반대로 동일한 인구통계학적 특성을 가진 토착민보다 더 많이 일한다는 것을 보여준다. 미국 이민자는 토착민보다 TV 시청이 아닌 여가 활동에 더 적은 시간을 사용한 반면, 유럽의 이민자는 여가 활동에 더 많은 시간을 소비한다. 미국과 유일한 유사점은 수면에 쓰는 시간이다. 3개국 모두에서 이민자가 토착민보다 수면에 더 많은 시간을 사용한다. 이것은 놀라운 일이 아니다. 프랑스와 독일의 이민자도 미국 이민자와 마찬가지로 더 낮은 수입과 소득, 그리고 토착민과 같은 인구통계학적 특성이라도 소비재 구입에 더 높은 가격을 지불하는 차별에 직면한다. 이런 차별로 그들은 상대적으로 적은 돈으로 즐길 수 있는 시간 집약적인 활동에 시간을 사용하고 있는지도 모른다.

다른 나라와 비교해 미국 이민자들이 겪는 다양한 경험의 엄청난 차이에도 불구하고 한 가지 중요한 유사성이 있다. 적어도 데이터가 있는 프랑스의 경우에는 그렇다. 두 나라 모두에서 시민권을 취득한 이민자는 일반적인 이민자보다 더 토착민처럼 행동한다. 시민권을 취득한 이민자들은 다른 이민자보다 더 많은 유급 근로를 한다. 그럼에도 여전히 비슷한 인구통계학적 특성을 가진 토착민보다는 덜한다. 일반적으로 시간 사용의 하나의 중요한 측면을 제외한 모든 행동은 토착민의 행동과 더 흡사하다. 그들은 다른 이민자들보다 훨씬 더 많이 잔다. 하지만 전반적으로 미국에서처럼 프랑스에서도 이민자들의 시간 소비는 토착민의 시간 소비에 동화되는 경향이 있다.

＞ 시간 사용에서 드러나는 인종과 민족의 특성

미국에서 가장 큰 세 개의 소수 인종 중 두 그룹인 히스패닉과 아시아계 미국인은 시간 사용에 있어 비히스패닉계 백인들과 크게 다르지 않다. 그리고 히스패닉계와 비히스패닉계 백인 사이의 비교적 사소한 차이는 부분적으로는 많은 히스패닉계 사람들이 최근 미국에 도착했기 때문이기도 하다. 15세 이상의 미국 히스패닉계 인구 중 절반 이상이 이민자이다. 15세 이상의 아시아계 미국인은 3분의 2 이상이 이민자이다. 미국으로 이주한 이민자의 자녀들이 다른 미국인처럼 되기 때문에 이런 인종적, 민족적 차이조차도 시간이 지나며 줄어들 가능성이 있다.

미국 생활의 많은 부분에서와 같이 시간 사용에서 나타나는 만연한 차이는 흑인과 백인의 인종적 구분이다. 이민자 집단은 시간이 지나면서 대부분 다른 미국인처럼 된다. 그런데 현재 겨우 10퍼센트만 이민자인 아프리카계 미국인은 다른 비이민자, 소수 인종이 아닌 시민들과 같은 방식으로 시간을 쓰지 않는다. 그들은 유급 근로를 덜 하고 가정 활동에 보내는 시간이 적다. 그들은 토착 백인보다 더 자고 TV를 더 본다. 이런 차이가 수세기 동안의 인종차별의 영향을 직접적으로 반영하는지, 아니면 (그 자체가 차별을 반영할 수도 있는) '문화'를 반영하는지는 분명하지 않다. 하지만 그 차이점은 두드러질 뿐만 아니라, 오늘날 가장 거대하게 진행되고 있는 미국 사회의 비정상과 분열의 문제를 보여준다.

CHAPTER 09

여럿에서 하나로?

E PLURIBUS UNUM?

Spending Time

유럽에 있는 안도라, 산마리노 그리고 아마도 리히텐슈타인 같은
아주 작은 나라를 제외한 모든 나라에 사는 사람들에게는 스스로
에게 각인된 지역이 있다. 우리 대부분은 어느 한 지역, 일반적으로
우리가 10대를 보낸 지역을 꼽는다. 비록 나는 1993년 이후 미국 중
서부 지방에 살지 않지만, 스스로를 중서부 사람이라고 생각한다.
아내도 1965년 이후 보스턴에서 살지 않지만, 자기를 보스턴 사람이
라고 생각한다. 다른 곳에서도 마찬가지이다. 어떤 사람은 영국인이
라기보다 웨일스 사람이나 스코틀랜드 사람, 프랑스 사람이라기보다
브르타뉴 사람이나 알자스 사람, 독일 사람이기보다 바바리아 사람,
스페인 사람이기보다 카탈루냐 사람, 벨기에 사람이기보다는 왈론
사람 혹은 플랑드르 사람이라고 생각한다.[1] 물론 다른 나라 사람들
과 교류할 때는 스스로 내 나라 국민이라 여기지만, 같은 나라 사람
을 대할 때는 종종 출신 지역과 동일시한다.

지역 구별은 여러 가지 이유로 중요하다. 이 구분은 선거철에 간접적으로 그리고 2017년 카탈루냐에서 벌어진 경찰과 시민들 간의 충돌에서 나타났듯이 때로는 정치의 영역으로도 번진다. 가장 오래된 정치에도 존재하고 오늘날까지도 지속된다. 지역 구별이 오늘날의 민족국가를 만들었다는 점에서 최근에 더욱 중요할 수 있다. 이런 지역 구별은 한 나라 안에서 한 지역 사람들의 마음속에 다른 지역 사람들의 행동에 대한 고정관념을 키우고, 다른 지역 출신에 대한 판단과 때로는 편견을 강화하기도 한다.

미국에 있는 이런 지역 고정관념의 예가 '느긋한 캘리포니아 사람', '느리고 게으른 남부 사람', '성질 급하고 무례한 뉴요커' 그리고 '시끄럽고 덩치 큰 텍사스 사람' 등이다. 이런 고정관념은 각기 다른 지역의 사람들이 시간 사용법에 대해 서로 다른 선호도를 가지고 있다는 믿음을 반영하며, 다른 미국인을 개인으로서가 아니라 지역 정체성에 근거해 조사하는 방법을 강화한다. 전 지역에 걸쳐 기회가 같다고 하더라도, 예를 들어 나이, 교육, 인종 또는 민족, 급여 혹은 소득에 차이가 없더라도 지역마다 선호도가 다르기 때문에 시간을 다르게 보낼 수 있다.

이런 지역적 고정관념이 옳은가? 현재의 행동에 바탕을 둔 것인가? 아니면 존재한 적도 없는 과거의 유산인가? 느긋하거나 게으르거나 서두르는 것은 우리가 어떻게 삶을 영위하고, 특히 시간을 어떻게 쓰느냐와 관련이 있다. 지역 고정관념을 연구하는 좋은 방법은 미국의 다른 지역, 주 또는 도시, 심지어 다른 나라의 다른 지역에 사는 사람들이 시간을 어떻게 사용하는지 조사하는 것이다.

시간대는 미국인들이 시간을 사용하는 방법에서 지역적 차이를 강화시킬 수도 있다. 옆으로 넓은 많은 나라에는 시간이 다른 시간대가 있기 때문에 이 시간대가 지역 간 시간 관계에 미치는 영향에 대한 증거는 미국과 다른 곳의 시간 사용을 분석하는 데 유용하다. 일반적으로 미국인이 가진 시간대 문제와 지리적 고정관념은 시간 사용에서 미국이 더 다양한 모습을 보이는지 혹은 더 단일한 모습을 보이는지에 대한 질문의 답에서 알 수 있다.

> 미국의 지역별 차이

통계를 내기 위한 목적으로 미국 인구조사국은 미국을 북동부, 중서부, 남부 그리고 서부, 이렇게 네 개의 주요 지역으로 나눈다. 이것은 개괄적인 구분으로, 오늘날 북부 주로 간주되는 델라웨어 주와 메릴랜드 주, 최남부에 속하는 미시시피 주와 앨라배마 주 그리고 심지어 오클라호마 주와 텍사스 주도 포함한다. 남부가 아마도 가장 다양한 지역일 것이다. 북동부에는 뉴잉글랜드 지방, 뉴욕 주, 뉴저지 주, 펜실베이니아 주 등이 있고 중서부 지역은 오하이오 주에서 다코타 주, 캔자스 주, 네브래스카 주까지 뻗어 있다. 서부에는 산악지역과 다섯 개 태평양 연안 주(캘리포니아, 오리건, 워싱턴, 알래스카, 하와이)가 모두 포함된다. 이처럼 광범위하게 나뉜 집합을 가지고 상당히 다양할 수 있는 지리적 단위에 큰 차이가 있는지 여부를 묻는다.

우리는 지역 간 시간 사용의 차이를 단순하게 비교할 수 없다. 인구통계학적으로 수많은 특성은 시간 사용 방법에서 지역적 차이를 발생시킨다. 중서부의 5퍼센트만이 히스패닉계 백인이지만, 서부인의 26퍼센트가 히스패닉계 백인이다. 서부인의 5퍼센트만이 아프리카계 미국인인 반면 남부인은 19퍼센트가 아프리카계 미국인이다. 급여과 소득을 결정하는 주요 요인인 교육 수준도 지역에 따라 다르다. 북동부 지역의 미국인 중 31퍼센트는 대학 교육을 받았다. 반면 남부와 중서부 지역에서는 26퍼센트 그리고 서부에서는 28퍼센트만이 대학 교육을 받았다. 도시화 또한 다양한데, 중서부 및 남부 지역보다 북동부 및 서부에 도시 거주 인구 비율이 더 높다.

일단 지역에 따라 다른 모든 인구통계학적 특징을 조정하면 시간 사용에 있어 차이가 얼마나 작은지 놀랄 만하다. 이는 연령과 학력, 성별, 결혼 여부 및 자녀수와 연령의 지역적 차이를 조정한 〈그림 9.1〉에 나타난 시간 사용의 지역적 차이에서 분명하게 드러난다. 이 수치는 북동부 지역과 비교해 중서부, 남부, 서부 각 지역의 활동별 소비시간의 차이를 보여준다. 제로선 위에 있는 막대는 북동쪽보다 해당 지역에서 그 활동에 더 많은 시간을 쓴다는 의미이다. 제로선 아래에 있는 막대는 해당 지역에서 더 적은 시간을 소비한다는 의미이다. 예컨대, 중서부 지역과 남부 지역의 시간 사용은 두 지역의 활동을 나타내는 막대를 떼어내서 비교할 수 있다.

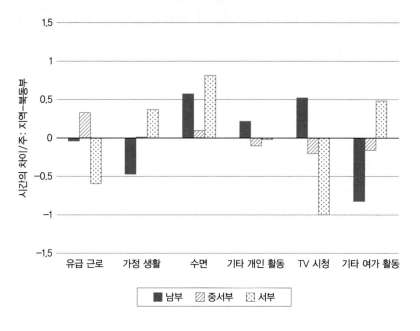

〈그림 9.1〉 2003~2015 미국 북동부와 비교한 카테고리 별 시간 사용의 차이(주당 시간)

여섯 개 범주의 시간 사용 중에서 두 지역 간 사용한 시간의 차이가 일주일에 한 시간을 초과하는 것은 두 경우뿐이다. 하나는 TV 시청으로, 서부 사람은 북동부 사람보다 TV를 일주일에 한 시간 덜 보고, 남부 사람보다는 한 시간 36분 덜 시청한다. 다른 하나는 기타 여가 활동으로, 서부 사람이 남부 사람보다 일주일에 한 시간 18분을 더 소비한다. 유급 근로와 모든 여가(TV 시청과 기타 여가 활동)에 소요되는 총 시간은 지역별로 비슷하다.

지역에 대한 고정관념은 미국인의 시간 사용에서 나타나는 차이로 정당화되지 않는다. 유급 근로시간은 지역별로 거의 차이가 없다. 15세 이상 미국인은 주당 평균 28시간 유급 근로를 한다. 지역별로 가장 큰 차이가 나는 중서부와 서부 사이의 차이는 주 0.9시간(3퍼센트)에 불과하다. 미국의 4대 광역 지역 구분에 걸친 시간 사용을 비교해보면 다양하다기보다는 훨씬 더 단일하다.

지역에 따라 미국인이 각 활동에 소비하는 시간의 차이가 한 시간 미만이지만 더 작은 지리적 단위에서 차이를 들여다보면 아마도 더 많은 차이가 나타날 수도 있다. 인구가 적은 몇몇 주의 경우 시간 사용에 대한 충분한 정보가 없기 때문에 우리는 모든 50개 주와 워싱턴DC의 차이를 고려할 수 없다. 하지만 캘리포니아와 텍사스는 미연방에서 가장 인구가 많은 주로 12퍼센트 이상의 미국인이 캘리포니아에, 8퍼센트 이상의 미국인이 텍사스에 살고 있다. 이 두 거대 경제권의 행동 또한 흥미로운데, 아마도 다른 주들보다 노래와 영화에서 가장 많이 신화화되었기 때문이다.

캘리포니아 사람과 텍사스 사람이 다른 48개 주 혹은 워싱턴DC에 살고 있는 인구통계학적으로 동일한 미국인들과 비교하여 시간을 얼마나 다르게 사용하는지 여부를 조사하기 위해서 〈그림 9.1〉의 기초가 되는 지역적 차이를 계산하는 데 사용된 모든 인구통계학적 차이와 기타 차이를 조정한 뒤 계산을 한다. 그림의 막대는 각 활동에 대해 전국 평균과 비교해 해당 주에서 소비된 시간의 차이를 측정한다. 제로선 위에 있는 막대는 캘리포니아나 텍사스 사람들이 다른 미국인들보다 해당 활동에 더 많은 시간을 소비하고 있다는 것을 보여준다. 제로선 아래에 있는 막대는 해당 활동에 더 적은 시간을 소비하고 있음을 나타낸다.

〈그림 9.2〉의 민무늬막대는 해당 활동에 대한 캘리포니아 사람들의 사용 시간을 알려준다. 캘리포니아 사람들은 1960년 노래처럼 최소한 같은 개인적 특성을 가진 다른 미국인에 비해 '밖에서 즐거운 시간을 보내고 있다'고 보인다.[2] 그들은 다른 미국인에 비해 평생 동안 매주 평균 한 시간 30분, 즉 약 5퍼센트 정도 적은 유급 근로를 한다. 그들은 적은 유급 근로에서 생긴 시간을 TV 시청에 쓰지도 않는다. 그들은 TV를 일주일에 42분(약 4%) 적게 시청한다.

유급 근로시간이 줄고 TV 시청이 줄어들면서 캘리포니아 사람들은 그들이 할 수도 있는 다른 활동에 고루 쓸 수 있는 주당 두 시간 6분을 확보했다. 그들은 다른 미국인보다 일주일에 30분 더 자지만, 두 시간 6분이라는 추가시간의 가장 큰 용도는 잔디 깎기와 정원 가꾸기 등을 포함한 가정 활동과 기타 여가 활동이다. 이 두 가지를 합치면 추가시간의 4분의 3 이상이 된다. 이 광범위한 범주 중에 캘리포니아 사람들이 다른 활동보다 훨씬 더 많은 시간을 소비하는 단일 활동은 없다. 하지만 다른 미국인에 비해 일주일에 스포츠와 운동을 20분 더 하고 일주일에 육아를 거의 20분 더 한다.

캘리포니아 사람들이 즐거운 시간을 보내고 있을까? 확답하긴 어렵지만, 그들의 늘어난 여가 활동 중 일부는 집 밖에서 이뤄지기 때문에 어쩌면 '따뜻한 캘리포니아의 태양 아래' 있을 수도 있다. 게다가 사람들은 대부분 다른 활동에 비해 유급 근로를 유쾌해하지 않기 때문에 캘리포니아 사람들의 근로시간이 적다면 그들이 적어도

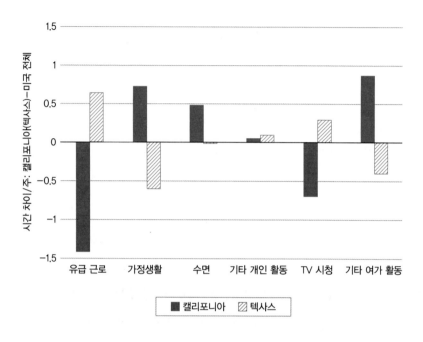

〈그림 9.2〉 2003~2015 캘리포니아와 텍사스 사람과 타 지역 미국인과 비교한
카테고리별 시간 사용의 차이(주당 시간)

다른 미국인들에 비해 정말 더 재미있게 산다는 합리적인 결론을
도출할 수 있다.

텍사스 사람들도 다른 미국인과 다르다. 가장 주목할 만한 차이
는 민족이다. 미국 전체 인구의 약 7분의 1이 히스패닉계 백인인 반
면, 텍사스 인구는 3분의 1 이상이 히스패닉계 백인이다. 하지만 인
구학적 차이를 조정하면 〈그림 9.2〉의 줄무늬막대가 보여주듯이 텍
사스 사람들은 다른 미국인과 매우 닮았다. 이 여섯 가지 주요 범주
에 소비된 시간의 차이는 일주일에 한 시간도 안 된다. 가장 큰 차

이는 텍사스 사람들이 평균 미국인보다 평생 일주일에 30분 이상 더 일한다는 점이다. 텍사스는 분명히 캘리포니아보다 덜 '특별'하며 나머지 미국인들과 시간 사용에서 크게 다르지 않다. 광범위하고 야단스러운 고정관념은 적어도 다른 미국인에 비해 텍사스 사람들의 시간 사용법을 토대로 하진 않았다.

> 전형적인 도시인, 시골뜨기 그리고 도시 근교의 삶[3]

미국의 통계는 시골과 대도시로 나뉜다. 도시의 번드르르한 사람을 그들의 시골 사촌과 비교할 때 우리는 시골 사촌이 인구의 15퍼센트에 불과할 만큼 소수라는 것을 기억할 필요가 있다. 오늘날 미국은 본질적으로 도시사회이다. 미국의 소수 그룹은 다른 곳보다 시골에서 대표성이 훨씬 떨어진다. 시골 거주자의 17퍼센트만이 대졸 이상인 반면, 도시 거주자의 31퍼센트가 대졸 이상이다. 〈그림 9.3〉의 민무늬막대는 인종과 나이 같은 이런 인구통계학적 차이를 설명한다. 이 막대는 도시 거주자에 비해 농촌 사람들이 제로선 이상일 경우 해당 활동에 얼마나 더 많은 시간을 소비하는지, 그 이하일 경우 얼마나 더 적은 시간을 소비하는지 보여준다. 이 막대들은 아주 작다. 가장 큰 막대는 제로선 위나 아래로 불과 20분밖에 연장되지 않는다. 이런 미세한 차이는 도시 사람과 시골 사람들이 적어도 시간을 어떻게 사용하는가에 있어서는 동일한 행동을 한다는 것을 보

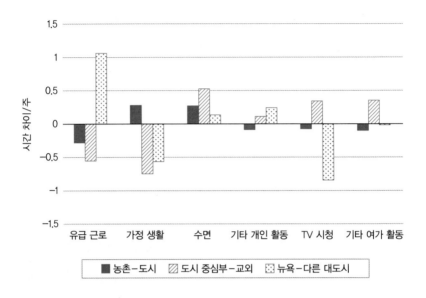

〈그림 9.3〉 2003~2015 지역별 시간 사용의 차이(주당 시간)

■ 농촌−도시　☒ 도시 중심부−교외　▨ 뉴욕−다른 대도시

여준다. 시골이나 도시 거주에 기초한 우리의 고정관념은 매우 시대
에 뒤떨어져 있거나, 인구통계학적 특징의 차이에서 생겨나는 것이
지, 다른 장소에 사는 사람들의 시간을 쓰는 방식에서 오진 않는다.

　대도시권 어디에 거주하느냐에 따라 사람들이 다를 것이라고 생
각하는 고정관념도 많다.[4] 전형적인 교외 거주자는 트럭이나 미니밴
을 운전하고, 쇼핑센터나 스트립몰(번화가에 상점과 식당이 일렬로 늘어
서 있는 곳 ─ 옮긴이)에 위치한 체인점 사이를 오가며 시간을 보내고
동네의 다른 모든 집과 똑같은 집에서 산다. 도시 중심부에 대한 일
반적인 고정관념은 소수민족이 산다는 것 그리고 가난에 짓눌린 사
람들이 많다는 것이다. 어떤 연구는 도시 중심부에 사는 사람들이

다른 지역 사람들보다 빨리 움직인다고 하는데, 심지어 걸을 때조차도 더 빨리 걷는다고 한다.

인구통계학적으로 볼 때 이런 고정관념은 사실에 기초한다. 도시 중심부에는 아프리카계 미국인과 히스패닉계 백인이 각각 22퍼센트씩 산다. 반면 교외는 각각 10퍼센트와 13퍼센트만 거주할 뿐이다. 교육 수준에서는 거의 차이가 없는데 교외 거주자의 30퍼센트가 대졸자인 반면 도시 거주자의 31퍼센트가 대졸이다. 하지만 가계소득은 많이 다르다. 2003~2015년 평균 교외 지역 거주자의 소득은 7만 7,000달러가 넘는 반면, 도시 중심부에 거주하는 사람들의 평균 소득은 6만 3,000달러에 불과했다.

〈그림 9.3〉의 줄무늬막대는 연령, 학력, 인종이나 민족 같은 인구통계학적 특성을 조정한 후 교외와 비교해서 도시 중심부에서의 활동에 소요되는 추가시간을 보여준다. 시간 사용의 차이는 농촌 주민과 도시 주민 간의 차이보다는 크지만 여전히 적다. 가장 흥미로운 점은 도시 거주자들이 교외 거주자들보다 총 근로시간(유급 근로와 가정 활동)이 한 시간 15분 적다는 사실이다. 이는 그들이 직장이나 상점을 오가는 데 보내는 시간이 더 적기 때문이 아니다. 그런 하위 범주에서 보내는 시간은 두 그룹에서 거의 동일하다. 그 차이는 사실이며 도시 거주자는 자유시간을 교외 거주자들보다 여러 주요 활동에 각각 조금씩 나눠서 사용한다. 이런 차이에도 불구하고 도시와 교외에 대한 고정관념에 대한 합리적인 결론은, 동일한 사람이 도시에 살든 교외에 살든 어떻게 시간을 사용하는가에 대해서는

큰 차이가 없다는 점이다.

뉴욕은 2016년 기준, 인구 850만 명으로 단연 미국 최대 도시이다. 2위부터 5위까지는 로스앤젤레스(400만 명), 시카고(270만 명), 휴스턴(240만 명) 그리고 필라델피아(160만 명)이다. 뉴욕 사람들은 자신을 다른 미국인과 다르다고 생각한다. 심지어 뉴욕 교외에 사는 사람들도 그렇다. 그들은 자신들이 미국의 문화 수도에서 거주하는 특권을 누리고 있다고 생각한다. 그들의 태도와 행동은 아주 짧은 시간을 의미하는 '뉴욕타임New York minute'이라는 용어를 만들었다.[5] 작고한 심야 토크쇼 진행자인 자니 카슨Johnny Carson이 말했듯이 '뉴욕타임'이란 맨해튼의 교통신호등이 녹색으로 변하자마자 뒤에 있는 차가 경적을 울리는 사이의 시차이다.

다른 모든 지리적 고정관념과 마찬가지로 이 안에 진실이 있을까? 1년 중 얼마간 뉴욕 시에 살면서 나는 가끔 뉴욕타임이 다른 곳에서의 1분보다 느리다는 것을 느꼈다. 특히 지하철 승강장 표지판에 '다음 열차 2분 후 도착'이라는 안내 문구가 6분 동안이나 지속될 때 그렇다. 그렇게 인식하는 것은 괜찮다. 하지만 이 고정관념과 뉴욕 사람들이 시간을 어떻게 사용하는지와는 별개의 문제이다. 가장 유용한 것은 미국 전역의 사람들이 아니라 미국의 다른 4대 도시의 거주자들과 비교해보는 것이다.

〈그림 9.3〉의 점선막대는 미국의 다른 4대 도시 중 하나에 살고 있는 사람들과 인구통계학적 특성이 같은 뉴욕 사람들이 해당 활동에 추가로 소비하는 시간을 조정해 보여준다. 가장 두드러진 사실은

뉴욕 사람들이 미국의 다른 대도시 거주자들보다 주당 한 시간 이상 더 유급 근로를 한다는 점이다. 그들은 청소, 빨래, 요리, 설거지 등 가정 활동을 적게 하여 남는 시간을 유급 근로에 쓴다. 가정 활동 시간이 줄어든 이유는 세탁기/건조기 및 시간 사용을 보충하는 기타 기계장치를 설치할 공간이 부족해 뉴욕 사람들이 다른 지역 사람들이 직접 하는 가정 활동을 아웃소싱했기 때문일 수도 있다. 도처에 보이는 '테이크아웃 take-out'이 그 차이를 설명할 수도 있다.

종합해보면, 뉴욕 사람들은 (노동)시장에서 더 많은 시간을 소비하고 가정 활동에 더 적은 시간을 소비하기 때문에 그들의 총 근무시간이 다른 대도시의 총 근무시간을 약간 웃돈다. 그들은 일주일에 한 시간 정도 TV를 덜 보기 때문에 이 작은 차이를 충분히 메운다. 뉴욕 사람들의 추가 근무시간 덕분에 다른 도시 사람보다 더 서두른다고 유명한 '뉴욕타임'이 생겼을지도 모른다. 하지만 그들이 유급 근로에 쓰는 추가시간은 그다지 많지 않다. 이런 고정관념은 뉴욕 사람들이 다른 대도시 거주자들과 비교했을 때 시간을 어떻게 보내는지의 차이에서 생겨난 것이 아니다.

> 두 도시 이야기

영국과 프랑스는 하나의 대도시가 문화적으로 정치적으로 그리고 규모 면에서 나라를 대표하는 가장 큰 두 유럽 국가이다. 런던 수도 권Greater London에는 영국 인구의 13퍼센트가 살고 있고, 영국의 다른 지역과 많은 면에서 다르다. 2016년 있었던 강력한 브렉시트 반대 anti-Brexit 투표가 대표적이다. 이와 유사하게 파리(도시 지역)에는 프랑스 전체 인구의 16퍼센트가 살고 있으며, 2017년 대통령선거에서 입증된 바와 같이 나머지 프랑스 지역과는 정치적으로 상당히 다르다.

문화와 행동의 차이에도 불구하고, 두 나라는 대도시 거주자와 다른 지역 사람들 간의 차이에서 매우 유사한 양상을 보인다. 프랑스와 영국의 대도시 거주자들은 다른 지역 거주자보다 매주 한 시간 이상 유급 근로를 더 한다. 그들은 몸단장 같은 개인 관리, 청소 등에 매주 한 시간을 더 쓴다. 그들은 다른 사람들보다 가정 활동을 매주 두 시간 덜하고, TV를 매주 한 시간 적게 시청하여 유급 근로와 개인 관리에서 추가된 시간 이상을 충당한다.

뉴욕 사람들과 다른 대도시 거주자들 사이의 행동 차이를 묘사한 〈그림 9.3〉의 가장 오른쪽 점무늬막대와 비교해보면 뚜렷한 유사성을 알 수 있다. 모든 경우에서 각 나라의 가장 큰 도시 거주자들은 다른 지역 거주자보다 더 많은 유급 근로를 하고, 가정 활동을 줄이며, 텔레비전을 덜 시청한다. 미국 내 지리적 영역 간 비교는 미국적인 행동을 반영할 수 있지만, 이 두 유럽 국가의 거주자와 다른 지역 거주자 간의 시간 사용 차이는 뉴욕과 다른 미국의 대도시 간의 비교와 몹시 유사하다.

> 시간대와 시간 사용

시골과 도시의 구별은 태도와 행동의 차이에 따른다. 이 차이는 인위적인 지리 구분과는 무관한 장소에서 발생할 수 있다. 도시-교외, 대도시-다른 지역의 구분은 다소 인위적이다. 대도시는 교외권이 상대적으로 작은 대체로 중심 도시일 수 있다. 예컨대, 휴스턴 시는 지역 인구의 3분의 1 이상을 포함한다. 지역 인구의 7분의 1만이 도시에 거주하는 보스턴처럼 그 반대도 사실일 수 있다. 여전히 더 인위적인 것은 시간대로, 이는 지구 주변의 각 위도를 따라 동일한 시간에 발생하는 일몰과 일출시간을 생성하도록 설계된 세로 표시들이다. 이들이 세계표준시 UTCCoordinated Universal Time와 관련된 반면, 시간대와 시간 선택은 각국 정부에 달렸는데, 정부가 신청하고 정부의 법에 의해 변경된다. 이 인위적인 결정은 최근에 정해졌는데, 예컨대, 미국 시간대에 대한 결정은 2018년에야 100년이 되었을 정도로 최근의 일이다.[6]

심지어 국가의 필수 부분으로 여겨지는 멀리 떨어진 도서 영토를 무시한다고 해도 놀랄 만큼 많은 나라가 적어도 두 개의 시간대에 걸쳐 있다. 호주, 캐나다, 브라질, 칠레, 멕시코, 카자흐스탄, 몽골, 러시아, 콩고민주공화국(옛 자이르) 등이다. 때때로 미국에서도 시간대의 다양성을 인지하지 못한다. 미국인 대부분은 동부표준시, 중부표준시, 산악표준시, 태평양표준시에 익숙하지만, 이 목록은 태평양표준시보다 각각 한 시간과 두 시간 늦은 알래스카표준시와 하와이/

알류샨표준시를 무시한다.

시간대의 지리적 설계는 엄격하지 않으며 주 경계선의 인위적인 구분으로 구속받지 않는다. 미국에서는 열세 개 주가 두 개의 다른 시간대에 걸쳐 있다. 눈에 띄는 예외는 모두 경제적 이유로 발생했다. 즉, 주의 일부가 자기가 속한 주의 대부분보다 인접한 주와 경제적으로 더 밀접하다면 인접한 주의 시간대와 같다. 위스콘신 주와 경계한 미시간 반도의 위쪽 네 개 카운티는 미시간 주의 나머지 카운티와 같은 동부시간대가 아니라 중부시간대에 속한다. 텍사스 주 엘파소 일대는 경제적으로 텍사스 주의 다른 지역보다 뉴멕시코 주와 더 밀접하게 연결되기 때문에 중앙시간대가 아니라 산악시간대에 속한다. 다른 많은 주의 국경 지역에도 시간대가 경제적으로 형성된 지역들이 존재한다.

만약 미국이 다시 농업이 주요 산업인 국가로 돌아간다면, 시간대는 경제적으로 관심 있는 문제가 되지 않을 것이다. 각 지역 사람들은 주로 계절과 일광의 양에 근거해 자신의 편의에 따라 일하고 소비하고 여가를 즐길 것이다. 그들은 다른 곳, 5,000킬로미터 떨어진 곳에 있는 사람들이 일어나서 일하고 있을 때를 고려할 필요가 없다. 하지만 3차 산업이 주를 이루는 통합된 경제에서는 뉴욕에서 일할 때 미국의 다른 지역에서 일하는 동료들의 시간도 어느 정도 감안해야 한다. 나는 산악표준시간대에 속하는 덴버에 사는 공동저자에게 오전 10시 전에는 전화를 해서는 안 된다. 심지어 여가 활동 시간을 조절할 필요도 있다. 가족 문제로 캘리포니아 북부에 사는 여동생에게 전화를 걸 필요가 있다면, 동부표준시로 오전 11시 이전에는 하지 않는 것이 낫다.

많은 사람이 그들의 활동과 다른 미국인의 활동을 조율하는 데서 겪는 어려움은 소소하다. 그들의 시간대를 벗어난 사람들과 소통하는 것이 아닐 가능성이 크기 때문이다. 하지만 로스앤젤레스에 사는 증권중개인의 고객들이 중개인에게 자신을 위해 로스앤젤레스 시간 오전 6시 30분, 동부표준시로는 오전 9시 30분에 뉴욕증권거래소가 개장할 때 거래할 수 있을지 신경 써달라고 하면 어떻게 될까? 미국뿐 아니라 세계 금융 산업의 중심이라면 일부 사람들은 다른 곳에 위치한 동료들과 다른 시간대에 있을 수도 있음을 의미한다.

미국의 금융 산업은 전체 미국 노동력의 극히 일부분을 차지할 뿐이다. 하지만 금융 산업이나 다른 산업에 있는 시간대 조정의 필요성이 다른 근로자들의 활동으로 파급될 수 있다. 카페의 바리스타는 로스앤젤레스 증권중개인의 카페인 욕구를 충족시키기 위해 오전 6시 30분에 출근해야 할 수도 있다. 그리고 증권중개인은 사무실로 운전하는 동안 드라이클리닝을 맡길 동네 세탁소가 오전 6시에 문을 열기를 바랄 수도 있다. 시간 조정의 효과는 표준시간대를 넘나들며 정기적으로 다른 사람을 상대하는 근로자보다 훨씬 더 많은 미국 근로자들에게 확산된다.[7]

동부시간대는 가장 인구가 많고 미국 금융 산업의 중심지와 많은 미국 기업의 본사를 포함한다. 그런 사실은 다른 시간대에 있는 사람들이 활동을 동부시간대와 맞추어 조정할 인센티브(동기)가 된다.

바로 그런 일이 일어난다. 현지시각으로 평균 오전 8시에 일하는 사람은 동부시간대보다 서부시간대에 3퍼센트 더 많다. 잠잘 시간에 일하는 것은 매우 어렵기 때문에 자연스럽게 서부 사람들은 동부 사람들보다 현지시간으로 오전 7시에 깨어 있을 가능성이 높다. 미국인은 고용주의 요구든 시간을 조정하려는 자신의 욕구든 근무시간의 직접적인 조정의 필요에 따라 활동을 맞춘다. 이런 필요는 다른 지역에서 다른 사람들과 직접 소통하지 않는 사람들의 활동시간으로 번진다. 하루 24시간이라는 삶의 한계 때문에 업무활동 조정의 필요성이 비업무 활동의 시간 조정으로 번진다.

정부는 시간대와 시계상 시간의 조화로운 역할을 인정한다. 20세기 전반까지 중국은 주로 경도 차이를 기반으로 한 다섯 개 시간 구역으로 나뉘었다. 아마도 나라를 통일하기 위해 1949년 새 정부는 다섯 개 지역을 베이징(또는 중국)표준시로 통합했는데, 이 표준시는 오늘날에도 여전히 유효하다. 그 반대 상황도 일어날 수 있다. 2007년 베네수엘라 지도자 우고 차베스Hugo Chávez는 같은 시간대를 쓰는 나머지 국가보다 시간을 30분 뒤로 돌려놓았다. 이는 2016년에 다시 원래대로 변경되기는 하였다.[8] 이런 조율되지 않은 움직임이 경제에 미치는 영향에 대한 증거는 없다. 인도, 뉴펀들랜드 또는 사우스오스트레일리아 같은 곳에서 국제표준시간대가 제시한 시간에서 30분 정도 더 뒤로 돌린 결정이 미치는 영향에 대한 증거도 없다. 하지만 특히 인구가 적은 지역에서 시계의 시간을 바꾸는 것은 그들 경제의 큰 부분인 다른 사람들과의 조율을 더 어렵게 만들어 경제활동을 위축되게 할 수 있다.

우리가 뉴욕에서 밤 11시 30분이 아니라 시카고에서 10시 30분부터 여덟 시간 30분을 자는 건 중요하지 않을지도 모른다. 하지만 시간대의 경계 근처에 있는 지역에서 수면시간의 대조는 극명할 수 있고, 어떻게 사는지에 영향을 미친다. 미시간 주 마르케트Marquette 시에서는 6월 하순 (동부시간대) 현지시각으로 오후 10시 25분까지 완전히 어둡지 않다. 남쪽으로 직선거리로 거의 282킬로미터밖에 떨어져 있지 않은 위스콘신 주 그린 베이Green Bay는 (중부시간대) 현지시간으로 오후 9시 20분에 완전히 어두워진다. 시간대의 설정은 우리 수면의 양에 영향을 미치는 신체순환리듬에 변화를 일으킬 수 있다.

수면시간은 다른 시간대에 인접한 동쪽 가장자리에 비해 미국 시간대의 서쪽 가장자리에서 감소한다. 이 감소는 우리가 살아가는 방식에 영향을 미친다. 미국 시간대의 서쪽 가장자리에 있는 사람들은 덜 건강하다. 미국보다 많은 시간대를 가진 러시아에서 지역 경계와 바이오리듬의 상호작용이 알코올 소비, 건강, 심지어 살인률에서도 차이를 낳는다.[9] 다시 한번 말하지만, 시간대는 사람들의 행동과 행복에 영향을 미친다.

미국에서 저녁 TV를 본 사람이라면 누구나 이런 주문에 익숙할 것이다. '태평양동부 표준시 오후 10시, 중부산악지대 표준시 오후 9시.' 뉴욕과 시카고에서 생방송을 하는 것이 바람직하다고 여겼던 1920년대 초창기 라디오에서 비롯된 역사적 이유로 전국 방송은 전국 각지로 다른 시간대에 송출되었다. 이것은 매우 미국적이다. 호주에는 몇몇 뚜렷한 시간대가 있지만, 프라임 타임 TV쇼와 야간 뉴스쇼는 전국적으로 같은 시간에 송출한다.

결혼생활 첫 27년 동안 아내와 나는 동부시간대에서 살았고, NBC 〈투나잇쇼The Tonight Show〉에서 하는 '모놀로그'를 보고 싶었기에 평일 밤 11시 40분쯤 잠자리에 들었다. 중부시간대로 이사했을 때 우리는 한 시간 일찍 잠자리에 들기 시작했는데, '모놀로그'가 우리가 잠자려는 시간에도 방송하고 있었다. 이런 변화된 행동은 극단적일 수 있지만, TV쇼 시간대의 신호는 시간대 조정과 무관하게 TV 시청시간에 영향을 미친다. 오후 11시에 TV를 시청하는 중부와 산악시간대에 사는 사람들의 비율이 동부와 태평양시간대에 사는 사람들보다 6퍼센트나 적다. 이 차이는 우리가 자거나 일하는 데까지 확산된다. TV 방송 때문에 중부 및 산악시간대에서 오전 7시에 자고 있는 사람이 다른 시간대보다 3퍼센트 적고, 오전 8시에 일하는 사람이 3퍼센트 더 많다.[10]

> 서머타임이 우리 삶에 미치는 영향

20세기 초 이후, 미국과 열대지방 외에 영토를 보유한 다른 많은 나라는 미국에서 '일광절약시간DST'이라고 부르는 '서머타임'을 지켰다. 3월이나 4월에 '봄을 앞당기고' 10월이나 11월에 '가을로 돌아간다'는 명목상의 시간이다. 반대되는 변화는 적도보다 훨씬 남쪽에 위치한 호주 같은 몇몇 국가에서 발생한다. 2007년 이후 미국의 DST는 3월 둘째 일요일에 시작해 11월 첫째 일요일에 끝난다. 미국 법에 따르면, 주들은 현재 애리조나와 하와이가 그런 것처럼, 그리고 다른 주에서도 종종 제안한 것처럼 DST에서 탈퇴할 권리가 있다.[11]

DTS는 잘못된 명칭이다. 일광절약이 되지 않는다. 24시간인 여름날 시계를 한 시간 늦게 만든다고 일광의 양이 증가하지 않으며, 겨울날 적은 양의 일광이 가을에 시계를 다시 돌린다고 감소하지 않는다. 하지만 이런 변화는 현재 미국의 일광절약시간 규칙을 만든 2005년 에너지정책법에 포함된 원래 목적이었던 에너지 소비나 생산성에 영향을 미칠 수 있다. 일광절약시간을 준수하거나 혹은 따르지 않는 지역 간의 시간 차이를 변경하는 것이 지역 간 조율에 영향을 미칠 수 있다. 그 법은 시간변경일 또는 심지어 그 전후 며칠 동안의 행동에 영향을 미칠 수 있다.

1970년대 초 에너지 위기 때 미국은 1973년 비상일광절약시간 에너지보존법Emergency Daylight Saving Time Energy Conservation Act을 제정해 1974년 1월부터 미국 전역에서 1년 내내 일광절약법을 시행했다. 그 시기 동부표준시간대의 서쪽 끝자락인 미시간 주에 살고 있던 우리에게 이것은 아이들이 학교에 가는 아침 8시 40분이 겨울에는 여전히 깜깜하다는 뜻이다. 이 법이 에너지 사용을 줄였는지는 불분명하지만, 아이들의 안전에 대한 부모들의 우려를 증가시킨 것은 분명하다. 아마도 그래서 1974년 후반 폐지되었는지 모르겠다.

DST가 에너지 소비를 줄였는지 여부는 지난 50년 동안 계속 논의되어왔다. 이 문제에 대한 많은 연구가 있었지만 어느 쪽으로도 확실한 결론은 없다. 1975년 미국 교통부가 발표한 연구는 일광절약시간이 에너지 사용에 긍정적인 혹은 부정적인 영향을 거의 미치지 않는다고 밝혔다. 최근의 한 연구는 인디애나 주 일부 카운티에서는 여러 해 동안 DST를 지켰지만 다른 카운티는 그렇지 않았다는 사실을 활용했다. 연구자들은 DST가 실시된 카운티에서 에너지 소비가 더 높았다고 했다.[12] 이 시점에서 가장 안전한 결론은 일광절약시간이 에너지를 많이 절약하지 않는다는 것이다.

미국의 나머지 지역에서 DST를 실시하자 애리조나 주와 하와이 주민들(그리고 2007년 이전 인디애나 주의 여러 주민들)은 그 전 주보다 동부시간대와 시차가 한 시간 더 늘었다. 호주 퀸즐랜드 주에서도 호주 인구 중심지인 뉴사우스웨일스 주(시드니)와 빅토리아 주(멜버른) 두 곳과 비교했을 때 같은 현상이 일어났다. DST를 따르지 않으면서 나머지 자국민들과 조율해야 한다는 것은 자국민들이 DST를 지키기 시작하면 애리조나 주와 하와이 주 그리고 호주의 퀸즐랜드 주 지역민들이 자신들의 일정을 변경해야 함을 의미한다.

〈그림 9.4〉는 나머지 주들이 DST를 따르고 그들은 지키지 않을 때 애리조나 주와 하와이 주 또는 퀸즐랜드 주에서 이른 아침이나 늦은 저녁 다양한 활동에 종사하는 사람들의 비율 차이를 보여준다. 수면은 민무늬막대, 유급 근로는 줄무늬막대, TV 시청은 점무늬막대로 세 가지 주요 활동 각각에 대한 계산이다. 이들 주의 사람들

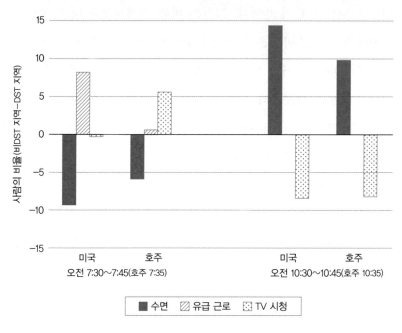

〈그림 9.4〉 DST가 없는 지역에서 활동을 하는 사람들에게 미치는 DTS의 영향

출처: 대니얼 해머메쉬Daniel Hamermesh, 캐이틀린 마이어스Caitlin Myers, 마크 포콕Mark Pocock이 계산한 〈시간 조정 및 조정 요령: 위도, 레터맨 그리고 경도〉《노동경제저널》(2008년 4월)〈표3〉〈표5〉)

은 다른 자국민에 비해 이른 아침에 자고 있을 가능성이 낮고, 다른 나라들이 DST를 시행할 때 (미국에서) 일하고 있을 가능성이 더 높다. 늦은 저녁에는 그 반대 현상이 일어난다. 그들은 일찍 자고 저녁 늦게 TV를 보지 않는다. 대다수 국민과 '함께하지' 못하는 것은 DST를 시행하지 않는 지역에 사는 소수의 국민이 그들의 시간을 어떻게 보내는지를 변화시킨다. DST는 심지어 DST를 따르지 않는 지역에서도 시간을 사용하는 방식에 직접적인 영향을 미친다.

DST 시행과 종료가 주식시장 수익에 미치는 영향에 대한 2000년 연구로 일부 논란이 일었다. 그것은 미국 주식시장을 다른 주말과 비교했을 때 시곗바늘을 늦추거나 앞으로 돌려놓았을 때 수익률이 현저히 낮다는 증거를 제시했다. 저자들은 거래자와 투자자가 수면 장애를 겪었기 때문이라고 했다. 이것은 타당한 주장처럼 보이지만, 전 세계적으로 훨씬 더 광범위한 거래소를 다룬 후속 연구는 그런 효과를 발견하지 못했다.[13] 이런 연구들 사이의 차이는 초기 연구가 부정확했기 때문일 수 있다. 대안 설명은 투자자와 자동거래 프로그램들이 비정상적으로 낮은 수익률에 반응했고 이전에 존재했던 부정적인 수익률을 제거하는 방식으로 DST가 변한 주말에 거래를 했다는 것이다.

네덜란드의 시간일기 조사는 1990년에 서머타임을 종료하는 시점을 전후로 2주간 실시하였고, 사람들이 24시간 일요일과 비교해 25시간이 된 일요일에 추가시간을 가지고 무엇을 했는지에 대해 조사했다. 평균적으로 시간일기를 완성한 여성들은 추가 수면에 늘어난 시간을 다 쓰다시피 했다. 그것은 파트너 관계에 있는 남성들에게도 마찬가지였다. 하지만 독신 남성들에서 추가시간의 가장 큰 용도는 스포츠와 사교였다.[14]

겨울 시간으로 돌아가는 날의 이런 추가 수면은 안전이나 행복 측면에서 반드시 이롭진 않다. 아이들은 DTS 전환 후 주에 비해 전환 전 주에 시험 성적이 더 좋다고 한다. 2007년 미국에서 DTS를 4월에서 3월로 이동한 때를 보면, 최근의 증거 역시 봄에 일찍 DST

를 실시하면 교통사고 사망이 늘었음을 보여준다.[15] 하지만 독일 자료에 따르면 가을에 서머타임을 종료하면 며칠간 잠을 더 많이 자고 병원 입원이 줄어들었음을 알 수 있다.[16] 인위적인 DST의 계획은 DST 실시나 종료 시점 전후 결과에 많은 영향을 미친다. 한 해 동안의 평균적인 효과는 확실하지 않다.

DST 시작과 종료가 사람들의 행복에 영향을 미치는지는 이런 변화가 얼마나 일시적인지를 고려하면 어려운 문제이다. 그럼에도 독일의 자료를 보면 서머타임의 변화로 삶을 대하는 태도가 바뀌었음을 알 수 있다. 이 연구는 특히, 근로자들 사이에서 서머타임 변화가 있은 뒤 행복이 감소하였음을 암시한다.[17] 가을에도 그럴지, 혹은 다른 나라에서도 같은 일이 일어날지는 분명치 않지만, 그 결과는 계절에 따라 시계의 시간을 바꾸는 데서 나타나는 전반적인 영향에 대한 경고이다.

> 시간과 공간

지리적 구분은 많은 경우 물이나 산 같은 지형적 특징에 의해 자연적으로 이뤄진다. 하지만 종종 지리적 구분은 정치적 결정과 외부적으로 부여된 변화의 비자연적인 결과들이기도 하다. 두 경우 모두 지역 간, 도시 간 심지어 대도시 내에서 시간 사용의 차이를 야기할 수 있다. 이런 차이 중 어떤 것은 예상되고 도시 신화의 일부를 형성하는 반면, 다른 것은 더 놀라울 수도 있다. 가장 중요한 풀리지 않는 질문은 이런 차이가 지난 50년 동안 줄어들었는가 하는 것이다. 지역적 상호연결성이 증가함에 따라 시간 사용 방법에 대한 지역 간 차이가 감소하리라 예상할 수 있지만, 사회·소득 계층화의 증가는 지역 간 행동의 차이를 확대시킬 수 있다.

지리적 차이가 자연스러운 경우도 있지만, 시간대와 DST 실시 및 종료 등은 완전히 인위적이다. 이는 부분적으로 경제적 고려, 일부는 정치적 변덕에 기초한 인간이 만든 구조물이다. 그들의 긍정적 및 부정적 영향에 대한 우려는 부분적으로 경제 분석에 기초하지만, 심지어 정부의 적절한 역할에 대한 한 사람의 견해에서 비롯된 정치적 신념에 기초한 바가 더 크다. 시간대의 역사, 특히 미국에서는 시간대가 자주 변하였다. 이런 변화와 함께 시간 사용을 포함한 경제적 결과에 변화가 오고, 정부가 부과한 시계 시간의 변화는 우리가 시간을 사용하는 방법을 계속 변화시켰다.

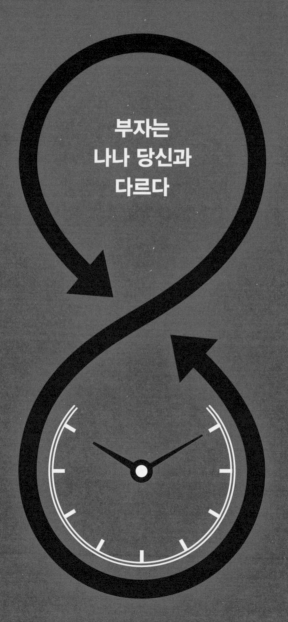

CHAPTER 10

부자는
나나 당신과
다르다

THE RICH ARE DIFFERENT FROM YOU AND ME

Spending Time

어니스트 헤밍웨이는 단편 〈킬리만자로의 눈〉에서, '부자는 다르다'는 F. 스콧 피츠제럴드의 대사에 대해 "그래, 그들은 돈이 더 많지"라며 조롱하듯 말했다. 벤저민 프랭클린이 썼듯이 "시간은 돈이다."[1] 그러므로 부자들이 다르다는 하나의 이유는 그들의 시간이 더 가치 있기 때문에 기회비용이 더 높다는 뜻이다. 만일 다른 사람은 벌 수 없을지도 모를 소득의 일부를 수명을 몇 년 더 연장하기 위한 의료비로 사용할 수 있다 해도 수명을 많이 연장할 수는 없다. 우리가 하루에 몇 분을 더 보낼 수는 없다. 매일 같은 24시간 그리고 어떤 나이에도 남들보다 더 많은 세월이 남아 있을 수 있기 때문에 부자들은 그들이 시간을 어떻게 보낼지에 대한 더 많은 기회와 선택권을 가지고 있다. 부자들의 선호가 다른 사람들의 선호와 같을지라도 사람들 대부분은 부자들이 더 나은 삶을 살고 있고, 시간은 조금 더 많지만 돈은 훨씬 더 많다는 점에 동의할 것이다.

우리는 더 많은 돈이 있을 때, 소비시간당 상대적으로 적은 돈이 드는 시간집약적인 활동에서 소비시간당 상대적으로 더 많은 돈이 드는 상품집약적인 활동으로 전환할 수 있다. 식료품 구입, 집에서 요리하기 그리고 그 후에 치우기까지 시간이 많이 드는 것에서 상품집약적인, 시간은 덜 쓰지만 더 많은 돈을 소비하는 음식 사먹기로 전환하여 음식에 대한 우리 욕구를 충족시킨다. 두 가지 접근법 모두 우리 욕구를 충족시키지만, 첫 번째 접근법이 두 번째 접근법보다 시간은 더 들고 돈은 덜 든다. 얼마나 자주 이 활동에서 저 활동으로 전환할지는 얼마나 그것을 즐기는지와 얼마나 쉽게 전환할 수 있는지에 달려 있다. 하지만 이 모든 경우에서 우리는 더 윤택한 삶을 누리기 위해 하루 24시간이라는 한정된 시간에 맞춰 소득 증가분을 사용한다.

시간 사용에서 가장 중요한 경제적 문제는 금전적 인센티브(동기)가 우리가 시간을 사용하는 방식에 어떻게 영향을 미치는가이다. 즉, 고정된 하루 24시간을 더 많은 구매와 결합할 수 있는지이다. 부자를 '부자'로 만드는 것은 그들이 매년 얻는 소득의 양이다. 65세 미만인 성인에게 소득의 가장 큰 부분은 많은 일을 하여 얻는 소득이다. 다른 부분은 그들이 다른 원천에서 얻는 비근로 소득이다. 예컨대, 일하지 않는 가족 구성원은 퇴직해 연금소득을 받을 수도 있고, 혹은 일을 하지 않기로 하여 노동시장 밖에 있을 수도 있고, 또는 직장을 구하지만 일자리를 찾을 수 없는 실직 상태에 있을 수도 있다. 하지만 이 모든 사람도 다른 원천으로 얻는 소득이 있을 수 있다. 그리고 그들 중 일부는 유급 근로가 없어도 추가 소득만으로 부유하게 살 수도 있다.

이런 비근로 소득은 투자 배당금같이 평생 유급 근로로 누적된 재산으로 얻는 돈을 포함한다. 그것은 또한 평생 유급 근로의 결과로 직접적으로 발생하는 연금과 공공 노후 혜택(미국의 사회보장급여)을 포함한다. 또한 외부에서 받는 선물과 정부로부터 받는 다른 지불도 포함한다.

일하는 배우자의 소득도 있다. 근로자들 역시 다른 모든 소득원이 버는 소득까지 포함하면 자신의 소득을 넘어설 수 있다. 토론의 목적과 인센티브(동기)가 시간 사용을 어떻게 변화시키는지를 고려해 이 두 번째 여러 가지가 섞인 그룹을 비록 배우자의 소득을 포함할지라도 '비근로 소득'이라고 부를 것이다.

예컨대, 나는 유급 근로시간 동안 약간의 소득을 받는다. 시간당 일정 급여로 내 시간을 팔 수 있다. 또한 아내와 나의 연금과 사회보장 지급 그리고 우리의 부를 대표하는 채권과 주식에 대한 약간의 이자와 배당금을 포함한 가계소득의 다른 부분들에 접근할 수 있다. 아내가 급여를 받고 일할 때 나는 그녀의 소득을 공유할 수 있었다. 그녀도 내 소득을 공유할 수 있었다. 지금도 그런 것처럼 말이다. 이번 수요일에 복권에 당첨된다면, 아내와 나는 복권 당첨으로 연간 지급되는 비근로 소득을 얻게 될 것이다.

이런 두 가지 유형의 원천에서 얻는 소득은 우리를 더 행복하게 하고 우리의 기회를 증가시킨다. 하지만 두 가지 원천은 우리가 시간을 어떻게 보내기로 선택하는지에 따라 완전 다른 영향을 미친다. 매 시간 벌 수 있는 돈의 액수가 증가하면 일을 더 매력적으로 만들고, 기회비용을 올려서 비업무 비용을 더 들게 만든다. 추가적인 비근로 소득은 일을 더 매력적으로 만들지는 않지만, 그것은 더 많은 것과 더 기발한 것을 살 수 있음을 의미한다. 하지만 물건을 더 살수 있는 능력은 문제를 일으킨다. 물건을 사고 즐기는 것은 시간이 걸리고 심지어 비근로 소득이 증가하더라도 그것을 소비할 시간이 없다. 추가 비근로 소득과 내가 할 수 있는 구매를 즐기는 데 더 많은 시간을 쓰려면 유급 근로에 소비하는 시간을 줄이거나, 내가 할 일을 아웃소싱해야 한다.

비근로 소득이 더 많은 사람과 비교하여 시간당 더 많이 버는 능력에 의해 생기는 다른 인센티브(동기)의 효과는 내 젊은 동료의 행동으로 명확하게 확인하였다. 1969년 하급 교수였던 내 첫 전임 교직의 보수는 1만 1,500달러(연봉이지 월급이 아님!)였다. 1969년에 고용된 다른 두 명의 동료 중 한 명은 미국에서 가장 부유한 집안 중 한 곳 출신이었다. 우리는 모두 박사학위를 가지고 있었고, 동일한 급여율을 포함해 추가 작업에 대해 동일한 보상을 받았다. 우리는 승진과 종신교수직을 위해 잘 가르치고 책도 내고 싶었다. 집안이 엄청 부유한 그 동료도 열심히 일했지만, 다른 동료와 나만큼 열심히 하지는 않았다. 그의 엄청난 비근로 소득은 그가 즐기기 위해 시간을 소비하는 것들을 구매하는 데 쓰였고 그로 인해 그는 학업에서 멀어졌다.

추가 소득의 힘은 더 많은 시간 일하는 것을 더 매력적으로 만들고, 더 많은 일을 하게 만든다. 하지만 반대 효과가 있다. 시간당 더 많은 돈을 벌 기회가 있을 때는 동일한 시간 동안 일해도 더 많은 돈을 벌 수 있고 쓸 수 있는 돈이 더 많아진다. 그런데 그 돈을 즐겁게 쓰는 동안은 유급 근로시간을 뺏기게 된다. 무엇이 우위를 차지하는가? 첫 번째 효과, 즉 일이 시간당 더 많은 소득을 주기 때문에 더 많은 일을 하는 것일까? 아니면 두 번째 효과, 즉 각 유급 근로시간당 소득이 더 높기 때문에 일을 덜해도 된다는 것일까? 해답은 소득력 증가 이전의 소득, 즉, 이미 얼마나 많은 유급 근로를 하고 있는가, 가족의 다른 소득, 얼마나 더 많은 추가 근로시간이나 비근로시간을 즐길 수 있는가, 그리고 다른 요인들에 달려 있다. 한마디로 답할 수 없다.

일을 할 수 없거나 하고 싶지도 않고 돈을 벌고 싶지도 않을지라도 우리가 버는 다른 가계소득을 어떻게 쓰고 결합할 것인지에 대해 선택할 필요가 있기에 우리의 시간은 여전히 가치가 있다. 그런 선택의 결과를 연구하려면, 우리가 시간을 어떻게 보내는지에 대한 다른 높은 소득원과 더 높은 가계소득의 영향을 별도로 들여다봐야 한다.

> 미국에서 돈 벌기와 수입

소득이나 비근로 소득이 바뀔 때 어떻게 인센티브(동기)가 달라지는지 이해하려면 사람들의 소득이 어떤 형태인지, 가구마다 총소득이 어떻게 달라지는지 알아야 한다. 사람들의 수입과 소득에 관한 많은 사실은 정부가 출간한 자료에서 쉽게 구할 수 있으며, 이것은 금전적 인센티브(동기)에 의해 소비시간이 어떻게 영향을 받는지에 대한 논의에 필수적인 배경이다.

먼저, 수입과 비근로 소득을 포함한 총 가구소득을 따져보자. 2016년 백분위 95퍼센트 가구, 즉 상위 5퍼센트 가구의 소득은 중위(백분위 50퍼센트) 가구의 3.8배였고 하위(백분위 10퍼센트) 가구의 16.6배였다. 하위 10퍼센트의 소득은 연간 1만 4,000달러 미만이었고, 중위는 5만 9,000달러, 상위 5퍼센트는 22만 5,000달러 이상이었다.

인플레이션을 감안한 소득은 지난 40년 동안 저소득층과 상류층 모두 증가했지만, 특히 상류층의 소득이 빠르게 증가했다. 1979년에는 상위 5퍼센트의 소득비율은 중위 대비 2.8배에 불과했고, 상위 5퍼센트의 소득비율은 하위 10퍼센트에 비해 11.4배에 불과했다. 1970년대 이후 미국에서는 소득 불평등이 상당히 증가했고, 이는 지난 25년 동안 많은 관찰자가 주목한 사실이다. 22만 5,000달러는 피츠제럴드 수준의 부자가 아니다. 스스로 부자라고 생각하는 사람은 거의 없다. 하지만 연간 50만 달러 소득인 가구는 미국에서 부자로 인식되는 소득 상위 1퍼센트 가구에 속한다는 것이 가장 바람직한 추정치이다. 이 수치는 훌륭한 가십거리이지만, 이 수치를 가지고 부자들이 다른 사람들과 시간을 어떻게 다르게 사용하는지에 대해 토론할 수는 없다. 미국이나 그밖에 다른 곳의 시간일기가 이 소수 집단에 초점을 맞추고 있지 않기 때문이다. 하지만 상위 5퍼센트 가구의 사람들이 시간을 어떻게 다르게 사용하는지를 고려할 정도의 충분한 정보는 있다.

가계 소득의 가장 큰 요소는 유급 근로 소득이며 무엇이 사람들로 하여금 시간을 어떻게 소비하게 하는지, 특히 얼마의 유급 근로를 선택하게 하는지를 이해하기 위해서는 비근로 소득에 비해 근로 소득의 효과를 고려할 필요가 있다. 오늘날 백분위 10퍼센트에 해당하는 미국 정규직 근로자, 즉 정규직 근로자 중 하위 10퍼센트 근로자는 시간당 10달러 이상을 벌고 있다. 정규직 근로자의 50퍼센트는 시간당 약 20달러를 버는 반면, 상위 5퍼센트 정규직 근로자는 시간당 62달러를 버는데, 이는 하위 10퍼센트 근로자 소득의 6.2배이고, 50퍼센트 근로자 소득의 3.1배이다. 총 가계소득과 마찬가지로 근로소득도 미국에서 불평등해졌는데, 1979년에 각각의 비율은 4.7배와 2.2배였다.

근로 소득과 비근로 소득의 차이와 시간의 경과에 따른 변동이 어떻게 일할 인센티브(동기)를 변화시키는지와 비업무 활동을 변화시키는지가 이번 Chapter의 주된 주제이다. 하지만 총소득 자체는 우리가 시간을 어떻게 쓰느냐, 즉 몇 시간을 투입하느냐에 달려 있

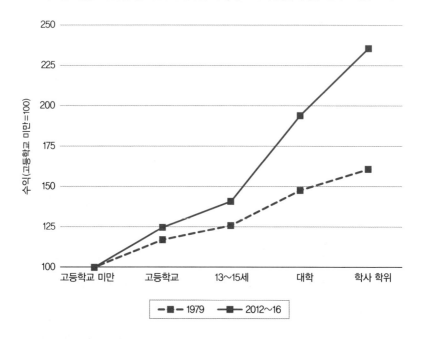

〈그림 10.1〉 1979년 및 2012~2016년 미국의 교육 수준별 수입(고등학교 미만=100)

기 때문에 수입과 소득을 가지고 다른 사람들이 시간을 어떻게 쓰는지를 간단히 볼 수는 없다. 심지어 시간당 임금도 주당 근로시간에 따라 달라지는데, 이는 명확하게 일부 근로자가 초과근무 한 시간당 한 시간 30분(미국에서는 40시간 이상)에 해당하는 임금을 받기 때문이다. 하지만 다른 많은 사람들도 그렇다.

시간당 급여가 유급 근로 양에 어떤 영향을 미치는지를 설명하기 위해 우리는 시간당 임금, 즉 한 시간을 더 일하여 얻는 이익에는 큰 영향을 미치지만, 한 사람이 투입하는 시간과 관련이 없는 것을 찾아야 한다. 우리는 더 높은 임금을 가져오지만 그 자체가 근로시간의 영향을 받지 않는 것을 찾아야 한다. 그것이 바로 교육이다. 한 사람이 받는 학교 교육의 양 말이다. 교육은 성별, 인종, 민족, 나이, 거주지에 상관없다. 교육의 차이는 시간당 임금의 차이를 결정하는 가장 큰 단일 결정요인이다. 임금율(시간당 가격)은 우리가 얼마나 일하느냐에 따라 다르기 때문에 소득력을 측정하기 위해 교육적 성취도를 사용하는 것은 유급 근로에 소요되는 시간별 소득과 시간을 혼란스럽게 하지 않을 대체물이다.

〈그림 10.1〉의 붉은색 선은 교육 수준 증가에 따라 임금이 얼마나 급격하게 상승하는지를 보여준다. 고등학교 중퇴자의 임금을 100으로 하면, 오늘날 대학 졸업자는 주당 동일 시간 노동, 같은 인종, 성별, 나이와 거주지의 특성을 가진 고등학교 중퇴자보다 94퍼센트 더 많은 소득을 얻는다. 석사, 박사, 법학박사, 의학박사 등 고급 학위를 가진 사람은 같은 나이, 성별, 인종/민족으로 똑같이 열심히 일하는 고등학교 중퇴자보다 시간당 136퍼센트 더 많은 돈을 번다.

〈그림 10.1〉에서 점선으로 나타낸 1979년의 비교를 통해 수입과 소득 전반에서 우리가 본 것을 반복한다. 임금 간격은 그 당시에 더 작았다. 교육 수준이 다른 사람들이 경제적으로 얼마나 차이가 나는지에 대한 불평등은 지난 40년 동안 급격히 증가했다.[2] 교육이라는 차원에서 미국은 더 불평등해졌는데, 이는 사람들이 받은 교육량의 불평등 때문이 아니라 교육 수준이 높아짐으로써 얻는 소득의 불평등이 증가했기 때문이다.[3]

> 교육과 임금 그리고 유급 근로의 두 가지 관점

교육은 수입을 변화시키고, 사람들이 정규직 일자리를 얻고 얼마나 일할지를 선택하기 전에 대부분 끝나기 때문에 교육이 노동시장 참여와 유급 근로시간을 어떻게 변화시키는지 조사할 수 있다. 유급 근로의 첫 번째 차원(그 발생률)은 그 사람의 교육 수준과 밀접하게 관련되어 있으며, 교육은 임금의 주요 결정요인이기 때문에 개인이 시간의 가치로 얻을 수 있는 임금과도 밀접한 관련이 있다.

누군가가 일을 할 것인지 안 할 것인지는 교육 수준에 따라 달라진다. 2011~2020년 10년 동안의 대학 졸업생은 같은 나이의 고등학교 중퇴자보다 유급 근로를 할 가능성이 22퍼센트 더 많다. 석사 이상 학위를 가진 사람은 학사학위를 가진 동년배보다 일할 가능성이 5퍼센트 더 많다. 일을 할지 선택할 때 교육 수준에 따라 차이가 생기는 것은 놀라운 일이 아니다. 더 많은 교육이 더 높은 급여와 강하게 연관되어 있으며 추가 교육에 따르는 더 높은 급여는 노동시장 밖에 머물지 않고 유급 근로를 하도록 하는 추가적인 인센티브(동기)이다.

1979년의 패턴은 2012~2016년과 같았다. 각 연령대에서 유급 근로에 종사할 확률은 추가 교육과 함께 꾸준히 상승했지만, 한 가지 결정적인 차이는 1979년의 임금근로율 증가 속도가 지금보다 느렸다는 점이다. 〈그림 10.1〉은 1979년에 받은 추가 교육은 그만큼 많은 추가 급여를 제공하지 않았음을 보여준다. 지난 40년 동안 추가 교육에 동반하여 일하고자 하는 추가적 인센티브(동기)가 증가했다.

1979년에 비해 오늘날 추가 교육에 동반하여 일하고자 하는 인센 티브(동기)가 더 빠르게 늘어나면서 더 많은 교육을 받은 사람들이 40년 전보다 유급 근로를 더 많이 선택하고 있다.

유급 근로의 두 번째 차원은 고용시간의 강도(일간, 주간 또는 연간)이다. 문제는 돈을 더 버는 능력이 일할 가능성을 높였듯이 돈을 더 버는 능력이 유급 근로의 양을 증가시킨다는 것이다. 노동시장 참여에 미치는 영향과 결합해 경제용어로 '노동력 공급의 탄력성elasticity of labor supply'이라고 하는 이 문제는 경제 분야에서 가장 철저히 연구되는 주제 중 하나이다.[4] 1,000개가 넘는 학술연구는 그것을 다양한 시간대, 다른 나라의 경제 그리고 많은 인구통계학적 집단을 고려해 조사했다. 여러 학자가 수년간 이 방대한 문헌을 요약해왔다. 요컨대, 사람들의 경제활동 참여와 근로시간이 임금 비율의 변화에 어떻게 반응하는지에 대해 몇 가지 일반적인 결론을 내릴 수 있었다.

1. 일을 한다면, 시간당 임금율이 높아질수록 유급 근로시간이 늘어난다.
2. 이 효과는 성인 남성에게는 작고, 지난 40년 동안 성별 차이가 감소한 성인 여성에게는 좀 더 크지만 여전히 작다.
3. 이 효과는 10대나 청소년들 사이에서 일에 있어 전성기인 아마도 25~54세의 사람들보다 크다.
4. 이 효과는 숙련도가 높은 사람과 교육을 많이 받은 사람보다는 저숙련 및 저교육자에게 더 크다.

저소득자의 유급 근로시간보다 고소득자의 유급 근로시간이 더 많은 돈을 벌 수 있는 잠재력 증가에 덜 반응한다는 것이 훌륭한 경험 법칙의 교훈이다. 남녀 모두 2012~2016년 주간 근무시간이 교육 수준에 따라 꾸준히 증가했다. 이것은 노동력 공급에 대한 첫 번째 일반적 결과와 일치한다. 하지만 교육을 가장 많이 받은 남성과 교육을 가장 적게 받은 남성의 근로시간 차이는 주당 세 시간 24분밖에 되지 않는 반면, 여성들 사이에서는 네 시간 24분이었다. 근로 인센티브(동기)는 남성보다 여성 사이에서 더 큰 영향을 끼치며 두 번째 일반적인 결과와도 일관된다.

추가 교육에 따른 유급 근로 소득은 40년 전보다 2011~2020년 기간 동안 더 가파르게 증가했기 때문에 우리는 교육 성취도가 상이한 근로자들 사이의 유급 근로시간의 차이도 2010년대에 더 클 것으로 예상한다. 그것이 바로 우리가 관찰한 바이다. 1979년 가장 적은 교육을 받은 남성에 비해 가장 많은 교육을 받은 남성의 주당 근로시간은 단지 두 시간 36분 차이인 반면 2016년에는 세 시간 24분으로 늘었다. 여성의 경우 1979년에는 세 시간 36분, 2016년에는 네 시간 24분 차이가 난다. 수년에 걸친 이런 변화는 불평등이 증가함에 따라 근로 인센티브(보상) 증가가 어떻게 집단 간에 유급 근로에 소비하는 시간의 양에 더 큰 차이를 초래하는지를 보여준다.

교육은 임금과 수입을 결정짓는 가장 큰 단일 요인이지만, 교육과 관찰 가능한 모든 개인적 특성(연령, 성별, 인종/민족, 직업 경험)을 고려하더라도 근로자 사이의 임금 격차의 거의 절반 가까이는 쉽게 측정할 수 없는 속성에서 비롯된다. 여기에는 추진력, 야심, 사회적 기술, 뛰어난 경제학자의 말을 빌리자면 심지어 '부지런함early-birdness' 같은 특성이 포함된다. 이렇게 모호하지만 중요한 특성이 우리가 얼마나 벌 수 있는지에 영향을 미치지만, 임금 자체가 근로시간에 미치는 직접적인 영향을 조사하는 것은 시간의 가치와 유급 근로량의 관계에 대한 이해가 필요하다.

임금의 직접적인 영향을 보면, 임금의 가장 중요한 결정요인인 근로자의 교육 수준을 조사했을 때와 같은 반응을 보인다. 시간당 임금으로 순위가 매겨진 남성 근로자 하위 10퍼센트에서 상위 90퍼센트까지는 2012~2016년 기간 동안 유급 근로시간이 주당 일곱 시간 54분 증가하였다. 여성 하위 10퍼센트에서 상위 90퍼센트까지를 비교해보면 유급 근로시간이 주당 여덟 시간 54분 증가했다. 남성보다 여성들 사이에 나타난 높은 임금에 대한 동일한 반응이 1979년에도 존재했다. 하지만 두 가지 반응 모두 2016년보다 1979년에 작았는데, 이는 소득 불평등이 확대되어 더 오랜 시간 일할 인센티브(동기)를 분산시켰기 때문이다.

배우자의 소득이 늘거나 가계의 다른 소득이 증가하면, 상대 배우자는 추가 비용을 소비하는 데 시간이 걸리고 추가 재화에 대한 욕구가 감소할 수 있기 때문에 직업을 갖는 데 관심이 더 적어질 수 있다. 남성보다 유급 근로를 할 가능성이 적은 여성들에게서 이런 상황이 관찰된다. 가구소득이 하위 10퍼센트인 가구에서 상위 95퍼센트인 가구로 옮겨가면 여성이 유급 근로를 할 확률은 약 4퍼센트 감소한다. 큰 폭의 감소는 아니지만, 그것은 사람들이 심지어 유급 근로를 할 것인지 안 할 것인지 여부가 자신의 소득 가능성뿐만 아니라 가족의 경제 상황에도 반응한다는 것을 보여준다. 배우자의 비근로 소득 혹은 추가 수입이 유급 근로를 할 가능성을 낮춘다.

근로 가능성을 감소시키는 비근로 소득도 작업 강도에 영향을 미친다. 다른 사람보다 시간당 더 많은 돈을 벌 수 있다고 해도 복권에 당첨되거나 배우자가 많은 유산을 받는다면 일하는 시간을 줄일 것이다. 여성만 보면 가구 소득의 하위 10퍼센트에서 상위 90퍼센트로 이동하게 되면 직장여성은 주당 유급 근로시간을 약 세 시간 단축한다. 여성이 일을 선택했다고 해도 남편의 수입과 가족의 비근로 소득의 규모에 따라 하는 일의 양이 영향을 받는다. 근로시간의 다른 측면과 함께 경제적 인센티브(동기)에 대한 남성의 반응처럼 그 효과는 여성에게서 나타나는 것보다는 훨씬 적지만, 남성의 경우에도 마찬가지로 영향을 받는다.

> ## 가계소득, 임금 그리고 우리가 시간을 사용하는 또 다른 다섯 가지 방법

무직인 배우자, 퇴직자, 일하지 않는 학생, 실업자 등 유급 근로를 하지 않는 사람들은 시간을 보낼 비업무 활동이라는 오직 하나의 선택에 직면한다. 하루는 24시간으로 정해져 있기에 돈을 벌지 않더

라도 그들의 시간은 여전히 가치가 있다. 예컨대, 몸단장을 하는 데 소요되는 모든 시간만큼 TV를 보거나 집을 청소하거나 예배에 참석하거나 박물관에 가는 데 시간을 덜 소비한다. 돈을 버는 데 흥미나 능력이 없는 사람도 시간을 사용하는 데는 항상 비용이 많이 든다. 더 많은 배당금과 이자, 더 많은 연금소득, 정부에게서 더 많은 돈을 받거나 배우자가 더 많이 버는 등 더 많은 비근로 소득이 있는 사람의 경우에 더 많은 비용이 든다. 그들은 이용할 수 있는 추가 비용을 쓸 필요가 있다. 돈을 쓰는 데 시간을 쓸 필요가 있다.

미국에서 일을 하지 않는 사람은 평균 일주일에 29시간을 가정 활동에, 65시간을 수면에, 여섯 시간을 기타 개인 관리에, 27시간을 TV 시청에 그리고 40시간을 기타 여가 활동에 쓴다. 이런 활동에 소비되는 시간은 근로자들이 소비하는 시간을 초과한다. 근로는 사람들이 하는 다른 모든 활동으로부터 시간을 빼앗는다.

가계에 추가 소득이 생기면 어떤 유급 근로를 하지 않더라도 우리가 어떻게 시간을 사용할지에 대한 분명한 패턴의 변화를 보인다. 〈그림 10.2〉의 붉은색 막대는 미국의 가구소득이 상위 5퍼센트인 비근로자와 하위 10퍼센트인 비근로자 사이의 시간 사용이 어떻게 다른지를 보여준다. 제로선 위의 막대는 고소득 가구의 비근로자가 활동에 더 많은 시간을 보낸다는 것을 나타낸다. 제로선 아래 막대는 활동을 더 적게 한다는 뜻이다. 그 영향은 저소득층과 고소득층의 나이와 교육 수준, 인종과 민족, 거주지(주, 도시), 성별 그리고 가정에 어린 자녀가 있는지 여부에 따른 차이를 설명한다. 이런 차이

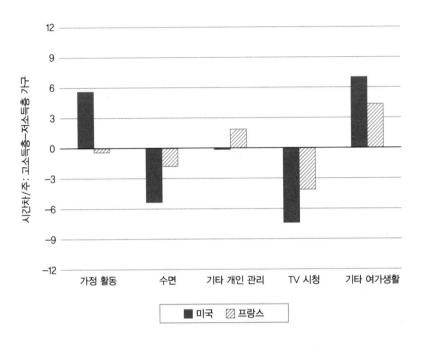

〈그림 10.2〉 높은 가계소득이 비근로자의 시간 사용에 미치는 영향
(미국 2003~2015, 프랑스 2009~2010, 주당 시간)

는 저소득 가구의 비근로자가 시간은 많고 소득은 매우 적은 데 반해 고소득 가구의 비근로자는 동일한 양의 시간을 가지지만 제한된 시간에 고루 쓸 수 있는 많은 소득이 있다는 사실에서 비롯한다.

미국에서는 유급 근로를 하지 않는 아주 부유한 사람들이 가계소득이 아주 적은 비근로 사람들보다 매주 잠도 적게 자고 TV도 훨씬 적게 본다. 그들은 기타 여가 활동과 가정 활동에 훨씬 더 많은 시간을 쓴다. 두 그룹 모두 기타 개인 관리에 거의 비슷한 시간을 쓴다. 그 결과는 〈그림 10.2〉의 줄무늬막대에서 볼 수 있듯이 프랑스에서는 그다지 뚜렷하게 나타나지 않지만, 대체로 같은 방향이다. 유급 근로를 하지 않는 프랑스 고소득 가구는 프랑스 저소득 가구의 비근로자들보다 잠을 적게 자고 TV를 적게 보지만 기타 여가 활동에 더 많은 시간을 소비한다. 고소득층과 저소득층의 시간 사용 방법의 격차는 프랑스가 미국보다 덜하다. 그런 소소한 영향은 미국보다 프랑스 가구 간 소득 차이의 비율이 크지 않기 때문이다. 소득 차이가 작을수록 시간을 소비하는 방법을 변경하려는 인센티브(동기)가 줄어든다.

수면은 시간이 많이 걸리지만 돈은 거의 들지 않는다. 가난한 가정에서도 수면과 관련된 연간 총지출은 소득의 작은 부분인데, 매주 3분의 1이 넘는 시간을 수면으로 쓴 것을 보면 특히 그렇다. TV 시청도 분당 많은 돈이 들지 않는다. 이 두 가지 활동이 가장 시간집약적인 반면, 가장 재화집약적이지 않기 때문에 사람들이 주 168시간 동안 더 많은 돈을 쓸 수 있게 되면 이런 활동이 줄어드는 것은 타당하다.[5]

이 모든 것은 다른 가구 구성원이 더 많은 소득을 올리고 있을 때 또는 비근로자가 주식, 채권, 부동산, 정부나 부유한 친척에게서 더 많은 수입을 얻을 때 발생하는 가계소득의 증가에 따른다. 그러나 대부분의 미국 성인은 유급 근로를 하는데, 한 사람이 벌 수 있는 임금율과 관련된 시간의 기회비용의 증가는 일하지 않을 때 시간을 어떻게 사용하는지에 영향을 미칠 가능성이 높다.

그런 영향은 내가 경제학 커리어를 막 쌓기 시작했을 때인

1968년 여름 그리고 내가 한창 일하고 아내가 법조계에 입문했던 1988년에 휴가를 어떻게 보냈는지를 비교하면 명백해진다. 우리는 각각 통상 미국인들이 보내는 애처롭게 짧은 일주일 휴가를 얻었다. 1968년에는 캠핑을 하고, 미국 보스턴과 캐나다 노바스코샤 사이를 자동차로 여행하며 텐트에서 자고 콜맨(미국의 대표적 아웃도어 용품 브랜드—옮긴이) 등산용 스토브로 요리를 하며 일주일을 보냈다. 1988년에는 파리로 날아가 노르망디와 루아르 밸리에서 드라이브를 하고 꽤 괜찮은 호텔에 머물며 미슐랭 스타를 받은 레스토랑에서 저녁 식사를 하며 한 주를 보냈다. (돈을 벌 능력이 훨씬 낮았던) 1968년의 젊은 시절보다 훨씬 더 많은 재화집약적인 휴가를 보내며 즐거움을 더했다. 1988년에 캠핑을 선택할 수도 있었지만 그러지 않았다. 프랑스에서 휴가를 보내는 것이 더 바람직하다고 생각했다. 형편이 나아졌지만, 우리는 더 많은 것을 추구했고 같은 시간에 더 많은 돈을 쏟아부었다.

더 높은 임금율이 사람들을 더 많은 시간 동안 일하게 하고 경제활동참여도 높인다는 것을 이미 보았다. 즉, 노동력 공급의 탄력성은 긍정적이다. 사람들이 더 많이 일한다면 다른 주요한 시간 사용에 소요되는 시간은 반드시 그만큼 감소한다. 하루는 24시간밖에 없으니. 1989년 8월 1일자 《뉴욕타임스》에 실린 기사의 헤드라인은, 나와 공저자의 초기 수면 연구의 일부인 "잠잔다고요? 왜요? 돈이 들지 않으니까요"[6]라는 요란스러운 제목이었다. 그 연구에서는 임금이 평균의 두 배인 미국 남성이 평균의 절반인 남성보다 하루에

20분 적게 잔다는 것을 보여준다. 21세기 초 미국에서 일하는 근로자들 간에 소득이 하위 10퍼센트에서 상위 10퍼센트로 올라가면 평일 저녁 수면시간이 약 14분 단축된다. 일주일 전체로 보면 두 시간, 1년 전체로 보면 100시간 줄어든다. 그러므로 사람의 가장 중요한 활동인 수면은 비용이 많이 든다.

자신의 시간당 임금이 올라가면 가계소득이 증가할 때 비근로자가 하는 것처럼 TV 시청을 줄인다. TV 시청과 수면을 줄이는 것은 고임금 근로자들이 더 많은 돈을 벌 기회를 위해 더 많은 시간을 일하도록 유도할 때 시간을 절약하는 주된 방법이다. 그들은 기타 여가 활동에 보내는 시간도 줄이지만, 수면과 TV 시청 시간을 가장 많이 줄인다. 높은 임금이라는 인센티브(동기)가 사람들이 더 많은 유급 근로를 하도록 유도할 때도 가정 활동과 몸단장 시간은 거의 감소하지 않는다.

소득력이나 기타 가계소득원의 증가로 인한 시간 소비의 차이는 모든 비근무 시간이 동일하지 않다는 것을 보여준다. 돈과 함께 지출하면 가장 즐거운 활동(가장 재화집약적인 활동)에 소요되는 시간은, 많은 시간이 들지만 시간당 비용이 적게 드는 활동에 소요되는 시간에 비해 비근로 소득이 높고 근로소득 능력도 높을 때 증가한다. 더 많은 일을 하여 더 많은 돈을 벌 수 있는 시간당 임금이 높은 경우, 우리는 보통 근무시간을 증가시키지만, 나머지 시간에는 비근무 시간을 줄이고 늘어난 소득이나 비근로 소득을 1988년에 아내와 내가 했던 것처럼 값비싼 휴가 경비나 슈퍼볼이나 오페라 티

켓 구입에 소비한다. 우리는 그를 위해 수면, TV 시청 그리고 다른 시간 집약적인 활동을 줄인다.

> 상위 5퍼센트 그리고 나머지

높은 임금율과 가계소득의 효과는 성별, 결혼 여부, 어린 자녀 유무, 나이, 인종, 민족과 같이 시간을 다르게 사용하도록 만드는 많은 차이점을 감안한 후에도 존재한다. 하지만 그것이 헤밍웨이가 "부자들은 단지 우리보다 더 많은 돈을 가지고 있다"고 말한 것이 맞는지 묻는 간단한 질문에 대답하는 것과 같지는 않다. 소득원이나 인구통계학적 특성이 무엇이든 간에 소득이 다른 사람들이 어떻게 시간을 사용하는가의 문제는 학술적으로나 호기심 차원에서 매우 흥미롭다.

미국의 가구소득 상위 5퍼센트 가구와 나머지 95퍼센트를 비교했을 때 모든 가구원의 시간 사용 차이는 〈그림 10.3〉에 나타난다. 붉은색 막대는 상위 소득 집단이 덜 부유한 국민에 비해 추가로 소비하는 시간(제로선 이상일 경우)이나 그보다 적게 쓰는 시간(제로선 아래일 경우)을 보여준다. 줄무늬막대는 프랑스의 경우를 나타낸다. (헤밍웨이에게는 미안하지만) 분명히 오늘날의 부자들은 단지 돈만 더 많이 가진 것이 아니라 다른 사람들과 다른 점이 있다. 그들은 잠을 줄이고, 특히 TV 시청을 줄여 유급 근로에 추가로 소비되는 시간을

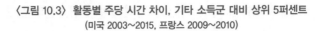

〈그림 10.3〉 활동별 주당 시간 차이, 기타 소득군 대비 상위 5퍼센트
(미국 2003~2015, 프랑스 2009~2010)

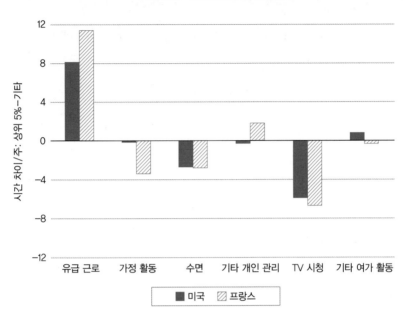

보충하고 더 많은 일을 한다. 그렇다. 부자들은 시간을 사용하는 방법이 다르다. 시간당 더 많이 버는 능력 덕분에 다른 사람들보다 일을 더 많이 하고, 높은 소득을 쓰면서 부족한 시간을 절약할 수 있게 해주는 일에 종사하기 때문에 다르다.

이런 상호교환의 추가적인 증거는 변호사, 의학박사와 박사학위를 가진 대학교수를 보면 분명해진다. 이 직업군은 미국에서 교육 사다리의 최상위에 있다. 각각 대학을 마친 뒤 최소 3년간 학업을 더 받아야 한다. 석사학위 이상을 가진 미국인은 학사학위를 가진 사람보다 20퍼센트 더 수입이 많다. 의사, 변호사와 교수는 심지어 학사 이상의 학위를 가진 다른 미국인보다 훨씬 더 많은 돈을 벌기도 한다.

대학 중퇴자인 빌 게이츠는 박사학위를 받은 미국인보다 훨씬 더 많은 돈을 벌지만, 평균적으로 이런 직업(의사, 변호사, 교수)에 종사하는 사람들은 미국 노동시장에서 엘리트들이다.

이런 엘리트들은 다른 고소득자와 마찬가지로 다른 근로자들보다 유급 근로에 더 많은 시간을 쓴다. 교수는 평균 미국인 근로자보다 매주 여섯 시간 더 일하고, 의사는 열 시간 더 일하고, 변호사는 세 시간 더 일한다. 매주 시간은 정해져 있기에 이런 엘리트들은 다른 활동을 줄여야 하는데, 이들이 주로 줄이는 것은 TV 시청이다. 교수, 의사나 변호사는 평균적으로 매주 열 시간만 TV를 시청하는데, 이는 다른 미국 근로자들이 일주일에 TV를 열여섯 시간 시청하는 데 비하면 훨씬 적다. 교수들의 이런 시간 조정은 그들이 유급 근로를 위해 소비하는 시간을 정확히 상쇄하고, 의사들의 경우 그들의 추가 근무시간의 절반 이상을 차지한다. 또, 변호사들도 TV를 미국인 근로자들보다 적게 시청하는데, 주당 13.4시간밖에 보지 않는다. 평균보다 줄어든 시간은 그들의 추가 근무시간으로 대부분 사용한다.

이 세 직업에 종사하는 전문가들은 모두 일을 많이 한다. 하지만 교수와 다른 두 직업의 구성원 사이에는 몇 가지 주목할 만한 차이점이 있다. 교수는 주말에 주간 업무의 상당 부분을 수행하는데, 약 12퍼센트 정도이다. (평일에 일하는 것과 같은 양을 일할 경우 할 수 있는

28퍼센트와 비교해) 의사는 주말에 전체 업무 중 좀 더 적게 일하고, 변호사는 훨씬 적게 일한다. 이런 차이는 각 직업의 성격에서 비롯된다. 교수는 언제 어디서든 강의를 준비하고 자료를 검토할 수 있고, 기분이 날 때 언제 어디서든 연구를 할 수 있다. 병원 일은 매일 하지만 의사는 보통 평일에만 환자를 본다. 변호사는 집에서 약간의 일을 할 수 있지만, 법정에 출두하고 고객을 만나는 것은 평일 활동이다.

거의 유일한 학문적 삶의 특징인 가용 시간의 다양성은 나와 다른 많은 학자가 느끼는 이 직업의 많은 매력 중 하나이며, 또 다른 중요한 특성은 실제 '보스'가 없다는 것이다. 유연성, 원할 때 원하는 것을 하기 위해 어떤 한계 내에서 자유로워지는 것은 교수라는 직업을 특별하게 만드는 특징이다. 석사학위 이상을 가진 모든 근로자, 또는 일반적으로 근로자들이 그런 자유를 가지고 번창할 수 있을지는 불확실하지만, 이 직종을 선택한 사람들은 이 직업의 특성을 매우 잘 알고 있다.

의사와 변호사는 6월, 7월, 8월 석 달 여름 동안 유급 근로의 거의 4분의 1의 일을 한다. 그것은 의사와 변호사가 여름이 아닌 때 매주 일하는 양만큼 여름 동안 매주 일을 한다면 거의 그렇다. 대학 교수는 그렇지 않다. 그들은 여름 동안 연간 근무시간의 4분의 1도 채 되지 않는 일을 한다.

학자로서의 생활은 다른 직업보다 근무시간에 더 많은 가변성이 있다. 이것 또한 다른 엘리트 직업보다 이 직업을 더 매력적으로 만든다. 이 직업은 날씨가 좋고 아이들이 방학이라 여행을 할 수 있을 때 가족과 휴가를 더 많이 보낼 수 있다. 이 직업을 선택한 나는 분명히 편견을 가지고 있지만, 나는 "아이들이 교수로 자랄 수 있도록, 아니면 의사나 변호사나 그런 사람들이 될 수 있도록 키우자"[7]는 웨일런 제닝스Waylon Jennings와 윌리 넬슨Willie Nelson의 노래로 표현하겠다. 교수가 변호사나 의사보다 시간당 급여가 더 적다는 것은 그들이 일반적으로 학문적인 일과 삶이 제공하는 유연성과 자유를 즐기기 위해 기꺼이 돈을 지불(일부 소득을 포기)한다는 것을 암시한다.[8]

＞ 다양성, 일상 그리고 시간
: 누가 '인생의 즐거움'을 얻는가?

다양성이 '인생의 즐거움'이라면 문제는 고소득층 또는 저소득층의 사람들 중 누가 인생의 즐거움을 얻게 되느냐이다. 다양성에 대한 한 가지 정의는 '다른 형태 또는 유형을 갖는 품질 또는 상태'이다.[9] 내가 말하는 '다양성'은 하루, 일주일, 1년 또는 평생 동안 여러 다른 일을 하는 것을 의미한다. 나는 일하지 않는 날 변화가 적은 일정을 '일상(루틴)'으로 정의한다.

가계소득 증가는 사람들이 수행하는 다양한 활동, 즉 그들이 시간을 가지고 하는 일들의 수를 바꿀 수 있다. 활동을 바꾸는 데는 시간과 생각이 필요하다. 여러 활동 간 전환에 소요되는 시간을 '고정비용'이라고 생각한다. 즉 한 가지 일을 하다가 다른 일로 바꿀 때 한번에 해야 하는 것을 의미한다. 비용은 활동들 사이를 오가는 데 소요되는 시간일 수도 있고, 아니면 다음에 무엇을 해야 할지 생각하는 데 걸리는 시간일 수도 있다. 그리고 바꿀지도 모르는 활동에 단지 약간의 시간만 할애할 계획일지라도 우리는 이 비용을 부담해야 한다.

고소득인 사람에게는 활동 전환의 고정비용이 그다지 큰 장애물이 아닐 수도 있다. 같은 교육을 받았더라도 고소득자들은 전환 비용을 감당할 수 있다. 단일한 유급 근로 활동에 다른 사람보다 더 많은 시간을 쓰지만, 줄어든 비근무 시간에는 교육을 받은 사람들은 다른 사람들보다 더 많은 일을 하기 때문에 전체적으로 그들은 더 다양한 일을 즐긴다. 1990년대부터 호주, 이스라엘, 독일의 시간 일기를 사용해 시행한 연구는 교육 성취도 상위 3분의 1에 속하는 남성들이 하위 3분의 1에 속하는 남성들보다 평균적으로 약 10퍼센트 더 많은 활동을 한다는 것을 보여주었다. 여성들 사이의 차이는 심지어 더 큰데 약 20퍼센트 정도이다. 추가 교육이 높은 소득과 따라서 높은 가계소득으로 이어지는 가운데, 이 연구는 고소득자들이 다른 사람들보다 더 많은 다른 일을 한다는 것을 알려주었다.[10]

표본이 훨씬 많은 최근의 시간일기 조사 덕분에 우리는 사람들이 수행하는 다양한 활동이 가구 소득과 어떻게 직접적인 관련이 있는지 고려할 수 있게 되었다. 소득 수령 가구의 상위 5퍼센트에 속하는 가구와 그 밖의 가구 간에 다양성이 얼마나 많은지 말이다. 비록 그 가구에 속한 사람들이 유급 근로라는 단일 활동에 더 많은 시간을 소비하고, 유급 근로 외의 시간은 더 적지만, 미국과 프랑스 모두에서 그들은 다른 가구 사람들보다 평균 약 5퍼센트 더 많은 비업무 활동을 하고 있다.

며칠에 걸쳐 시간적 제약을 받는 다양한 활동인 비일상적 행위는 소득이 더 많은 사람이 직장 밖에서 더 많은 가변적인 일정을 즐기기 위한 스케줄을 변경하기가 더 쉽다는 동일한 이유로 가계소득과 함께 증가한다.

'일상'을 이틀에 걸쳐 매일 정확히 동일한 활동이 수행되는 동일한 시간의 양으로 정의하자. 1990년대 후반 호주, 독일, 네덜란드와 미국의 데이터에 기초한 이 비율의 차이는 일반적으로 고소득가구에 속하는 교육 분포 상위 3분의 1에 속하는 사람들이 교육 수준이 중간 3분의 1에 있는 사람들보다 시간적 제약으로 인해 일상적인 일정을 덜 즐긴다는 것을 보여준다.[11] 교육 수준이 중간에 속하는 3분의 1은 최하위 3분의 1보다 일상 일정이 시간의 제약을 덜 받는다. 학력이 높은 사람들이 일을 더 많이 한다는 사실을 설명하더라도 이런 차이는 존재한다. 그들은 유급 근로를 하지 않을 때 일상적으로 훨씬 덜 행동하여 그들의 유급 근로 일정을 충분히 보충한다.

야간과 주말 등 즐겁지 않은 시간에 수행하는 작업은 바람직한 비근무 일정을 유지하는 능력에도 지장을 주며 따라서 '표준' 시간에 행해지는 업무에 비해 약간의 할증료를 받게 된다. 이 추가 임금에 매력을 느끼는 근로자들은 대부분 추가 소득이 필요한 사람들이다. 저임금 근로자, 소수민족, 저학력자 그리고 젊은 사람들이 이런 시간대에 더 많은 유급 근로를 한다. 2003~2015년 미국에서 가구 소득 상위 5퍼센트 가구의 근로자가 주말에 근무하는 비율은 9퍼센트에 불과했고, 저소득층의 근로자는 주간 전체 근무 중 11퍼센트를 주말에 수행했다. 저녁과 밤에도 마찬가지이다. 미국에서는 젊은 근로자, 저숙련 근로자 그리고 소수민족 근로자들이 그런 일을 많이 한다.

지난 40년 동안 미국에서 임금 차이가 확대되어 우리는 시급이 가장 적게 오른 근로자들, 즉 임금 분배의 하단에 있는 근로자들이 야간작업을 수행하는 비율이 증가한 것으로 예상한다. 정규 근무일의 늦은 시간이나 이른 시간에 일하는 것은 실제로 점점 더 저임금, 숙련되지 않은 근로자들의 영역이 되고 있다.[12] 우리는 밤새 일하는 고임금 금융가에 대한 고정관념을 가지고 있다. 의심할 바 없이 일부 금융가는 밤에 일한다. 하지만 야간근무는 즐겁지 않은 일이며 이런 일은 금융가가 아니라 청소부나 음식배달부 같은 저임금 근로자가 점점 더 많이 수행한다.

> 부자는 편하게 산다

이번 Chapter의 중심 주제는 톰 페티Tom Petty의 노래 〈왕이 되는 것은 좋다〉의 왕을 '부자', '교육받은' 또는 '고도로 숙련된'으로 대체하여 요약할 수 있다. 부자들은 다른 사람들보다 더 오랜 시간 일하고 주당 그리고 연당 더 많이 일한다. 그들은 어떤 활동에 시간을 투자하는 것을 포기하는데, 특히 많은 시간과 상대적으로 적은 돈이 드는 수면과 TV 시청 같은 것이다. 대신 시간집약적이기보다는 재화 집약적인 여가 활동을 즐긴다. 그들은 비업무 시간을 다른 사람들보다 다양한 활동에 보내고 시간을 보내는 방식에 있어서 덜 일상적인 일정을 즐긴다.

고소득자들의 선택은 그들이 버는 많은 수입과 유급 근로를 더 하고자 하는 인센티브(동기)에서 발생하는 시간의 더 큰 기회비용의 결과로 이해할 수 있다. 고소득자의 시간은 유급 근로로 돈을 벌 능력이 적은 사람들보다 더 가치 있다. 주목할 만한 것은 일을 하지 않았고, 일하지 않을 수도 있는 사람들, 즉 비직업 배우자, 실업자 및 은퇴자의 시간 또한 가치 있다는 점이다. 그것은 모든 사람이 시간을 어떻게 보낼지 선택권이 있기 때문에 가치가 있다. 가정의 지출에 금전적으로 기여하지 않더라도 가계소득이 더 높은 사람들 사이에서 더 다양한 선택이 나타난다.

부자가 다른 사람들과 시간을 다르게 사용하는 모든 방법은 자유로운 선택의 결과물이다. 어느 누구도 대졸자, 의사, 변호사 혹은 교수에게 다른 사람들보다 유급 근로를 더 많이 하라고 강요하지 않는다. 아무도 그들의 일하지 않는 배우자에게 잠을 덜 자거나 TV를 덜 보도록 강요하지 않는다. 시간에 대한 선택은 자신의 것이다. 그들은 다른 것을 더 많이 즐기고, 세속적으로 더 다양한 삶을 사는 것 그리고 하루 및 주중의 더 쾌적한 시간에 일하는 것을 선택한다. 이것은 경제적으로 부유한 사람들에게 더 많이 일어나는 삶의 즐거운 특성이다. '왕이 되는 것은 좋은 일'이며, 서구사회 특히 상대적으로 소득 불평등이 증가한 미국에서 부유한 사람들과 교육 수준이 높은 사람은 거의 왕 혹은 여왕이나 마찬가지이다.

CHAPTER 11

시간에 대한 불평

KVETCHING ABOUT TIME

Spending Time

현재 영어에서 널리 사용되는 이디시어(중부 및 동부 유럽 출신 유대인이 사용하는 언어—옮긴이) 'Kvetch'는 '습관적으로 불평하는 것'을 뜻한다. 가장 많이 하는 불평은 시간 때문에 스트레스를 받는다는 것이다. 스트레스에 대한 정의 중 하나가 '불리하거나 매우 힘든 상황에서 비롯된 정신적 또는 감정적 긴장 상태'이다.[1] 하루가 24시간이라서 '부정적이거나 힘든 상황'이라고 생각하지는 않을 것이다. 이것은 우리가 숨 쉬는 공기가 모두 같은 산소 함량인 것처럼 모든 인간이 항상 직면해온 상황이다. 우리가 높은 고도에 있거나 심해 다이빙을 하거나 폐질환을 앓고 있지 않는 한, 공기의 산소 함량으로 스트레스를 받거나 제한된 공기에 대해 불평하지 않는다. 하지만 우리 중 많은 사람은 하루 24시간의 한계를 스트레스로 느낀다. 시간이 부족하다는 인식 때문에 시간에 대해 스트레스를 느끼고, 서두르고, 조급해하며 동요한다. 하루의 시간이 제한되었다고 불평한다.

미국인들은 푸념을 국가적 오락으로 여기는 것 같다. 그리고 시간에 대한 불평, 즉 우리가 동일한 시간을 즐기면서도 '시간이 부족하다'고 느끼는 것은 우리의 국민적 취미이다.

시간에 대해 불평하는 이유는 시간이 더 있으면 즐거울 수 있지만 현재는 할 수 없는 일들이 있기 때문이다. 우리 중 일부는 추가 시간이 있더라도 별반 차이가 없을 수도 있다. 우리는 이미 제한된 시간과 제한된 소득으로 하고 싶은 모든 것을 하고 있다. 다른 사람들(아마 우리 대부분)에게 더 많은 시간이 있다면, 시간과 소득을 더 만족럽게 쓸 수 있을 것이다. 그것은 특히 다른 여러 일을 하고 있고, 종종 각각의 일을 완성하기 위해 서두르는 사람들 사이에서 그럴 가능성이 높다. 더 많은 시간을 갖는다면 그들이 수입이 적은 다른 사람들이 이용할 수 있는 것과 같은 한정된 시간 안에서 상당한 수입을 올려야 하는 고민을 덜어줄 것이다.

제한된 시간이 소득이 많은 사람들에게 더 많은 압박을 줄 수 있다는 생각은 누가 가장 불평을 많이 할지 예상할 수 있는 힌트가 된다. 바로 소득이 가장 높은 사람들이다. 고임금 근로자는 저임금 근로자에 비해 비업무 활동에 소요되는 시간이 적기 때문에 더 많은 물건을 살 수 있는 높은 소득을 일주일 동안 더 적은 비업무 시간으로 몰아 사용해야 한다. 하지만 은퇴자, 직장이 있는 사람의 비근로 파트너, 비근로 학생과 실업자 등 비근로자 가운데서도 가계소득이 더 높은 경우 더 많이 불평하리라 예상할 수도 있다. 저소득층 비근로자보다 지출해야 할 것이 많아도 하루에 쓸 수 있는 시간은

24시간으로 동일하기 때문이다. 자녀들조차도 가계소득이 높으면 스트레스를 받을 수 있다. 톰 체니Tom Cheney 만화에서 여덟 살짜리 남자아이 두 명의 시간 스트레스를 묘사했는데, 그중 한 명은 "장난 감은 아주 많고 시간은 터무니없이 적다"고 불평한다.[2]

시간이 부족하고 소득이 많다고 느끼거나 돈이 아니라 시간에 대한 압박을 느끼거나 혹은 금전적 압박감을 느끼지만 시간에 대한 압박감은 거의 느끼지 못하는 것이 인생의 명백한 선택이다. 2000년 대 초 나는 시간 스트레스를 연구하기 위해 한 재단의 보조금을 신청했다. 재단의 프로그램 담당관이었던 사회심리학자들은 부유층 가정의 시간 스트레스에 대해 몹시 걱정했다. 그러나 나는 이렇게 생각했다.

'어려운 문제군. 시간에 대한 스트레스를 피하려면 시간당 현재 소득의 절반만 받는 직업을 가져라. 만약 유급 근로를 하지 않는 경우라면 비근로 소득의 절반을 자선단체에 기부하라. 시간 스트레스는 덜 하겠지만 재정 압박은 더 심해질 것이다.'

나는 사람들 대부분이 소득 부족보다는 시간 부족을 느끼는 것을 선택할 것이며, 그것이 명시적으로 혹은 암묵적으로 더 자연스러운 선택이라고 말하고 싶다.

> 어떤 활동에 스트레스를 더 받는가?

'불평이론'의 의미를 보다 자세히 살펴보기 전에 성별, 아이의 유무 그리고 가장 중요한, 우리가 하는 활동의 종류에 의한 차이를 보여주는 일부 배경 정보는 도움이 된다. 미국의 시간일기 조사에는 시간에 대한 불평에 관한 정보가 전혀 없기 때문에 나는 이런 생각 중 일부를 조사하기 위해 다른 나라와 일부 미국 데이터를 사용한다. 프랑스, 독일과 영국의 시간일기에서 시간에 대한 불평 정보를 얻을 수 있다.

한 시간 유급 근로는 한 시간 수면이나, 요리, 청소, 육아, 기타 활동 등을 포함한 한 시간 가정 활동과 같은 60분이다. 또, 박물관에 가거나 뮤지컬 〈해밀턴Hamilton〉의 절반 정도를 듣는 데도 같은 60분이 걸린다. 그러면 여러분은 어떤 활동을 하며 한 시간을 보내든 시간에 대해 다른 스트레스를 받지 않을 것이라고 생각할지도 모른다. 어느 옛 노래는 "1달러는 아주 옛날에도 1달러"라고 했다.[3] 문제는 이 구절의 유사체인 "한 시간은 아주 옛날에도 한 시간"이 맞느냐는 것이다.

정확히 말해서 '아니오'이다. 어떤 활동에 쓰는 한 시간은 다른 활동에 한 시간을 쓰는 것과 같은 기회비용을 갖지만, 사람에 따라 어떤 활동에 한 시간을 사용하는 것보다 다른 활동에 한 시간을 사용할 때 스트레스를 더 받는다. 프랑스에서 실시한 조사는 사람들에게 '시간에 압박받는 느낌'을 1부터 5까지로 평가해줄 것을 요청했

고, 독일의 조사에서도 비슷하게 '시간 스트레스를 자주 받는 편'인
지를 물었다. 또 그 느낌을 1부터 5까지로 평가하도록 요청했다. 영
국의 조사에서는 단지 그 사람이 '서둘러야 한다고 느끼는지'를 물
었다.[4] 프랑스와 독일의 질문과 달랐고, 조사에 참여한 영국 거주자
의 21퍼센트가 서둘러야 한다고 느꼈기에 나는 프랑스와 독일의 데
이터를 비슷하게 다루고 매우 시간에 쫓기고 있다고 말한 영국 사
람들만 '스트레스를 받는'이라는 범주에 포함했다. 프랑스에서는
23퍼센트, 독일에서는 16퍼센트가 '스트레스를 아주 받는다'고 했다.

어쩌면 놀랄 일도 아니다. 일하지 않는 시간을 증가시키는 변화는
스트레스를 줄여준다. 이는 〈그림 11.1〉을 보면 분명히 알 수 있는
데, 유급 근로에서 다른 활동으로 전환하면, 시간에 쫓긴다고 느끼
는 스트레스가 세 나라 모두에서 감소하는 것을 볼 수 있다.

붉은 막대는 프랑스, 줄무늬막대는 영국, 점무늬막대는 독일에서
각각 시간으로 스트레스를 받을 확률을 측정한 것이다. 전반적으로
유급 근로에서 TV 시청으로 행동을 전환하면 시간 스트레스가 가
장 크게 감소한다. 프랑스와 영국에서는 수면이 근소한 차이로 2위
를 차지한다. 독일에서는 업무에서 수면으로 전환하면 시간 스트레
스가 줄어든다. 유급 근로를 한 시간 줄이고 가정 활동을 한 시간
더 하면 세 나라 모두에서 시간 스트레스가 가장 적게 감소하고, 기
타 여가 활동 및 개인 관리로 전환하면 시간 스트레스가 중간 수준
으로 줄어든다.

유급 근로는 프랑스, 영국 그리고 독일에서 가장 스트레스를 많이

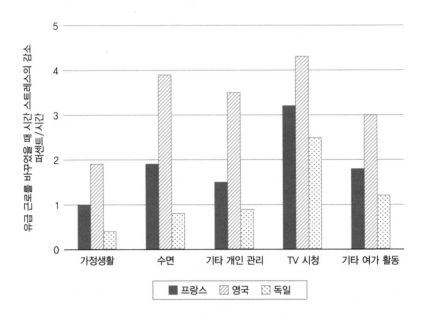

〈그림 11.1〉 유급 근로 한 시간을 다른 활동으로 바꿀 때 스트레스를 받을
가능성의 감소 퍼센트(2009~2010 프랑스, 2014~2015 영국, 2012~2013 독일)

받는 활동이며 그 영향은 이 세 나라에서 두드러지게 유사하다. 성
별, 결혼 여부, 지역 그리고 서로 다른 나이의 아이들 유무의 차이
를 설명한다. 시간일기를 완성한 미국 사람들에게서 시간 스트레스
를 조사할 수 있는 자료가 있었다면, 아마 미국에서도 같은 결과가
나올 것이다. 유진 오닐Eugene O'Neill의 말이 맞았다.

"일에 대해 아무리 조심해도 지나침이 없다. 의학적으로 가장 위
험한 습관으로 알려져 있으니까요."[5]

어떤 활동은 다른 활동보다 더 즐겁다. 어떤 활동은 시간 압박감
을 더 혹은 덜 유발한다. 〈그림 11.1〉에 묘사한 통계가 시사하는 바

를 아인슈타인의 상대성이론에 대한 간단한 설명으로 비슷하게 묘사할 수 있다.

"사랑하는 여자와 두 시간 앉아 있다면 당신은 그 시간을 1분처럼 여기겠지만, 1분 동안 뜨거운 난로 위에 앉아 있다면 그 시간을 두 시간이라고 생각할 것이다. 그것이 상대성이야."[6]

한 시간을 사용하는 모든 방법이 우리에게 똑같은 스트레스를 주는 것은 아니다.

> 젠더, 건강 그리고 시간에 대한 불평불만

여자와 남자 모두에게 하루는 똑같이 24시간이다. 하지만 평균적으로 인생에서 쓸 수 있는 시간은 여성에게 더 많다. 오늘날 미국에서는 출생 시 여성의 기대수명이 남성의 기대수명보다 5년 가까이 더 많고 심지어 45세인 미국 여성의 경우 45세인 미국 남성보다 거의 4년 더 장수하리라 기대한다. 성별에 따른 차이는 다른 선진국에서도 비슷하다.[7] 여성이 더 많은 시간을 가지고 있고, 시간이 덜 부족해 보이는 상황에서 여성이 남성보다 시간에 대한 압박을 덜 느낀다고 예상할 수 있다. 이 기대치는 〈그림 11.1〉에 나타난 정보에 의해 강화된다. 결국, 여성이 남성보다 적은 유급 근로를 하고, 유급 근로는 사람들의 삶에서 주요 시간 사용 중 가장 스트레스를 많이 받는 활동이기 때문에 여성의 유급 근로 수행시간이 적다는 것은 남

성보다 시간에 대한 스트레스를 덜 받는다는 것을 의미한다.[8]

이런 합리적인 기대는 2000년대 초 미국, 호주 그리고 독일을 설명하는 데이터와 모순된다. 이 데이터는 여성이 자국 남성보다 시간에 대해 매우 스트레스를 받는다고 보고하고 있다. 그들은 좀처럼 스트레스를 받지 않거나, 전혀 스트레스를 받지 않는다고 보고한 경우가 드물었다. 이런 차이는 2000년대 초 이들 국가에서 일어났을지도 모르는 비정상적인 무언가의 인위적 결과물이 아니다. 2009~2010년 프랑스 시간일기 자료에서 여성의 24퍼센트 그리고 남성의 22퍼센트가 항상 시간에 쫓긴다고 보고했다. 2012~2013년 독일의 비교 가능한 여성과 남성의 비율은 18퍼센트와 14퍼센트였고, 2014~2015년 영국에서는 여성과 남성이 각각 23퍼센트와 19퍼센트였다.

여성과 남성의 거주지, 나이와 학력 심지어 가정 내 어린아이 수에 대한 차이를 조정해도 이런 결론은 변하지 않았다. 자료를 어떻게 자르든 간에, 여러 선진국에서 그때와 지금, 성별을 제외하고는 남성과 동일한 인구통계학적 특성을 가진 여성들이 시간적으로 스트레스를 더 받는다고 말할 가능성이 더 많아졌다. 유급 근로, 가정활동, 개인 관리 또는 여가에 동일한 시간을 사용하는 여성과 남성을 비교했을 때 성별 차이는 상당히 크다. 시간 스트레스는 특히 여성의 문제이다.

이런 발견에서 중요한 문제는 왜 여성이 심지어 남성과 완전 똑같은 일을 하며 시간을 보내더라도 남성보다 시간 스트레스를 더 많이 받는가 하는 점이다. 이는 어쩌면 여성이 매일 더 많은 일을 하는 데서 비롯되는지도 모른다. 하나의 활동에서 다른 활동으로 전환하는 데는 시간이 걸리는데, 여성들이 더 다양한 활동을 한다. 예컨대, 2009~2010년 프랑스에서는 남성보다 여성의 활동이 5퍼센트나 더 많았다. 이 차이는 여성들이 활동을 전환하고 다음에 무엇을 해야 할지 생각하는 추가시간 때문에 더 많은 비용이 발생한다는 의미이다. 실제적인 의미에서 여성들이 매일 마음대로 할 수 있는 시간이 남성들보다 적다는 뜻이다.

관련 가능성이 더 높지만 입증하기 어려운 것으로는 여성들이 가정관리자라는 점이 있다. 여성들은 매일 더 많은 일을 마치 곡예하듯 저글링한다. 아이가 어릴 때 아파서 결석을 하거나 혹은 교사가 연수받는 날이어서 아이들과 함께 집에 있어야 한다면 일정을 조정한 사람은 나보다 아내였다. 매우 유연하게 일정 조정이 가능한 직업인 교수 남편의 경우에도 그랬다. 부부 양쪽 모두 조정이 어려운 일정을 소화해야 하는 가정에서는 가사 활동을 저글링해야 하는 아내의 부담이 훨씬 더 무거운 경우가 흔하다.

결혼 여부와 육아관리 책임 분담과는 무관한 또 다른 설명이 있다. 우리는 TV 시청을 포함한 여가 활동이 수면을 제외한 다른 활동보다 훨씬 시간 스트레스가 적은 것을 보았다. 호주의 한 연구에 따르면, 여성의 여가 활동은 남성과 비교하여 비여가 활동과 동시에 이루어질 가능성이 많기 때문에 순수한 여가 활동일 가능성이 낮다.[9] 여성이 여러 활동을 저글링하는 것과 유사하게 그들의 여가시간은 시간 스트레스를 더 느낄 멀티태스킹(서로 다른 일을 동시에 하는 것)을 포함할 가능성이 더 많다.

이 모든 설명은 일리가 있다. 보살펴야 할 아이들의 유무 그리고 계획하고 실행할 다른 활동의 유무와 상관없이 여성은 남성보다 더 다양한 일을 하고, 동시에 더 많은 일을 하며 가정에 대해 더 많은 책임을 느낀다. 그렇기 때문에 시간 스트레스를 더 받는다고 한다. 이것은 단지 감정의 문제이지만, 그 감정은 남성과 여성이 현저하게 다르다. 하지만 그 차이는 시간을 보내는 방법, 소득의 크기 혹은 다른 어떤 경제적 요인에서 생기는 것이 아니다. 그것은 남성과 여성의 어떤 다른 차이와 관계없이 서구사회에 내재된 것처럼 보인다.

건강이 좋지 못하면 일할 가능성은 낮아지고 TV 시청 시간은 늘어난다. 유급 근로가 적으면 일반적으로 사람들의 시간 스트레스가 줄어드는 반면, 건강하지 못한 사람들은 잠이나 TV 시청같이 몸을 많이 움직이지 않는 것을 제외한 거의 모든 활동을 완수하는 것이 도전적이라는 것을 알게 된다. 가정 활동은 더 어렵다. 건강이 좋지 않다면 쇼핑하고 음식을 준비하거나 청소하는 데 더 많은 시간이 든다. 다른 여가 활동도 어렵거나 심지어 불가능하기도 하다. 어떤 형태의 운동이든 어렵거나 불가능하다. 건강하지 못한 사람이 유급 근로를 하고 있다면, 많은 직업에서 근로시간에 어려움이 생긴다. 이런 더 큰 도전들이 의미하는 바는 건강이 좋지 않은 사람이 기본적으로 매우 건강한 사람이 할 수 있는 것과 같은 일을 성취할 시간이 적다는 것을 의미한다. 건강 문제에 직면한 사람은 시간이 부족하기 때문에 사실상 시간에 더 많은 압박을 받는다.

미국 데이터에 따르면 건강이 그럭저럭하거나 나쁘다고 말한 사람들은 나이, 학력, 결혼 상태 등이 같은 건강한 사람들에 비해, 항상 또는 거의 항상 스트레스를 받는다고 보고할 가능성이 10퍼센트 더 높았다. 프랑스 데이터에서 자신을 매우 건강하다고 보고한 사람의 22퍼센트는 다른 사람보다 시간 스트레스를 더 받는다고 말할 가능성이 9퍼센트 낮았다. 건강 상태가 보통이거나 나쁘면 매일 수면시간 네 시간을 가장 시간 스트레스를 많이 받는 유급 근로로 전환하는 것만큼 시간 스트레스를 더 받았다. 이런 사실을 바라보는 한 가지 방법으로, 건강한 사람의 24시간에 비해 건강하지 못한 사람에게는 하루가 20시간밖에 되지 않는다는 것을 유추해보는 방법이 있다.

시간 스트레스를 결정하는 것은 자신의 건강만이 아니다. 배우자의 건강도 중요하다. 호주, 독일 및 미국 데이터에서는 건강한 배우자가 있는 사람과 동일한 인구 특성을 보유하고 동일한 양의 유급 근로를 하지만 건강하지 못한 배우자가 있는 사람이 시간에 대해 더 많은 스트레스를 느낀다고 보고한다. 배우자의 시간 스트레스가 그들에게 번진다. 어쩌면 서로 감정을 공유하기 때문이기도 하고, 배우자를 돌보는 것이 본질적으로 스트레스를 받는 일이기 때문이기도 하다. 또한 이 데이터는 배우자의 시간에 대한 감정이 공유된다는 것을 보여준다. 배우자가 시간에 대해 더 스트레스를 받는다면, 당신도 시간에 스트레스를 받는다고 말할 가능성이 더 높다.

신체적 장애가 있으면 많은 일상 활동을 할 때 시간이 많이 걸릴 수 있다. 그래서 장애를 가진 사람들은 실질적으로 마음대로 쓸 수 있는 시간이 더 적다. 2010년에 실시한 스페인의 연구는 장애가 심할수록 시간이 부족하다는 느낌을 더 많이 받는다는 것을 보여준다. 심각한 장애를 가진 스페인 사람들은 유급 근로, 가정 활동과 여가 활동에 소요되는 시간의 차이에 적응하면서 다른 사람들보다 많은 스트레스를 받는다고 보고했다. 온건한 장애가 있는 사람들은 스트레스가 적었지만 장애가 없는 사람들보다는 스트레스를 더 많이 받았다.[10] '건강하면 모든 것을 갖게 된다'란 진부한 말이 있다. 건강이 '모든 것'을 주진 않지만, 건강하면 하루에 더 많은 시간이 있다고 느낀다.

> 유전인 정신없음은 아이 때문에 생길 수도 있다

우리 아이들은 아내나 내가 할 수도 있는 어떤 정신 나간 행동의 원인이 아니다. 아이들은 우리의 가장 큰 자부심이고, 우리 75년 인생의 최대 업적이다.[11] 하지만 아이들이 만들어낸 스트레스, 즉 현실에서 비롯된 것이든 아니든 아이들에 대한 걱정이 우리 시간을 앗아갔고 지금도 가끔 그렇다. 시간 스트레스를 가중시키는 아이들의 역할, 아이가 가족의 일원이 되면 부모가 더 많은 시간 스트레스를 받을 가능성 그리고 엄마와 아빠 사이의 시간 스트레스가 어떻게 다른지에 대해 생각해보는 것은 가정에서 아이들이 하는 역할에 또

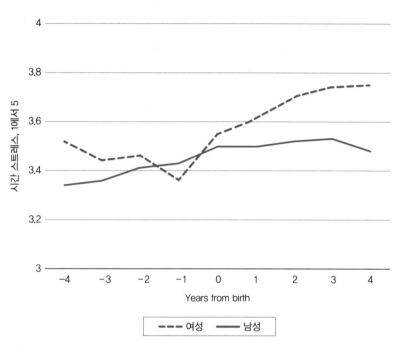

〈그림 11.2〉 2001~2011년 아이의 출생과 호주 부모의 시간 스트레스 관계

출처: Hielke Budelmeyer, Daniel Hamermesh, Mark Wooden "The Stress Cost of Children on Moms and Dads," European Economic Review(2018), Figure 1

다른 시간의 차원을 추가한다.[12]

미취학 아동 두 명과 큰 집을 갖게 되었을 때 내 며느리는 "아이들과 집 덕분에 나는 종종 내가 해야 할 일에 네 시간이 필요한데, 그 일을 할 시간은 두 시간밖에 없다고 느껴요"라고 푸념했다.[13] 어느 연구는 1에서 5까지의 강도로 호주인의 시간 스트레스 감정을 살펴보았다. 5는 가장 스트레스를 많이 받은 상태이다. 아이 출산 전후 4년 동안 남편과 아내 모두의 감정을 검사했다. 〈그림 11.2〉는

아이가 태어나기 전후의 4년 동안 각 배우자의 시간 스트레스 패턴을 보여준다. 실선은 아빠, 점선은 엄마를 나타낸다. 출산 후 엄마의 시간 스트레스 증가는 아빠의 시간 스트레스 증가의 세 배에 달하며, 아이가 태어난 후 4년 동안은 더 많은 스트레스를 받는다. 독일 자료에서도 아이가 태어난 뒤 아빠보다 엄마 사이에서 시간 스트레스가 더 크게 증가했음을 보여준다.

미래의 엄마는 출산하기 전 해에 그 이전보다 시간 스트레스를 훨씬 적게 받는 것처럼 보인다. 출산 조절이 가능한 시대에 이런 스트레스 감소는 미래의 부모들에게 아이를 갖도록 유도할 수 있다. 스트레스가 없다고 인식한 엄마는 아이를 가지기를 바라고, 결과적으로 아이가 만들어낼 추가적인 시간 스트레스에도 불구하고 아이를 갖는 것이 좋겠다고 배우자와 결정한다.[14]

아이는 아빠보다 엄마의 시간 스트레스를 더 증가시키는데, 이는 엄마가 아이를 주로 돌보기 때문은 아니다. 〈그림 11.2〉에 있는 선들은 육아와 유급 근로, 연령, 교육 및 기타 특징의 차이를 설명한다. 시간 스트레스의 차이는 가정에서 엄마의 관리자 역할과 아이가 그 역할에 추가하는 부담에서 비롯될 수도 있다. 또한 (독일에서는) 어린아이들, 심지어 모유 수유가 끝난 지 한참 된 아이도 부모의 수면 패턴, 특히 엄마의 수면 패턴에 지장을 준다는 일부 증거가 있는데, 이것은 행복감을 감소시킨다. 그리고 짐작하건대 시간 스트레스를 증가시킬 것이다.[15] 소리를 지르며 우는 아이 때문에 새벽 3시에 깨어본 사람이라면 놀랍지 않은 일이다.

엄마들이 느끼는 추가적인 시간 스트레스는 아이가 첫 아이이거나 여러 아이 중 한 명이라서 비롯되는 게 아니다. 아이의 탄생과 함께 수반되는 시간 스트레스는 첫 아이든, 넷째 아이든, 다섯째 아이든 거의 같다. 유명한 동요 〈구두에 살았던 한 나이든 여인There was an old woman who lived in a shoe〉에 나오는 나이든 여인은 "무엇을 해야 할지 모르겠다"고 할 정도로 많은 아이를 낳았지만, 계속 태어난 아이들이 이미 낳아 기르던 어떤 아이보다 그 여인에게 추가적인 스트레스를 주지는 않았다.[16]

이 데이터는 시간 스트레스가 얼마나 더 지속되는지 혹은 사라졌는지 여부를 보여주지는 않는다. 우리는 아이가 출생해 성인이 될 때까지 그 기간 동안 부모들의 시간 스트레스를 조사할 수 없다. 하지만 아이가 집을 떠나기 4년 전과 4년 후 부모들의 시간 스트레스를 비교할 수 있다. 호주의 경우를 보여주는 〈그림 11.2〉 같은 그래프는 아이들이 떠나면서부터 부모들이 '빈 둥지 지킴이empty-nesters'가 될 때까지 수 년 동안 엄마들과 아빠들의 시간 스트레스를 살펴보았는데, 그래프는 많이 달라 보인다. 아이가 집을 떠났다고 갑자기 시간 스트레스가 뚝 떨어지지는 않는다. 대신 부모의 시간 스트레스는 그 기간 동안 꾸준히 감소한다. 감소치도 그렇게 크지 않다. 아이가 태어난 후 엄마가 느끼는 시간 스트레스 증가보다도 훨씬 적다. 새로 태어난 아이가 부모, 특히 엄마에게 주는 시간 스트레스는 절대로 완전히 사라지지 않는다.

> 부자가 되기는 힘든가?

이 질문에 사람들 대부분이 "예"라고 대답할 거라고는 생각하지 않는다. 나는 결코 "예"라고 하지 않는다. 당신이 벌 수 있는 돈과 배우자의 소득, 상속, 이자 및 기타 유형의 비근로 소득을 통해 가계에 유입되는 다른 소득이 생기면 그것으로 제한된 시간 내에 재화를 구입하거나 해야 할 일이 많아지기 때문에 당신은 더 스트레스 받게 될 것이다. 이런 영향은 부자가 되는 것이 힘들 수도 있음을 암시한다.[17] 2000년대 초 미국, 호주 그리고 독일에서 일하는 사람들 중 항상 또는 종종 스트레스를 받았던 사람들이 가장 높은 수입을 올렸다. 때때로 스트레스를 받는 사람들은 소득 수준에서 그다음을 차지했고, 좀처럼 스트레스를 받지 않는 사람들의 소득은 여전히 낮았고, 결코 스트레스를 받지 않는 사람들의 소득이 가장 낮았다. 시간당 더 많은 돈을 버는 사람들이 시간에 대한 스트레스도 더 많다.

아마도 고소득자들의 추가적인 시간 스트레스는 매주 유급 근로를 하는 데 더 많은 시간을 소비하는 데서 비롯될 것이다. 결혼 여부, 나이, 지위 그리고 다른 연령의 아이들의 유무 같은 인구통계학적 차이를 조정한 최근 프랑스, 독일 그리고 영국의 시간일기 데이터에서 동일한 업무 일수에도 불구하고 시간당 더 많은 소득을 올린 근로자들은 매우 많은 시간 스트레스를 받는 것으로 보고되었다. 고임금인 사람은 다른 사람들보다 유급 근로를 더 많이 하기 때문에 추가 소득을 즐길 시간이 더 적다. 하지만 시간당 추가 수입으로 높아진 소득을 더 적어진 비근무시간에 소비하기 때문에 소득을 증가시킴으로써 시간 스트레스를 가중시킨다.

다른 비근로자들과 비교하면 가계소득이 시간 스트레스를 변화시키는 것은 시간을 어떻게 소비하느냐만의 문제가 아니라 개인의 추가 소득도 고려 대상임을 알 수 있다. 비근로자들은 아무것도 벌지 못하고 주중의 일부를 일하는 데 쓰지도 않는다. 그들은 매일 24시간 그들이 접근할 수 있는 비근로 소득을 즐길 수 있다. 하지만 프랑스 데이터가 보여주듯이 그들에게도 소득 분포의 상위 90퍼센트에 해당하는 가구에서 사는 것이 소득 분포 하위 10퍼센트에 불과한 가구에 사는 같은 나이, 학력, 거주지의 사람들보다 15퍼센트 더 많은 시간 스트레스를 받는다. 비근로 소득이 더 많은 사람은 제한된 시간에 더 많은 선택권과 더 많은 일을 할 수 있고, 그래서 그들은 바쁘다고 느낀다.

이 논의는 우리가 이 절의 제목으로 쓴 질문에 "예스"라고 대답하도록 유도할지도 모른다. 하지만 시간 스트레스를 일으키는 것은 단 24시간 안에 많은 추가 지출을 집중해야 하는 데 있다. 돈을 더 많이 쓸 여유가 없는 것은 시간 스트레스 문제를 해결할 수 있지만, 그것은 반대의 문제를 만들 것이다. 재정적인 스트레스가 그것이다. 사람들에게 소득에 대해 얼마나 스트레스를 받는지 묻는 조사는 남성과 여성 그리고 조사가 진행되어 온 모든 국가에서 시간 스트레스와 정확하게 반대되는 결과를 보여준다. 고소득자들이 저소득자보다 소득에 대한 스트레스를 덜 받는 것은 놀랄 일이 아니며, 비근로자들 사이에서도 가계소득이 높은 사람은 저소득층의 비근로자들보다 재정적 압박을 덜 느낀다.

❯ 인간은 울면서 태어나 투덜대며 살다 실망한 채로 죽는다[18]

시간에 대한 푸념은 서구사회 어디에서나 볼 수 있다. 미국에서 이것은 종종 그 사람의 중요성을 알리기도 한다. 시간에 스트레스를 받고 그 스트레스에 대해 불평한다면 다른 사람들은 우리를 바쁘고 매우 중요한 사람으로 볼 수도 있다. 우리가 개인의 소득이나 재산으로 중요성을 판단한다면, 다른 사람들과 비교되는 경제적으로 부유한 사람들이 하는 시간에 대한 과도한 푸념은 그들의 경제적 장점을 반영한다. 시간 때문에 스트레스를 받는다면 부자가 되거나 고소득자가 되는 것과 관련이 있다. 부유한 서구 국가의 시간에 대한 불평과, 가난한 나라의 시간에 대한 불평을 비교하는 국가 간 연구는 아직 이행되지 않았지만, 소득이 낮은 개발도상국에서는 시간에 대한 불만이 훨씬 덜하고 소득에 대한 불만이 훨씬 더 많을 것으로 예상한다.

원하는 것을 항상 얻을 수 있는 것은 아니다. 할아버지 세대보다 조금 더 많은 시간과 훨씬 많은 소득을 가진 우리는 시간이 걸리는 것에 돈을 쓰는 것이 할아버지 세대보다 시간이 더 없다는 느낌을

갖게 한다. 믹 재거Mick Jagger도 "당신은 필요한 것을 얻는다"고 노래
했다. 런던정경대London School of Economics에서 공부했음에도 믹 재거는
틀렸다. 우리는 시간이 더 필요하지만 갖지 못할 것이다. 그런데 왜
그것에 대해 불평하는가?

CHAPTER 12

지금 우리는 시간을
더 많이 가졌나?
앞으로 더 많은 시간을
얻게 될까?

DO WE HAVE MORE TIME NOW?
WILL WE GET MORE TIME?

Spending Time

1년은 365일이고 하루는 24시간밖에 없다. 기대수명보다 소득이 훨씬 더 빠르게 증가한 것도 사실이다. 수명 연장과 현저하게 늘어난 소득이 합쳐져 우리의 삶은 더 풍요로워졌다. 비록 우리가 직면한 시간의 상대적 희소성은 증가했지만, 우리의 선택은 확대되었다. 이런 변화는 우리가 가진 시간의 한계와 커다란 상대적 소득 증가를 상쇄하면서 우리에게 자유시간을 늘려주었다. 우리에게 더 많은 시간을 주는 변화의 성격에 따라 추가시간을 가정 활동, 수면, 몸단장 그리고 다른 활동에 어떻게 나눠 사용할지가 달라진다. 우리 각자는 우리가 받은 시간이라는 선물을 어떻게 보낼지 선택해야 한다.

업무 배정이 취소되거나 표를 가진 스포츠 이벤트가 연기되는 등 계획했던 활동이 실현되지 않을 때 매우 일시적으로 그리고 예기치 않게 추가시간이 생긴다. 해방된 몇 시간은 아주 짧은 시간 내에 다른 활동에 재배치해야 한다. 어떤 식으로든 그 시간은 사용될 것이다. 소파에 누워 천장을 응시하며 자유시간을 보내더라도 우리는 암묵적으로 (순수한 여가 활동으로 분류될 수 있는 활동에서) 시간을 어떻게 보낼지를 선택했다.

대개 예상치 못한 것이 해고나 직장 폐쇄 같은 실업 기간이다. 두 경우 모두 사람들은 갑자기 실직해서 비업무 활동에 써야 하는 시간을 갖게 된다. 그들은 확실히 더 궁색해진다. 사람들이 실직을 선택했을 것 같지는 않지만, 줄어든 소득을 소비할 더 많은 시간이 생긴다. 이 시간 선물이 선택이 아니었으니 추가시간이 단지 일시적이라고 믿거나 최소한 희망하며 적은 돈으로 이 자유시간을 어떻게 소비해야 할지 정해야 한다.

추가시간이 영구적일 수도 있다. 고용주는 일주일에 이전처럼 많은 시간을, 혹은 1년에 이전처럼 많은 주를 일하는 것을 원하지 않을 수도 있다. 각 직원이 몇 시간을 일하도록 할지에 대한 고용주들의 선택을 변화시키는 인센티브(동기)가 바뀌었을지도 모른다. 기술이 아주 발달해 사람들이 일주일에 더 적은 시간을 일하면서 그들이 원하는 모든 상품과 서비스를 얻을 수 있을지도 모른다. 더 그럴듯하게 예측 가능한 미래에 그리고 최근 일부의 경우, 정부는 직원들에게 긴 근무시간을 요구하는 고용주에게 더 강한 처벌을 할지도 모르고, 고용주가 직원들에게 너무 열심히 일하진 않도록 하여 직원들에게 더 많은 자유시간이 생길지도 모른다. 이 모든 경우에 추가시간은 무언가 다른 행동에 쓰여야만 한다.

가정 활동에 사용하는 기술의 발달로 영구적으로 자유로워진 시간이 있다. 자동 세탁기와 건조기, 로봇청소기, 잔디 깎는 기계, 전자레인지 그리고 다른 장치들이 그 예이다. 기술의 발달로 우리는 여가시간을 더 효율적으로 사용할 수 있게 되었다. 운동기계가 좋은 예이다. 어떤 회사는 자사 기계가 14분 안에 완전한 운동을 할 수 있게 한다고 광고한다.[1] 가정 활동과 여가 활동을 더욱 효율적으로 하면 더 많은 시간을 유급 근로에 쓰거나 다른 비업무 활동으로 전환할 수 있다. 이런 비업무시간이라는 선물은 우리에게 더 많은 선택권을 주고 어떻게 시간을 보낼지 결정하도록 한다.

이런 모든 추가시간의 영향을 이해하려면 각각 얼마만큼의 시간이 자유로워지는지 알아야 한다. 그 정보로 마음대로 쓸 수 있는 시간의 변화가 우리가 가진 제한된 시간 안에 소득 증가를 소비해야 하는 압박을 극복하기에 충분한지, 즉 고소득으로 창출된 기회의 성장이 그 소득을 소비할 수 있는 시간의 성장과 일치하는지 여부를 알 수 있을 것이다. 또한 사람들이 얻은 추가시간을 어떻게 쓰기로 선택하는지를 발견할 수 있으며, 그 정보는 미래에 발생할 수 있는 추가시간의 증가로 사람들이 무엇을 할 것인지에 대한 추측에 좋은 지침이 될 수 있다.

> 그것은 자유로워질 수 있는 선물인가?

가장 간단한 시간 선물은 갑작스럽고 일시적이며 예상치 못하게 취소된 약속이다. 나의 경우는 마지막 순간에 회의가 취소되거나 빙설의 폭풍 때문에 대학이 휴교해서 수업이 취소된 경우이다. 혹은 흔히 있는 일이지만 학생이 약속장소에 나타나지 않는다. 계획된 가정 활동에 대한 계획되지 않은 충격도 일어날 수 있다. 폭풍우가 몰아쳐 가게들이 문을 닫아 쇼핑을 취소한다. 개가 예상보다 볼일을 빨리 봐서 개 산책 후 추가시간을 얻을 수도 있다. 소방차 사이렌의 시끄러운 소리가 우리를 한 시간 일찍 깨울지도 모른다. 그래서 계획된 샤워를 위한 뜨거운 물이 없을지도 모른다. 일련의 사태는 우리가 개인 관리, 수면 그리고 몸단장에 시간을 보내리라 정해둔 시간에 여유를 준다. 개인 관리를 위해 선물 받은 시간이다. 비가 많이 내려서 취소된 야구시합은 여가시간을 선물한다.

이렇게 선물 받은 시간 중 일부, 특히 업무시간에서 생긴 자유시간은 우리가 더 즐거운 활동에 소비할 수 있는 추가시간을 얻은 반면 소득은 변하지 않을 것이라고 생각하기에 우리의 상황은 더 나아질 수도 있다. 이런 예들은 '자유로워지는 기쁨'이라는 선물이다. 다른 것들은 우리의 처지를 더 안 좋게 만든다. 우리는 콘서트에 가는 등 뭔가 즐거운 일을 할 계획이었다. 이제 우리 계획은 엉망이 되었다. 이런 경우, 자유로워지는 것은 선물이 아니다. 시간 선물을 원하는지 여부에 관계없이 이런 모든 일시적인 예기치 못한 변화, 즉 계획된 활동에 생긴 변화는 추가시간을 어떻게 보내야 하는지를 결정해야 할 필요를 의미한다.

예상치 못한 임시시간 선물을 어떻게 쓰기로 선택했는지에 대한 정보는 없다. 시간 사용에 대한 어떤 조사도 사람들이 계획한 것과 실제로 한 것을 비교하지 않았다. 단지 추측할 뿐이다. 하지만 내가 여태까지 보여준 일반적인 행동이 몇 가지 해답을 제시한다. 우리가 할 일이 없을 때 하는 활동은 TV 시청과 수면이다. 아마도 또한 하지 않을 때 덜 급하게 할 수 있는 저녁 요리 같은 일부 단기 가정 생산 활동처럼 다른 여가 활동도 행해진다. 예상치 못한 시간 선물은 우리가 일반적으로 즐겨하는 비업무 활동, 즉 우리의 시간 스트레스를 가장 많이 단축시키는 일인 여가 및 개인 관리에서 소비될 가능성이 있다.

> 오래가는 일시적인 '선물'

미국에서는 지난 4주 동안 일자리를 찾으려고 명시적으로 노력했지만 일자리를 찾지 못했거나 이미 일자리를 찾았지만 일을 시작하지 않은 사람을 '실업자'로 분류한다. 유사한 정의가 전 세계 실업률 통계의 기저를 이룬다. 실업자는 가정 활동, 개인 관리 또는 여가 활동에 종사하는 것보다 유급 근로에 시간을 사용하고 싶은 사람들이다. 하지만 경제 생산을 측정하는 면에서 실업자가 시간을 어떻게 보내는지는 중요하다. 불황이나 심지어 우울증은 과대평가될 수 있는데, 실업자도 집에서 무엇인가를 생산하고 있을 수 있기 때문이다. 지붕을 수리하고, 집에 무엇을 추가하고, 식당에서 먹는 대신 음식을 요리하는 것 등은 실업하지 않았다면 타인의 시간 사용을 요구하는 금전 거래를 통해 생산되었을 것이다. 일부 거시경제학자는 경기침체 시 발생하는 실업률 증가의 많은 부분이 일부 근로자들이 그들의 노력을 유급 근로에서 가정 활동으로 전환한 선택을 반영한다고 주장한다.[2]

우리는 유급 근로를 한다. 그것은 일하는 고통이 추가 금전과 비업무 활동시간이 합쳐져서 생기는 즐거움보다 덜 즐거운 일이기에 스트레스를 받는다. 실직하면 더 가난해진다.[3] 더 나쁜 것은 실직이 길어질수록 실직하면 생기는 상실의 정도가 점점 빠르게 증가한다는 점이다. 실업한 첫 주에는 필요한 소소한 집수리(가정 활동)에 시간을 사용할 수도 있지만, 여러 달 동안 실직한 후에 유용한 가정 활동을 할 수 있는 양에는 한계가 있다.[4] 집 페인트칠이나 미래의 저녁 식사를 위해 비축할 수 있는 요리에도 한계가 있다.

장기실업(미국에서 6개월 이상 실업으로 정의함)은 대침체Great Recession 기간 동안 전체 실업자의 절반 가까이 늘어났으며, 9년 동안의 경기회복 후에도 여전히 실업자 수의 20퍼센트를 차지하고 있다.[5] 역사적으로 미국보다 유럽에서 장기실업은 실업의 훨씬 큰 부분을 차지해왔다. 많은 실업자의 실업 상태가 너무 길어지자 할 만한 가치가 있는 가정 활동이 거의 남지 않았다. 더 큰 규모로 볼 때 경기침체 속에서 국가 실업률이 증가하고 더 많은 사람에게 더 많은 시간이 생기게 되면 한 나라의 거주자들은 여가 및 개인 관리에 더 많은 시간을 보낸다.

미국에서 실업에 대한 공식 통계를 발표한 첫해인 1948년 이후 실업률이 노동인구의 3퍼센트 이하로 하락한 때는 한국전쟁(1950~1953년) 기간뿐이었다. 경기가 호황인데도 실업 상태로 있는 사람들이 있다. 유급 근로 혹은 실업 여부에 관계없이 사람들이 시간을 어떻게 보낼지 결정하는 데 기여하는 것으로 알려진 그 모든 특성들, 즉 성별, 자녀 수, 나이, 교육, 거주지 등 유급 근로를 하는 사람과 같은 인구통계학적 특성을 가진 실업자의 예를 들어보자. 동일한 특성을 가진 근로자가 주당 40시간 근무한다고 하자. 당연히 인구통계학적으로 동일한 실업자는 주당 0시간 근무한다.

이런 가정을 해보면, 우리는 전형적인 실직 근로자들이 실업 기간으로 인해 자유로워진 주당 40시간을 어떻게 보낼지 조사할 수 있다. 2000년대 초 미국, 호주, 독일, 이탈리아 등 4개국의 여성을 조사한 결과 자유로워진 시간의 35퍼센트에서 50퍼센트를 추가 가정 활동에 사용했다. 남성은 추가 가정 활동에 10~35퍼센트를 사용했다. 압도적으로 많은 자유시간이 개인 관리와 여가 활동에 추가되었다. 특히 이탈리아에서 그랬는데, 남자들은 유급 근로를 하든 하지 않든 가정 활동에 시간을 거의 쓰지 않았다.[6]

남성 실업자에 비해 여성 실업자는 자유시간 중 더 많은 부분을 가정 활동에 소비한다. 하지만 심지어 4개국 모두 실직한 여성들 사이에서도 여성들이 유급 근로를 하고 소득이 있었다면 살 수 있었던 활동의 대체제인 청소나 요리 같은 활동에 선물 받은 시간의 절반이 조금 넘는 시간을 할애했다. 남성과 여성 모두 실업자들은 시장에서 가치를 가지는 상품과 서비스를 창출하는 유급 근로에서 그들의 구매를 대신하는 물건을 생산하는 무급 노동으로 그냥 전환하지 않는다. 대신에 선진국에서는 실직 근로자들이 일반적으로 가장 스트레스를 덜 받는 활동인 개인 관리와 여가라는 비업무 활동을 선택하는 데 대부분의 시간 선물을 쓴다. 비록 그들이 직업을 가지고 있을 때보다 덜 행복하지만, 매우 합리적으로 그들은 자기가 가장 즐겁다고 생각하는 것을 하면서 실업의 부담에 대처한다.

미국 실업자들은 자유시간의 3분의 1만 가정 활동에 소비한다. 나머지 3분의 2는 사람들이 하는 모든 개인 활동과 여가 활농으로 소비한다. 시간을 어떻게 사용할지 실업자(그리고 다른 모든 사람)에게 엄청나게 다양한 선택의 기회가 있지만, 2003~2015년 미국 데이터는 몇 가지 일반적인 특징을 보인다. 실업 남녀 모두 자유시간의 약 15퍼센트를 잠자는 데 쓰지만, 몸단장과 목욕 같은 개인 관리에는 일하는 이들보다 더 많은 시간을 쓰지 않는다. 그들은 자유시간의 20퍼센트를 TV 시청에 소비하고, 약 3분의 1은 다른 여가 활동에 사용한다. 은퇴자, 젊은 비근로자 그리고 다른 그룹에 의한 선택과 마찬가지로, 수면과 TV 시청은 시간 선물일 때에도 많은 시간을 차지한다.

경제가 불경기로 접어들면, 직업을 유지하고 있는 사람들조차 시간을 어떻게 보낼지에 대한 선택 결정요인에 영향을 받는 것을 발견할 수 있다. 다른 것이 없다면, 고용주들이 해고하지 않은 근로자들의 유급 근로시간도 줄이기 때문에 주당 근무시간이 줄어들

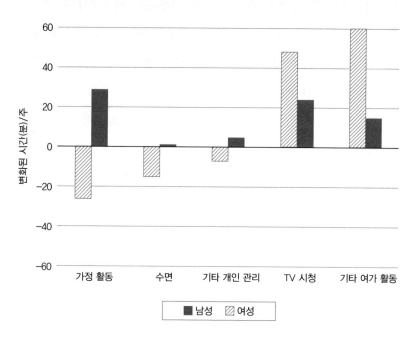

〈그림 12.1〉 2003~2015년과 비교하여 미국의 대침체기(2009~2010년) 동안 주당 한 시간 업무시간 감소가 기타 업무에 미치는 영향(한 주당 분)

가능성이 있다. 지난 50년 동안 미국의 경기침체 기간 동안 일자리를 유지했던 직원들의 주간 근무시간은 일주일에 평균 약 한 시간 감소했다. 2009년 경제가 바닥을 친 대침체기에는 근무시간이 2003~2008년에 비해 근로자 1인당 두 시간 감소했다.

대침체기로 경기가 바닥을 쳤을 즈음 사람들이 시간을 어떻게 소비하였는지 살펴보면, 2003년에서 2015년까지의 기간과 비교했을 때 2009년과 2010년은 높은 국가 실업률의 시간 사용에 대한 경제 전반의 영향을 유추할 수 있다. 〈그림 12.1〉은 2003년에서 2015년까지 기간 중 불황기인 2009년과 2010년을 제외한 11년간과 불황기를 동년배, 교육 등 동일한 특성을 가진 사람들로 비교하였다. 제로선 위로 표시된 막대는 유급 근로의 손실 시간 중 일부가 활동에 사용되었음을 나타낸다. 제로선 아래로 표시된 막대는 업무시간이 손실되면 유급 근로시간도 줄어든다는 것을 보여준다.

미국 경제의 대침체기 동안 평균 근로자들이 잃어버린 시간 중 단지 약간의 시간만이 가정 활동에 사용되었고, 본질적으로 수면이나 기타 개인 관리에 사용되지 않았다. 대신에 거의 모든 추가시간은 TV 시청과 기타 여가 활동에 소비되었다. 하지만 남자(민무늬막대)와 여자(줄무늬막대) 사이에는 차이가 있었다. 남성들은 15분을 가정 활동에 추가한 반면, 여성들은 다른 해보다 대침체기 동안 가정 활동을 덜했다. 여성들은 남성들보다 더 많은 TV 시청과 기타 여가 활동을 추가했지만, 두 성별의 여가 활동은 미국 경제 전체에서 유급 근로로부터 자유로워진 시간 대부분을 차지했다.

우리는 다른 선진국 사람들이 경기침체기 동안 어떻게 시간을 사용했을지 확실히 알 순 없지만, 짧은 연한의 근로를 제외하고, 시간을 소비하는 데 있어 미국인과 유사한 선택을 한다는 모든 증거를 보면 대침체기 동안 다른 선진국 사람들도 자유시간 대부분을 TV 시청과 기타 여가 활동에 소비했을 가능성이 크다.

> 근로시간 단축이라는 영원한 선물

경제학자들이 쓴 잘 알려진 몇 안 되는 글 중 하나가 1930년 존 메이너드 케인스John Maynard Keynes의 논평이다.

> 앞으로 여러 시대에 걸쳐 '인간의 원죄the old Adam'는 우리 속에 아주 강하게 자리 잡게 될 것이므로, 만족하려면 모든 사람이 어떤 일이라도 해야 할 것이다. 우리는 가능한 한 널리 공유될 수 있는 여전히 할 수 있는 일을 만들기 위해 노력할 것이다. 세 시간 교대나 주당 열다섯 시간 근무는 그 문제를 상당 기간 미룰 수 있다.[7]

케인스는 또한 이런 일이 일어나기까지 "적어도 100년은 걸릴 것"이라고 경고했다. 하지만 그가 말한 시점이 불과 10년밖에 남지 않았고, 우리의 근로시간이 결코 주당 열다섯 시간으로 줄지도 않았다. 그의 예측은 빗나간 정도가 아니라 아예 접근조차 못 했다. 특히, 미국에서는 지난 반세기 동안 '원죄'가 감소했다는 증거도 없다. 서유럽, 일본 그리고 다른 선진국에서도 약간 감소했을 뿐이다.

바로 이 글에서 케인스는 노동과 근로소득에 대한 사람들의 집착이 감소하는 것을 사회에 요긴하다고 보았고, 근로시간이 영구적으로 감소하여야 도덕적인 사회가 가능하고, 돈벌이에 덜 악착스러울 것이며 인생의 '더 고차원적인 일'에 더 많이 집중하리라 예견했다. 그 고차원적인 일은 케인스가 아마도 선호했을 스트레스를 줄이는 여가 활동과 가정 활동을 포함한다. 문제는 근로시간의 영구적인 감소가 이런 바람직한 결과로 이어질지, 혹은 대신에 더 많은 TV 시청, 단장하기 또는 케인스가 인정했을 가능성이 적은 다른 활동에 이용될지의 여부이다. 일반적인 질문은 사람들이 영구적인 근로시간 단축으로 선물 받은 시간을 어떻게 사용할 것인가이다.

어느 나라도 평균 근로시간이 주당 열다섯 시간으로 줄어든 적은 없다. 근로시간 단축이 일시적인 경기 하강으로 인한 상황이 아니라 영구적인 단축이었던 경우를 찾는 것도 쉽지 않다. 하지만 평균 근로시간이 근로자가 아니라 고용주의 결정으로 인한 환경 변화 때문에 영구적으로 단축된 예는 두 가지이다. 각각의 경우, 이런 감축은 경제가 호황일 때 발생한다. 단순히 고용주들의 근로시간 요구가 일시적으로 줄어든 결과만이 아니었다.[8]

1980년대 중반까지 일본은 초과 근무에 벌칙을 부여했다. 주당 48시간 이상 일을 시킬 경우 고용주에게 더 많은 시급을 줄 것을 요구했다. 1980년대 후반에서 1990년대 중반 사이에 초과 근로 수당을 전혀 요구하지 않는 표준 주당 근로시간이 1938년 이후 쭉 이어지던 48시간에서 미국의 표준 근로시간과 같은 40시간으로 점차 낮아졌다. 매주 근로시간이 40시간을 넘으면 한 시간의 노동은 일본 고용주들에게 이전보다 더 많은 비용을 발생시켰다.

10여 년 후 한국에서 아주 유사한 일련의 변화가 일어났다. 한국의 표준 주당 근로시간은 1991년 이후 44시간이었고, 44시간을 초과한 근로시간은 초과 근로 수당을 추가로 지불해야 했다. 2004년

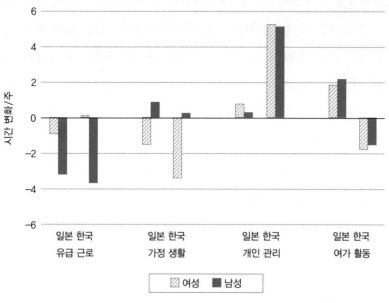

〈그림 12.2〉 한국(1999~2009)과 일본(1986~1996)의
표준 주당 근로시간 감소에 따른 시간 사용 변화

출처: Calculated from Jungmin Lee, Daiji Kawaguchi, and Daniel Hamermesh, "Aggregate Impacts of a Gift of Time," American Economic Association, Paper and Proceedings 102 (May 2012), Tables 1 and 2.

과 2008년 사이에 표준 주간 근로시간이 40시간으로 줄었고, 따라서 고용주들은 이전에 초과 근로 수당을 주지 않았던 주 네 시간에 초과 근로 수당을 지급해야 했다.

이런 변화는 두 나라에서 주당 근로시간에 바람직한 영향을 끼쳤다. 일본 고용주들은 근로자들의 주당 근로시간을 줄여 이 법안에 대응했다. 〈그림 12.2〉의 가장 왼쪽 두 개의 막대는 일본의 근로시간을 나타낸 것으로 1986년부터 1996년까지 일본 여성(줄무늬막대)과 남성(민무늬막대)의 주당 근로시간의 감소 규모를 나타내고 있다.

평균 남성 근로자의 경우, 주당 더 많은 근로시간을 요구하는 고용주의 요구가 줄면서 주 세 시간 이상의 시간 선물이 생겼다. 평균 여성 근로자는 약 한 시간의 시간 선물을 받았다. 〈그림 12.2〉에서 다음 두 개의 막대에서 보이듯이 2009년 한국의 유급 근로시간을 보면, 남성의 근로시간은 거의 네 시간 정도로 많이 줄어든 반면, 한국 여성의 근로시간은 아주 약간 증가했다. 두 나라의 여성 근로시간이 적게 줄어든 이유는 법 제정 이전에는 장시간 일하는 한국과 일본의 여성들이 상대적으로 소수였기 때문이다. 따라서 아주 많은 여성이 새로운 법의 영향을 받는 것이 불가능했다.

〈그림 12.2〉의 다른 막대는 고용주들이 (대부분 남성의) 근무시간을 줄였던 10년 동안 한국인과 일본인이 기타 주요 활동인 TV 시청을 포함한 여가 활동, 수면을 포함한 개인 관리, 가정 활동에 소비하는 시간을 어떻게 변화시켰는지를 보여준다. 일부 변경 사항은 근로시간 단축과 관련이 있을 것 같지 않다.

여성들은 시간을 절약하는 가전제품의 보급과 특히 한국에서 지난 20년 동안 발생한 출산율의 급격한 감소로 가정 활동에 소요되는 시간을 줄였다.[9] 하지만 가정 활동을 제쳐두고 내린 결론은 일본 근로자들은 자유시간을 여가 활동에 사용한 반면, 한국인들은 수면과 개인 관리에 사용했다는 점이다.

근로자들이 시간 선물을 어떻게 보냈는지에 대한 구체적인 내용을 더 자세히 살펴보면, 일본에서는 추가 여가시간의 절반 이상을 TV 시청에 소비했음을 알 수 있다. 한국 근로자들이 개인 관리에 소비한 추가시간은 수면이 아니었다. 그중 절반 이상을 몸단장과 목욕에 썼다. 사람들이 많은 시간을 일할 필요나 충동을 느끼지 않을 때 더 중요해질 것으로 케인스가 예측한 고차원적인 종류의 활동은 아니었다.

일본과 한국에서 일어난 근로시간의 영구적인 단축은 고용주들의 인센티브(동기)를 바꾸고 두 나라의 주당 근로시간을 단축한 법에 의해 시행되었다. 시간 선물을 쓰는 방식은 직원들의 비근로시간에 대한 고용주들의 바람에서 벗어난 사람들 각자의 선택이지만, 근로시간 단축은 얼마나 일해야 하는지에 대한 근로자들의 선택에서 비롯된 것은 아니다. 근로시간 단축은 일터를 벗어나 쓸 수 있는 더 많은 시간을 허락한 반면, 2퍼센트 미만이긴 하지만 근로자들의 소득을 줄인 것으로 보인다. 근로자들은 소득 감소라는 희생을 지불하고 더 많은 자유시간을 얻는 강제적인 주고받기 거래에 직면했다.

근로시간 단축 전후 한국의 피고용인 표본을 무작위로 뽑아 그에 따른 소득 감소를 살펴보았다. 이 법안을 근로자들이 좋다고 느꼈는지 여부를 유추할 수 있다. 1999년에 41~44시간 일했던 사람들이 근로시간 단축의 영향을 가장 많이 받았을 것으로 보인다. 그들은 직접적으로 영향을 받지 않은 주당 40시간 미만으로 일했던 근로자들보다 2009년의 삶에 더 만족한 것으로 나타났다. 일본에서도 근로시간 단축의 영향을 가장 많이 받았을 가능성이 높은 근로자들은 1980년대와 1990년대에 전반적인 행복이 가장 크게 증가했다고 보고했을 가능성이 높았다.[10] 법률이 근로자에게 부과한 거래가 그들을 더 행복하게 만들었다. 적어도 선진국에서 우리가 관찰하는 근로시간의 범위 안에서 일본과 한국의 경험이 말해주는 바는 사람들에게 부과된 유급 근로에서 작지만 영구적인 시간 선물이 지급될 때 사람들의 행복이 높아진다는 것이다.

케인스가 상상했던 매주 25시간의 영구적인 시간 선물을 사람들이 어떻게 보낼지는 알 길이 없다. 일부 소득 감소를 동반한다면 저소득층 비근로자가 더 많은 시간을 TV 시청과 수면에 쓴다는 점은 막대한 시간 선물의 대부분이 추가 수면과 TV 시청에 사용될 것임을 암시한다. 하지만 사람들이 매주 훨씬 더 많은 비근로시간을 얻기 위해 매우 큰 소득 감소를 받아들일 가능성은 낮다. 일본과 한국에서 사람들이 근로시간 단축 후에 더 행복했다는 증거는 사람들이 근로시간과 소득의 훨씬 작은 감소에 어떻게 반응했는지를 바탕으로 한다.

인류가 유급 근로가 드문 지점에 이른다 해도, 우리는 일에서 자유로워진 대부분의 시간을 추가 수면에 쓰지는 않을 것이다. 수면에 매일 밤 한 시간 이상 추가하는 것은 상상하기 어렵다. TV 시청도 마찬가지이다. 선진국 중 TV 시청 챔피언인 미국인도 이미 너무 많은 TV 시청 시간을 두 배로 늘리면서까지 대부분의 시간을 TV 시청으로 보내지는 않을 것이다. 우리는 사람들이 유급 근로 단축에서 생긴 크고 영구적인 시간 선물을 어떻게 보낼지 알 수 없다. 하지만 근로시간을 조금 줄이고 적은 임금 삭감을 받아들이는 것이 사람들을 더 행복하게 한다는 것을 알고 있다. 이것이 사람들의 기회를 확대한다.

> 업무 외의 시간이라는 영구적 선물

생산기술의 엄청난 향상과 노동력의 기량 증가로 지난 50년 동안 미국 기업의 생산성이 두 배 이상 높아졌다. 서유럽도 상황은 거의 비슷하다. 그럼에도 생산성의 증가로 얻은 높은 수익에도 불구하고 본질적으로 미국에는 근로시간의 자유가 없었고, 서유럽에서는 근로시간이 아주 조금 감소했을 뿐이다. 업무 외에는 생산성을 측정하기가 더 어렵다. 가정 활동, 개인 관리, 여가 활동 등의 즐거움을 증진시키기 위해 결합시킨 재화와 시간을 팔지 않기 때문이다. 하지만 이런 비업무 활동에 있어서도 사람들은 기술의 향상으로 시간을 더욱 효율적으로 사용하게 되었다.

미국인과 다른 나라 사람들이 가정 활동에 하루 세 시간 이상 사용한다는 것은 부분적으로 직장 밖에서 일어난 가장 큰 기술 향상의 결과이다. 가정에서 가전제품의 가용성은 시간을 절약하고 더 나은 제품을 즐길 수 있게 했다. 세탁기와 건조기는 욕조에서 손으로 빨아 줄에 매달아 말리는 것보다 훨씬 짧은 시간에 옷을 깨끗하게 만든다. 전기나 가스오븐을 쓰는 것이 나무를 모으고, 불을 점화하고, 고기를 불에 굽는 것보다 음식 준비에 시간이 덜 걸리고 더 많은 선택권을 준다.

기술의 변화가 집 밖에서 시간을 해방시킨 예는 많다. 내 어린 아들은 매 겨울 눈 치우는 기계의 혜택을 봤다. 반면 나는 미국 북부에 사는 중년 거주자로 눈을 삽으로 퍼내는 일을 견뎌야 했다. 인터

넷의 발달과 슈퍼마켓과 대형 상점의 증가 덕분에 동일한 양의 상품을 사기 위해 이동하는 횟수가 줄었고, 그래서 오늘날 미국인들은 40년 전 사람들에 비해 쇼핑을 덜 한다.[11] 거의 모든 가정 활동에서 기술 개선이 있었다. 가정 활동의 효율성 증가로 사람들은 가정생산 활동과 더 즐겁다고 느끼는 다른 활동에 시간을 재분배할 기회가 생겼다.

선진국에서 일상적인 날 하루 열한 시간 정도를 차지하는 개인 관리는 효율성을 높여 시간을 절약할 수 있는 가장 큰 기회를 제공한다. 하지만 개인 관리 시간을 세분화해보면, 개인 관리 활동에서 시간을 절약할 수 있는 능력의 기술적 개선이 비교적 적게 일어났음을 알 수 있다. 기껏해야 우리는 잠을 잘 때 조금 더 효율적이다. 수백 년 전에 비해 잠을 적게 자도 우리의 기능을 동일하게 회복할 수 있다는 점에서 그렇다. 우리 시간의 3분의 1, 즉 우리가 자는 양은 주요 기술 향상으로 줄이기가 어렵다. 언제나 그랬듯이 성관계를 즐기는 데에는 같은 시간이 걸린다. 우리는 몸단장, 목욕, 샤워 그리고 기타 개인 관리 활동에 더 효율적으로 변했다. 헤어드라이어, 전기 면도기, 수돗물, 수세식 화장실 그리고 다른 개선 사항들 덕분에 자유시간이 조금 더 늘었다. 비록 사람들 대부분이 이 가능성을 자신을 위한 개인 관리의 질을 높이는 데 쓰기로 선택했더라도 말이다. 개인 관리에 소비되는 시간 대부분을 경제화하는 것은 금방 가능할 것 같지는 않다.

여가시간의 즐거움에는 엄청난 기술적 발전이 있었다. 1950년에 구매한 내 첫 번째 텔레비전은 12인치(30센티미터) 화면과 흑백 영상 그리고 저질의 음향으로 구성되어 있었다. 오늘날 우리 텔레비전은 55인치(140센티미터) 화면과 놀라울 정도로 세밀한 색감 그리고 서라운드 음향을 갖추고 있다. 오늘날의 TV는 1950년 TV 조상에 비해 일반 가정의 소득에서 차지하는 비중이 더 작아졌다. 텔레비전의 기술적 변화는 모든 사람의 삶을 더 좋게 만들었다. 엄청난 발전이다. 하지만 내 시간을 절약하지는 못했다. 〈투데이쇼The Today Show〉의 주요 부분을 보는 데는 1952년 쇼가 처음 등장했을 때처럼 두 시간이 걸린다. TV 시청은 1950년대 같은 시간집약적인 활동으로 남아 있다.

다른 여가 활동은 50년 전이나 그 이전보다 첨단기술이 도입되어 즐거움이 커졌다. 컴퓨터화된 대화형 전시물과 다른 매력을 갖춘 박물관 전시 기술 덕분에 박물관 가는 것이 앞에 놓인 정적인 전시품들을 방문하는 것보다 훨씬 재미있어졌다. 하지만 시간 절약은 없다. 사람들은 1950년대 경기보다는 오늘날 액션 재생과 클로즈업 뷰가 가능한 큰 화면에서 프로축구 경기를 보고 싶어한다. 하지만 프로미식축구 경기는 여전히 세 시간 이상 걸린다. 그리고 프로축구 또한 50년 전보다 경기 시간이 짧아지지 않았다.

TV 시청이 미국에서 여가시간의 약 절반을 차지하고 있고 다른 곳에서도 거의 그 정도이며 기타 여가 활동에서 시간을 절약할 수 있는 여지가 거의 없다면, 기술 향상을 통해 여가 활동에서 해방된 시간은 미미했다. 기술 발전은 우리 행복을 향상시켰고 매 분당 더 많은 즐거움을 주지만, 우리의 시간을 절약하지는 못했다.

이런 모든 가능성을 고려해보면 사람들은 향상된 기술 덕분에 가정 활동에서만 시간을 절약할 수 있었다. 이런 기술 개선 덕분에 우리가 50년 혹은 100년 전보다 더 많은 여가를 즐길 수 있게 되었다. 하지만 미국의 근로시간은 50년 전과 거의 차이가 없으며 가정 활동의 개선을 넘어서는 자유시간은 거의 없다. 종합하자면, 선진국 국민들은 자신의 할아버지보다 자기가 마음대로 쓸 수 있는 시간을 조금 더 많이 가졌다. 하지만 직장 내 기술 향상과 업무 기량 증가의 결과로 생긴 금전적 생활수준이 증가함에 따라 그들의 재량적 시간의 증가는 오히려 작아졌다.

> 시간 절약의 가능성이 높은가?

10억 달러의 부로 얻는 비근로 소득이 연간 5,000만 달러인 사람의 관점에서 시간을 절약하는 문제를 생각해보자.[12] 전 세계 2,200명이 넘는 대부호 중 한 명인 그가 하인을 시켜 목욕을 하고 옷을 입고, 면도를 하고, 자기의 모든 쇼핑을 하고, 모든 음식을 요리하고 청소를 하며 집안의 모든 육아를 한다고 할지라도 그는 여전히 하루에 최소 여섯 시간은 잘 것이다. 항상 이용할 수 있는 개인 제트기를 보유하고 있어 여가 활동에서 선택의 폭을 넓힐 수도 있겠지만 독서, TV 시청 그리고 스포츠나 문화행사 참석에는 나와 동일한 시간이 걸릴 것이다. 그렇게 많은 소득과, 그를 위해 그렇게 많은 일을 하도록 사람들에게 지불하는 돈이 많은 시간을 절약시켜주진 않기 때문에 그는 나머지 사람들보다 훨씬 더 서두를 것이다. 나머지 우리처럼 근로시간을 줄이지 않는 한, 구입할 수 있는 모든 것을 즐길 시간은 많지 않고 가까운 미래에도 그럴 것이라는 전망에 직면해 있다. 비록 그가 유급 근로를 하지 않더라도 그는 자신의 방대한 지출을 하루 24시간 동안 벼락치기로 해야 한다.

어쩌면 다음 100년 동안 비업무 활동에서 시간을 절약할 수 있는 개선 방안이 나타날 수도 있을지 모르겠다. 일반인들이 하루 네 시간 만에 상쾌한 잠을 충분히 잘 수 있는 약이 만들어질지 모른다. 시간집약적인 자기 관리 활동에서 또 다른 시간 절약 가능성은 우디 앨런Woody Allen 감독의 영화 〈슬리퍼Sleeper〉에 나오는 '오르가스마트론(Orgasmatron, 오르가즘을 유도하는 가상의 장치)'일 것이다. 하지만 현재 공상과학소설의 영역에 있는 것들이 실제 개선되지 않는다면 우리는 자유롭게 쓸 수 있는 훨씬 더 많은 시간을 확보할 수 있을 것 같지 않다. 오늘날 선진국 사람들은 시간 부족과 마음껏 쓸 수 있는 소득이 역사적으로 가장 크게 증가하는 '저주'를 받았다. 그들은 소득을 소비하고 즐길 수 있는 많은 자유시간을 당분간 얻을 수 없을 것이다. 이번 절의 제목이 던지는 질문에 대한 답은 이렇다.

"아니요, 별로요!"

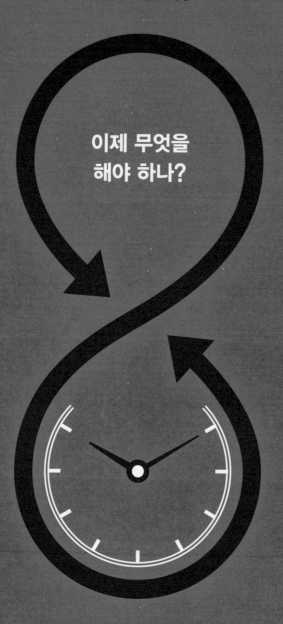

CHAPTER 13

이제 무엇을
해야 하나?

WHAT IS TO BE DONE?

Spending Time

일생 동안 우리는 정신없이 바쁘다. 그리고 지난 100년 이상 동안 우리가 받은 영원한 시간 선물, 특히 가정 활동 효율성의 증가에도 불구하고 소득의 성장이 일터 밖에서 우리가 이용할 수 있는 시간의 성장을 훨씬 능가했다. 이는 우리가 좀 더 나은 삶을 살기 위해 더 다양한 여가 활동을 즐기고 더 잘 가꾸고 그리고 가장 중요하게는 더 흥미로운 삶을 살기 위해 자유시간을 사용하기로 선택했기 때문이다. 이런 선택은 우리의 삶을 더 낫게 만드는 반면, 우리가 가지고 있다고 생각하는 사용 가능한 시간의 양을 증가시키는 데는 아무 도움이 되지 못했다. 우리는 시간에 쫓기고 있다. 우리는 늘 원하는 방식으로 구매한 재화를 즐기는 데 필요한 시간이 부족하다고 느낀다. 비근무시간 사용의 효율성 대폭 증가 혹은 소득 증가의 완전한 중단 같은 일어날 가능성이 거의 없는 변화를 제외하고는, 상대적인 시간의 부족은 더 악화될 뿐이다. 우리의 시간은 상대적으로 부족해질수록 그 가치가 더 높아진다. 오늘날에도 비록 자신이 벌 수 있는 시간당 임금만큼 자신의 한 시간을 소중히 여기는 사람은 거의 없지만, 아마도 시간당 임금의 절반만큼 소중하게는 여긴다. 생활수준이 높아지고 상대적으로 시간이 더 부족해지는 미래에는 시간을 훨씬 더 높게 평가할 것이다.

문제는 지속적이며 악화되는 시간에 대한 이 어려움을 어떻게 해야 하는가이다. 재정적으로 넉넉해진 우리는 더 많은 기회를 가지게 되겠지만 시간 스트레스는 더 많아졌다. 우리는 우리가 더 많은 시간을 갖거나 적어도 그렇게 느낄 수 있도록 하는 몇 가지 결정을 내릴 수 있다. 개인으로서 우리는 시간의 압박감을 바꾸기 위해 우리 행동을 변화시킬 수도 있다. 그런 변화를 일으키는 유일한 이유는 그런 변화가 우리의 삶을 더 향상시키리라 생각하기 때문이다. 공동체의 일부로서 우리는 생활 조건, 즉 삶을 지배하는 지역의 제도를 우리 행복을 증진시키는 방법으로 변화시키기 위해 우리 이웃, 즉 공동체의 다른 사람들과 동의할 수도 있다. 고용주들은 더 많은 시간친화적인 노동조건을 제공할 수도 있다. 마지막으로, 그리고 더 일반적으로, 우리는 더 나은 삶을 살 수 있도록 정부에게 시간 사용 방법에 영향을 미치는 인센티브(동기)를 변경시키는 정책을 제도화하도록 요청할 수 있다.

> 개인이 할 수 있는 일

개인이 시간을 좀 더 분별 있게 보내기 위해 알아야 할 것은 사이먼 앤 가펑클Simon and Garfunkel 노래의 첫 소절인 "천천히, 당신은 너무 빨라Slow down, you move too fast"이다.[1]

우리는 매우 바쁘다고 느끼는 감정을 줄일 필요가 있다. 이것에 대한 내 개인적인 충고는 다른 사람의 충고와 크게 다르진 않지만, 나는 이 문제에 대해 깊이 생각해왔고 오래 살았다. 여기 이 미국인 일중독자가 긴장을 조금 풀고, 아마도 약간의 시간 선물을 만들거나 혹은 적어도 시간 사용이 스트레스를 덜 받도록 도와주는 몇 가지 행동을 알려주려고 한다. 이 중 대부분은 자기통제 장치의 기능을 하는 강제적인 규칙을 포함한다.[2]

- 본질적으로 즐겁다고 생각하는 무언가를 해라. 그것이 가져다주는 즐거움 외에도 그것은 심지어 시간 선물을 만들어낼지도 모른다. 운동으로 달리기의 영향에 대한 많은 연구를 분석한 결과, 한 시간 동안 달리면 한 사람의 수명에 한 시간을 추가하는 것보다 훨씬 더 많은 것이 더해질 수 있다고 한다.[3]
- "목욕은 시간 낭비다"라고 한 소설의 주인공이 말했다.[4] 샤워는 분명 목욕보다 시간은 덜 걸리지만, 2분간의 샤워는 10분간의 목욕만큼 만족스럽진 않다. 개인 활동에 더 많은 시간을 할애하는 것은 시간 스트레스를 줄이는 꽤 좋은 방법이다. 결국, 우리가 하는

것 중에 시간 스트레스가 가장 덜한 것이 개인 활동이다.

- 스트레스를 덜 받는 비업무 활동을 방해하지 않는 일상적인 일을 해라. 업무가 여가로 흘러가는 것은 자신의 스케줄을 통제하는 사람들, 다른 사람들보다 이미 시간 스트레스를 더 받고 있는 고소득자들에게는 정말 문제이다. 예컨대, 밤 9시에서 다음 날 아침 6시 사이에는 어떤 일도 하지 않는다는 규칙을 세워라. 자기 자신을 통제할 수 없다면 배우자에게 그런 규칙을 강제해달라고 청하라.

- 직장에서 5킬로미터 이내에 살고 있다면 가끔 걸어서 출퇴근해보라. 걷는 것이 얼마나 상쾌한지 놀랄 것이다. 걷기가 당신의 긴장을 풀어준다. 자동차에 앉아 교통체증에 시달리거나 혹은 버스운전사의 꾸물거림이나 열차 지연으로 좌절하는 것과는 많이 다르다.

- 일과 여가 활동을 혼자만 하기 쉽다. 그래서 가족 및 친구들과 함께 보내지 못한다. 선진국 사람들은 가족과 함께 보내는 시간이 극히 적기 때문에 당신이 배우자와 아이들과 함께 아침 식사와 저녁 식사를 먹을 것이라는 규칙을 정한다면 시간 스트레스를 해소하는 데 큰 도움이 된다. 가족과 식사할 때는 일하기 어려우니 이것도 유급 근로의 스트레스를 줄이는 방법이다.

- 비업무 활동에서 느긋해져라. 경쟁적으로 식사하고 음식을 준비하고, 식후에 설거지를 한다면 시간 사용의 즐거움은 감소하고 본질적으로 느긋한 일도 스트레스 주는 일로 바뀌게 된다.

위에 제안한 모든 것이 소소한 변화이다. 어떤 사람은 자제력을 요구하는데, 이것은 자신의 일에서 '앞서야 한다'는 압박을 고려할 때 어려울 수 있다. 자신의 삶을 돌아보고, 일하느라 너무 바빠서 아들의 어린 시절과 청년기의 주요 사건을 모두 놓치고 노년에 실패로 돌아온다는 내용의 해리 채핀Harry Chapin의 노래 〈요람 속에 고양이Cat's in the Cradle〉 주인공의 삶과 내 삶이 같은 모습이길 원하는지 자문해보라.[5]

이런 제안 말고도 시간의 압박을 줄일 아주 쉬운 방법이 있다. 즉, 더 많은 돈을 벌기 위한 경쟁을 포기하고 매주 더 적은 유급 근무시간이 소요되는 저임금 일을 하는 것이다. 근로시간의 적은 감소와 그에 따른 소득의 적은 감소는 사람들의 삶에 대한 만족도를 증가시키지만, 사람들 대부분이 훨씬 많은 비근무시간을 얻기 위해 기꺼이 많은 소득을 희생할 의향이 있을지는 의문이다. 직장동료 그리고 친구들이 그렇게 하는 것을 꺼린다면 그런 희생은 특히 바람직하지 않을 것 같다.

다시 한번 우리는 지역사회를 위해 바람직한 변화가 스스로 변화를 만드는 개인에게는 매력적이지 않을 수도 있다는 문제를 되물어야 한다.

> 기업과 공동체가 할 수 있는 일

우리는 시간 스트레스를 받는 감정을 줄일 수 있고, 가족이나 심지어 공동체와 함께하는 데 기여할 수 있는 공동체 또는 회사 차원의 일을 할 수 있다. 우리는 표준 업무주간과 동일한 기간만큼의 업무주간 내에서 직원들에게 일정에 대해 스스로 더 많은 통제권을 허용하는 일부 회사의 노력에 관한 뉴스를 종종 접하게 된다. 예컨대, 2014년에 거대 금융회사인 메릴린치Merrill Lynch는 하위직 임원들에게 매달 4일씩 사무실을 비우도록 하였다. 일부 혁신적 중소기업들은 근로자들이 주당 40시간 이상 일하지 못하게 했다. 심지어 다른 중소기업들은 밤낮을 가리지 않고 서로를 괴롭히는 것을 막기 위해 직원들의 이메일 사용 시간대에 제한을 두었다. 다른 중소기업은 나이 든 직원들의 일을 편하게 해주어 직원들의 삶에서 근로시간을 더 매끄럽게 만들려고 노력했다.[6]

근로자들의 일중독을 제한하기 위해 직접 개입하려는 이런 시도는 칭찬할 만하다. 모든 기업과 정부가 스스로 비슷한 정책을 만들고, 근로자들이 더 자유롭게 근무시간을 계획할 수 있도록 하고, 근로자들의 시간을 제한할 수 있다면 얼마나 멋진 세상이 될 것인가. 하지만 여러 가지 이유로 그런 일은 일어나지 않는다. 비업무 생활의 예상 밖의 변화와 기업과 근로자들이 함께 상호작용하고 생산적이게 할 필요가 있기 때문에 근로자가 완전히 자유롭게 근로시간을 계획할 수 있게 허용하려면 근로자의 생산성이 다른 사람에게 전혀 의존하지 않는 환경이어야만 한다. 협력이 필수인 직장에서 근로자 스스로 근로시간을 선택할 수 있는 완전한 자유를 허락하면 생산성이 떨어진다. 생산성의 감소에 따른 더 높아진 비용이 회사의 경쟁력을 위태롭게 할 것이라는 두려움 때문에, 그 산업에서 유일하게 생산성 감소를 경험하는 기업이 되기를 원하는 회사는 없다.

회사에서 부과한 주당 시간과 월 또는 연의 근무일 제한은 근로자가 매달 받는 급여의 감소가 없는 한 근로자에게 좋은 조건으로 들린다. 하지만 하루, 주, 월에 근무한 마지막 시간조차도 어느 정도 생산성을 가지므로 시간을 감축하면 생산 총량도 줄어든다. 노동시간 단축으로 생긴 생산성의 감소는 급여를 균등하게 삭감하지 않는 한, 이 정책을 제도화한 회사에 동일한 비용 불이익을 줄 것이다. 다시 말하면, 경쟁업체에 비해 불리한 입장에 처할 것을 두려워해 스스로 이런 정책을 제도화하고자 하는 기업은 거의 없다는 뜻이다.

회사가 노동시간에 부과한 제한 그리고 근로자가 일정을 자유롭게 짤 수 있도록 허용하는 정책이 거의 없다는 설명은 고용주의 입장에서 주장할 수 있다. 하지만 근로자들, 특히 고숙련, 고임금 근로자 역시 회사 차원의 제한이 거의 없다는 데 책임이 있다. 시간당 많은 소득을 올리는 근로자들은 일을 더 하고 싶어한다. 상당한 숫자의 고숙련 미국 근로자들이 그렇고, 다소 적지만 일주일에 40시간 이상을 투입하고 있는 다른 선진국의 고숙련 근로자들도 그렇다. 게다가 이런 근로자들은 회사의 성공에 핵심적이고 다른 사람들의 직장생활에 상당한 영향을 미치기 때문에, 그들의 장시간 근로에 대한 관심은 숙련도가 떨어지는 근로자들이 노동시간에 대해 내리는 결정에 파급효과가 있다. 이것이 일중독을 단지 개인의 문제가 아니라 사회 전체에 영향을 미치는 것으로 만든다.

뉴스 미디어는 근로자들에게 미국이나 다른 선진국에서 표준으로 정한 것보다 더 자유로운 노동시간과 업무 일정을 허용하는 '깨어 있는' 회사들에 대한 이야기를 연일 보도한다. 이런 변화는 특이한 생산구조를 가진 몇몇 회사에서 잘 작동할 수도 있다. 하지만 대부분의 기업이 자사 판매 제품과 서비스가 경쟁력을 갖기를 원하기 때문에 이런 칭찬할 만한 정책이 널리 퍼질 것 같지는 않다. 장시간 일하고 일중독 같은 행동을 보이는 대부분의 고임금 노동자들에게도 이런 변화는 매력적이지 않다. 슬프게도 현대 경제의 자유시장, 특히 소득이 점점 더 불평등해지는 시장은 노동시간을 제한하거나 노동시간대를 훨씬 더 유연하게 만들 인센티브(동기)가 없다.

만약 민간이 시작한 노동시간과 시간대 제한이 널리 확산될 것 같지 않다면, 아마도 직장 밖의 민간 이니셔티브는 직장에서 더 많은 유연성과 더 적은 노동시간을 허용하는 인센티브(동기)를 증가시키는 환경을 만들 것이다. 때때로 우리는 10대들의 학교, 음악수업, 축구 그리고 다른 스포츠의 빡빡한 스케줄을 걱정하며 가족이 함께하는 시간을 더 많이 만들 목적으로 마을 전체에 걸친 '타임아웃'을 위해 함께 모이는 부모들을 본다. 이런 행동 역시 회사 차원에서 부과한 제한과 같은 일반적인 이유 때문에 널리 퍼질 것 같지 않다. 축구선수와 음악가를 꿈꾸는 개개인은 성공을 위해 더 열심히 노력할 인센티브(동기)가 있다. 다시 말해 그들이 관심 있는 활동에 쓰는 시간의 제한을 '속이는' 것이다. 이런 인센티브(동기)가 있기 때문에 시간 사용에 대한 마을 전체가 내놓은 최대 선의의 제한조차도 '앞서가려는' 가족과 아이들이 허점을 찌른다.

> 왜 정부는 국민의 시간 사용에 손을 대야 하는가

개인과 기업은 증가하는 소득 그리고 더 많은 것을 가지려는 욕망과 능력을 줄일 수 없을 것 같고, 회사 및 마을 차원의 민간 이너서티브로는 사람들이 직장 및 개인 생활에서 직면하고 있는 시간 스트레스를 줄일 수 없을 것 같다면 유일하게 남은 대안이 있다. 바로 정부의 행동이다. 그런 행동은 자유시장 이념과 자신이 일중독자라는 사실을 알지 못하는 소수의 고숙련 고소득층, 즉 극심한 경쟁에 휘말려 자신의 행동을 의식적으로 통제할 수 없는 사람들에게 비난받을 수 있다. 하지만 선진국에 만연한 시간 스트레스의 정도를 줄일 수 있는 공공정책에는 많은 변화가 있다.

경제학자를 포함한 사회과학자들은 새로운 정책 아이디어를 제안하고, 사람들의 행복을 위해 기존 정부 정책의 변화를 주장한다. 그들은 자신의 연구가 정책에 대해 중요한 말을 할 수 있다는 믿음을 가지고 그들의 생각이 채택되길 바란다. 이런 행동은 이타적이고 동시에 자기도취적이다. 사회 정책이나 경제 정책을 주장하기는 어렵지 않다. 그러나 그 정책이 정부의 개입 없이 민간 차원에서 이행될 수 없음을 분명히 하여 자신의 주장을 정당화하기는 어렵다. 그것이 정부 정책의 기준이 되어야 한다. 단지 바람직하지 않은 사회적 결과를 지적하여 정부가 개입해야 한다는 뜻은 아니다. 정부가 개입하는 정책의 정당성은 개인이나 집단의 행동이 다른 개인이나 심지어 사회 전체에 부정적인 결과를 만드는 외부효과에서 나온다.

시간 사용을 다루는 정부 정책의 정당성은 일부 개인의 행동 변화가 다른 사람의 행동 변화로 이어지지 않는 상황에 처해 있고, 그 실패로 인해 처음 시도한 개인들이 더 어려운 처지에 놓이게 된다는 점에 있다. 그렇다면, 아무도 사회를 전체적으로 더 잘살게 하기 위한 변화에 착수할 인센티브(동기)가 없다. 우리 모두는 강요 속에서 혹은 새로운 인센티브(동기)에 직면해야 무엇인가를 한다. 아니면 아무도 그들의 행동을 바꾸지 않는다.

시간 사용의 경우, 노동 연한이 길고 노동 수명이 성년의 일부에만 압축되어 있는 미국의 극심한 경쟁이 이 법안에 적합하다. 직원들의 근무시간을 줄일 인센티브(동기)가 있는 기업은 거의 없는데, 그것은 더 긴 시간과 더 많은 소득을 제공하는 다른 회사에게 직원들을 빼앗길까 두렵기 때문이다. 경쟁 가게들이 일요일이나 저녁에도 문을 열고 또한 그 시간뿐 아니라 영구적으로 자신의 영업이익을 빼앗는다고 믿는다면 그 어떤 가게도 일요일이나 저녁에 문을 닫을 수가 없다. 일에서의 이런 극심한 경쟁은 가정 생활에도 영향을 끼친다. 함께하는 시간을 줄이고 가족관계를 느슨하게 한다. 함께하면 사람들의 생활은 윤택해지고 인생의 기회는 확대되기 때문에 가족이 함께하는 것을 장려하는 정책도 바람직하다.

이런 외부 요소가 극심한 경쟁을 만들어냈다는 것은 경쟁에 돌입한 사람들을 달리는 러닝머신에서 내려오게 하는 정책에 정당성을 부여한다. 시간 사용에 영향을 미치는 대부분의 정부 정책은 직장에서의 시간을 규제한다. 미국에서 지난 40년간 유급 근로시간은 본질적으로 변하지 않았기 때문에 노동시간을 다루는 정책의 변화는 행복 증진에 가장 큰 기회를 제공한다.

직장 밖 행동의 다른 측면을 겨냥한 정책들 역시 시간 사용에 간접적으로 영향을 미칠 수 있다. 그 정책들 또한 살펴볼 필요가 있다. 그 정책의 부작용으로 사람들이 점점 더 극심한 경쟁의 가속화로 빠져들어 그 방향으로 시간을 사용하지 않게 말이다.

> 비노동시간을 변화시키기 위해 정부 정책이 해야 할 일

노동하지 않는 시간의 맥락에서 정책을 논의하는 것은 중요하다. 어떤 정부 정책도 사람들이 가정 활동, 개인 관리 또는 여가에 소비하는 시간을 바꾸려는 명시적인 목표를 가지진 않는다. 하지만 많은 정책이 부작용을 가지고 있는데, 종종 이런 주요 비업무 활동 유형에서 사람들의 선택 인센티브(동기)를 바꾸는 상당한 중요성을 가진다. 이런 정책 중 몇 가지는 사람들의 업무 활동의 양과 시기의 변화를 위한 것이지만, 그렇게 하면서 비업무 시간 또한 변경해야 한다. 거의 모든 날이 24시간밖에 없기 때문이다. 식량보조프로그램의 지원을 받는 사람들에게 주어지는 보조금의 종류를 제한하는 판매

세나 요구조건같이 우리의 시간 사용에 영향을 미치지 않는 것으로 보이는 정책들조차도 사람들이 비업무 시간을 어떻게 보내는지를 바꿀 수 있다.

상점의 운영 시간을 제한하고, 미국의 일부 주에서 여전히 주류 판매시간을 제한하는 엄격한 청교도적 법률blue laws은 본래 식민지 미국에서 사람들이 교회에 다니도록 유도하기 위해 도입되었다. 다른 나라들도 미국과 같은 목적으로 '일요일 휴업법Sunday-closing laws'을 도입했다.[7] 하지만 20세기 후반 대부분의 서구 국가에서 이런 법들이 약화되었다. 적어도 유럽에서는 다른 사람들 대부분이 일하고 있지 않은 시간에 소매점에서 노동을 강요하는 행태로부터 노동자들을 보호하는 것이 이런 법들의 일상적인 존재 근거가 되었다.

엄격한 청교도적 법률은 쇼핑객들이 평일에 물건을 구매하게 하여 비근로시간을 제한하거나 변경할 수 있다. 1994년 네덜란드에 살 때 목요일 저녁을 제외하고는 주말이나 평일 오후 6시 이후에는 쇼핑을 할 수 없었다. 대부분의 상점은 이 시간에 문을 닫아야 했다. 나는 쇼핑을 위해 일찍 퇴근하거나 쇼핑을 목요일 저녁에 집중했다. 1990년대 후반 완화되었던 네덜란드의 엄격한 법에 대한 평가는 사람들의 쇼핑시간과 쇼핑에 쓰는 시간이 어떻게 변했는지를 조사했다. 상점 운영시간에 대한 규제가 줄어들면서 사람들은 일주일에 걸쳐 쇼핑을 고르게 했다. 놀랄 일은 아니었지만, 조금 놀라운 것은 사람들이, 가게가 이전에 문을 닫았던 날들뿐만 아니라, 매주 쇼핑에 더 많은 시간을 보낸 점이다. 하지만 이로 인해 소매업 근로자들의 근로시간이 늘어났다. 다시 말해 일하고 있는 사람들의 경우, 더 많은 사람이 일하고 더 긴 시간 동안 일하였다.[8]

엄격한 청교도적 법이 완화되면 구매 시간이 주중 제한 없이 고루 분포해서 쇼핑객과 소비자의 복지를 증진시킨다는 증거를 보여준다. 쇼핑객들은 시간을 계획할 수 있는 자유가 증가한 혜택을 누린다. 근로자들이 혜택을 보느냐는 별개의 문제이다. 저녁과 일요일에 일하고 싶었을지도 모르는 일부 근로자들은 일단 법이 폐지되면 그렇게 할 수 있기 때문에 형편이 더 나아진다. 저녁이나 일요일에 일하고 싶지 않았던 다른 사람들은 직업을 유지하기 위해 그렇게 일해야 할 수도 있다. 아주 많은 정책과 마찬가지로, 많은 사람(쇼핑객)은 약간 이익을 얻는 반면, 원하지 않는 시간에 유급 근로를 어쩔 수 없이 해야 하는 몇몇 사람들은 상당한 피해를 입는다. 미국의 매우 긴 연간 근로시간과 유별난 근무시간대를 고려한다면 소매 폐점시간을 의무적으로 정하던 시절로 돌아가는 것은 매력적인 옵션이다.

미국이 2018년까지 연방소득세의 개인 면제를 통해 그랬던 것처럼 많은 나라가 자녀수에 따라 가족에게 수당을 제공한다. 이런 친출산정책이 출산율을 높인다는 증거가 있다. 출산율을 높이는 정도만큼 그것은 또한 시간 사용을 가정 활동(육아)으로 집중시키고 심지어 유급 근로까지 포함한 다른 일반적인 시간 사용의 범주에서 벗어나게 한다.[9] 육아에는 시간이 소요된다는 것을 인식한 미국은 다른 많은 나라와 마찬가지로 연방소득세 제도의 보육세 공제를 통해 보조금을 지급한다. 그 목적은 특히 가정 활동에 포함된 육아시간의 대부분을 제공하는 여성들이 근로시장에 진출하거나 이미 급여노동을 하고 있다면 주간 근로시간을 늘리도록 장려하기 위함이다. 그 보조금으로 보모를 고용하고 아이들을 보육시설에 보내도록 장려한다. 그렇게 하지 않았더라면 추가 노동시간만큼의 시간은 가정 활동에 소비되었을 가능성이 크다.

이 정책을 폐지하고, 비업무 시간을 줄이는 부작용을 없애는 것이 타당해 보일 수도 있다. 가정 활동에 소비하는 남녀의 시간이 점점 더 평등해지는 가운데, 육아보조금 폐지는 남녀 모두가 유급 근로의 양을 줄이려는 점점 더 동등한 인센티브(동기)를 만들어줄 것이다. 일부 유럽 국가들처럼 유급 가족휴가가 제공되고 아이가 태어났을 때 두 배우자가 공유할 수 있다면 이런 것들이 향상될 수 있다.

일반판매세는 사람들이 시간을 사용하는 방식을 바꿀 수 있다. 특정 상품에 대한 세금은, 세금이 더 높아진 상품을 덜 구매하고 대신에 그들 자신의 시간을 더 많이 사용하여 세금을 피할 수 있는 정도만큼 사람들의 시간 사용 방식을 변화시킨다. 2007년에 멕시코의 주식인 토르티야tortilla의 주성분인 옥수수 가격이 전 세계적으로 상승하면서 멕시코 가정, 특히 저소득층 가정에 부담이 커졌다. 이에 대응하기 위해 멕시코 정부는 수입 옥수수에 대한 관세(국경세)를 폐지했다.[10] 관세 인하가 없었다면 멕시코 주부들은 미리 갈아놓은 옥수수를 구입하는 것보다 옥수수를 직접 빻는 데 더 많은 시간을 소비해야 했을 것이다.

물건의 가격이 오르면 실제로 물건을 사는 것에서 자신의 시간을 더 많이 사용하는 쪽으로 행동을 바꾸는지의 여부는 활동과 그 활동 중에 사용되는 상품에 달려 있다. '식량'이라는 광범위한 상품은 일반적으로 식량이 더 비싸지면 사람들이 자신의 시간을 대체 투입할 수 있지만, 그렇게 많이는 아니라는 증거들이 있다.[11] 하지만 특정 상품의 가격이 더욱 오르면, 음식을 만들기 위해 일반적으로 가공이 덜 된 대용품을 구매하고 최종 제품을 만드는 데 가정 활동 시간을 사용하는 것이 훨씬 쉽다. 예컨대, 치즈스틱의 가격이 오른다면, 어떤 사람들은 통치즈를 사서 공장에서 만들어진 제품과 같은 것을 얻기 위해 집에서 치즈를 스틱으로 자르는 데 약간의 추가 시간을 쓸 것이다.

정부 정책은 우리가 살 수 있는 물건의 가격뿐 아니라 종류가 변경될 때 우리 시간을 어떻게 사용하는지에 특히 큰 영향을 미칠 수 있다. 2000년대 초, 미국 정부는 가공식품보다는 가공하지 않은 식료품을 사용해 생산할 수 있는 최소 영양가 식단을 가난한 가정에 제공하는 지원 프로그램인 '식료품 할인구매권 프로그램SNAP'을 기준으로 삼기 시작했다. 이것은 납세자들의 돈을 절약한다. 가공하지 않은 식재료가 가공식품보다 싸다. 이런 목적에 배정된 더 작은 규모의 예산을 가지고도 프로그램의 수혜자는 변경 전과 동일한 영양 수준을 유지할 수 있다.

어려운 점은 이런 예산의 제한이 프로그램 수혜자, 특히 수혜자 대부분을 구성하고 음식 준비를 하는 여성들이 시간을 소비하는 방식을 변화시켰다는 점이다.[12] 복지 프로그램이 부과하는 늘어난 요건에 직면한 많은 저소득 여성들은 그들의 비근로시간이 음식 준비의 형태로 가정 활동 쪽으로 옮겨져야만 했다. 가공하지 않은 식재료로 식사를 준비하는 것이 더 많은 가공식품을 사용하는 것보다 더 많은 시간이 걸리기 때문이다. 식료품 할인 구매권 수혜자들이 유급 근로로 일을 찾는 요건과 함께, 이런 제한은 저소득층 여성들의 시간 스트레스를 크게 증가시켰다. 이런 정책들의 결합은 종종 정책의 부정적인 상호작용을 설명하는 직장 밖 시간에 영향을 미치는 정책과 유급 근로와 비근로시간의 압력에 영향을 미치는 정책을 함께 만들어야 한다는 점을 보여준다.

> 노동시간대를 어떻게 변화시킬까

대부분의 국가에는 노동시간대를 변경하기 위해 명시적으로 고안된 국가 정책이 있다.[13] 표준 주당 노동시간과 초과시간 노동에 대한 할증 급여 한도 같은 정책은 수행한 작업량을 변경하여 고용주들이 근로시간대를 변경함으로써 암묵적으로 노동시간대를 변경한다. 미국연방법은 그렇지 않지만 일부 초과시간 노동법은 명백하게 노동일수가 그 대상이다. 캘리포니아와 몇몇 다른 서부 주에서는 표준 주당 노동시간 40시간을 정하는 것을 넘어 하루 여덟 시간 이상 일하는 근로자들에게 할증급여를 지불하도록 하는 초과노동시간법이 있다. 유사한 일일 초과노동시간 급여 요건이 많은 선진국에 존재한다.

우리가 예상하는 것처럼 일일 초과 노동 수당의 추가는 하루에 여덟 시간 이상 일하는 직원들의 비율을 감소시킨다. 하지만 이것은 근로자가 하루 여덟 시간 이상 근무할 때 일일 비용을 증가시키기 때문에 고용주들에게는 주중 여러 날로 일을 나눠 일일 평균 노동 시간을 더 감소시키려는 인센티브(동기)가 된다.[14] 하루에 적은 시간 일하는 대신 근무 일수를 늘리는 것이 용이하다는 점은 비록 이런 대체가 일어나지만 효과는 매우 적다는 것을 말해주는 증거이다. 하루 한 시간씩 근무시간이 추가되어 비용이 더 많아지더라도 고용주들은 주당 노동일수에 하루를 추가하는 것이 어렵다. 이 같은 난관은 일일 근로시간을 줄이는 공공정책이 노동자가 일하는 일수를 늘리는 부작용을 낳진 않았다는 뜻이다. 대신, 총 일일 근로시간의 감소에서 비롯된 총 근로시간 감소의 일부는 일자리 증가로 보충된다. 새로운 일자리가 창출되고 각 노동자가 유급 근로를 덜 하게 되면서 더 많은 사람이 일을 할 수 있는 것은 보통의 근로자가 직면하고 있는 시간 압력을 약간 줄이는 매력적인 방법이다.

저녁, 야간 또는 주말에 행하는 일의 양은 초과근로시간 법률이나 일의 양과 일정 수준 이상의 노동에는 불이익을 주는 다른 법률의 영향을 받을 것이다. 미국은 아니지만 대부분의 국가에서 정부는 이런 이례적인 시간대의 업무량 한도를 명시적 목표로 하는 정책을 제정했다. 프랑스와 독일 같은 경제대국을 포함한 많은 나라에서는 '정상'으로 정의된 노동시간대 이외의 시간에 하는 노동에 대해 시간당 추가 급여가 제공된다. 다른 많은 나라는 직원이 이 시간대에 할 수 있는 일의 양을 명시적으로 제한한다.

포르투갈이 이런 법률의 복잡성에 대한 흥미로운 정보를 제공한다. 하루 여덟 시간 또는 주당 40시간 이상 초과 노동을 하면 추가 지급은 필수이다. 1년간 할 수 있는 초과 근로시간에도 절대적인 한도가 있다. 포르투갈은 주중 평일 오후 8시에서 오전 7시 사이에 행해진 작업에 대해 25퍼센트의 할증 임금을, 주말 노동에 대해서는 100퍼센트의 할증 임금을 그리고 주말 야간노동에 대해서는 최고 150퍼센트의 할증 임금을 의무화했다. 미국에서는 전혀 실행되지 않고 있지만, 이런 법률의 복잡성은 많은 유럽 노동시장에서 운영되는 제한과 의무의 종류를 나타낸다.

미국인이 유럽인보다 저녁, 야간 그리고 주말에 더 많은 일을 하고 있기 때문에 가령 이런 시간대 노동에 대해 50퍼센트 할증 임금과 같은 유럽식 벌칙은 사람들이 대부분 바람직하지 않다고 생각하는 시간대의 일의 양을 줄이는 방법이 될 수도 있다. 한 연구는 이런 비정상적인 시간대의 일에 대해 고용주에게 할증 임금을 지불하도록 요구하는 것은 그런 시간대에 수행된 일의 비율을 감소시킨다는 것을 보여주었다.[15] 하지만 효과는 크지 않아서 현재 정상 근로시간 이외의 시간에 수행되는 일에 대해 정부의 할증 임금에 직면하지 않은 미국 고용주들에게 포르투갈식 규제 조치가 내려질 경우, 이 시간대에 행해지는 작업의 단지 2퍼센트만 감소할 것이다. 호주 정부가 일요일에 하는 소매 업무에 대한 임금 벌칙의 확대로 일요일 소매점들의 운영시간 축소를 유도하려 한 시도와 유사한 결론이다. 이 법안

은 노동자 1인당 근로시간은 줄였지만, 그 영향은 매우 작았다.[16]

주말이나 휴일, 야간 시간대에 초과업무나 업무 일정을 세우는 고용주에게 벌칙을 부과하는 것은 조금이나마 도움이 되겠지만, 유급 근로의 부담을 줄이는 데 유용한 접근법은 아닌 것 같다. 우리가 노동시간대를 바꾸기 원한다면 일반적이지 않은 시간대에 하는 노동을 금지해야 한다. 특정한 시간대, 아마도 자정부터 새벽 5시까지 그리고 일요일에는 아무것도 하지 않도록 의무화해야 한다. 본질적으로 엄격한 청교도적 법률로 복귀하는 것이 이 의무가 제대로 이행되도록 할 것이다. 이것이 유급 근로의 양을 크게 감소시키지는 않겠지만 적어도 어느 정도는 더 많은 가족 단합을 가능하게 할 것이다.

때때로 주당 32시간 노동을 의무화할 것을 제안하는 이들도 있다.[17] 주 근로시간을 32시간으로 줄이는 것은 의심할 여지없이 더 많은 일자리를 창출하겠지만, 총 유급 근로 양의 엄청난 감소를 막기에는 충분하지 않다. 매주 금요일 여덟 시간 노동이 월요일부터 목요일까지의 어느 날만큼 생산적이지 않을 수도 있지만(여기에 대한 증거는 없다), 적어도 어느 정도는 생산적이다. 나머지 4일 동안 근로시간을 변경하지 않고 하루 일을 줄이는 것은 의심할 여지없이 국내총생산을 감소시키고 1인당 소득을 감소시킬 것이다. 우리가 매주 3일씩 주말을 쓰는 것을 매우 높게 평가한다면 할 만한 가치가 있을지 모르지만 우리가 생산하는 양에 상당한 비용이 들 것이고, 따라서 우리 소득에도 상당한 희생이 따를 것이다. 무비용과는 아주 거리가 멀다.

또 다른 가능성은 기업들이 노동자들에게 매주 일정 시간씩 일하는 노동시간대를 스스로 정하도록 하는 유연근무제 도입이다. 많은 노동자가 이 아이디어를 매력적으로 생각한다. 결국 노동자 대부분의 관점에서 자신의 노동시간대를 선택할 수 있는 자유는 매우 매력적으로 보인다. 이미 일부 병원 직원 그리고 항공사 조종사와 승무원 같은 특정 직업과 산업의 노동시간대를 특징짓고 있다. 유연근무제는 고용주의 시간당 비용을 줄일 수 있다. 자기 일이 제공하는 이런 혜택을 원하는 근로자들은 기꺼이 시간당 보다 적은 임금으로 일할 것이기 때문이다. 더 이상 직원들의 일정을 세심하게 동일화할 수 없기에 작업장의 생산성이 감소하여 발생할 수 있는 비용 상승은 이런 인건비 절감에 반대되는 결과이기도 하다.

유연근무제는 미국에서는 의무로 규정되어 있지 않으며 곧 요구될 것 같지도 않다. 하지만 어떤 직장에서는 이용 가능하다. 그것이 이익을 감소시키지만, 인적자원 정책에 더 세심한 주의를 기울여 많은 감소를 완화시킬 수 있음을 보여주는 증거가 많지는 않다.[18] 산업과 기업 전반에 걸친 생산구조의 다양성을 감안할 때 국가적 유연근무제 의무화는 유급 근로의 부담을 줄이려는 어설픈 접근법이 될 것이다.

복권을 사거나 도박을 할 때를 제외하고 사람들은 불확실성을 좋아하지 않는다. 노동시간대에 대한 불확실성은 특히 골치 아프다. 마치 어린 자녀가 갑자기 병이 나 업무시간을 조정해야 하는 것처럼 말이다. 일부 근로자, 특히 소매점에 있는 근로자들은 집에 있는 아침에 갑자기 그들이 제공하는 서비스가 필요하거나 필요하지 않으며 그들이 일할 계획이었던 날에 대한 보상을 받지 못할 것이라는 통보를 받는 불쾌함을 경험한다. 최소한 사전에 계획된 일정을 지키는 것이 근로자들에게는 매력적이다. 기업에게도 매력적일 수 있다. 업무 일정에 대한 불확실성을 감소시켜야 그 회사를 위해 기꺼이 일하고자 하는 의욕을 높일 것이다. 그렇게 되면 근로자들이 기꺼이 받아들일 수 있는 시급이 스케줄링의 유연성 감소로 인한 고용주의 비용을 상쇄할 수 있을 정도로 낮아질 수 있다.

뉴욕, 샌프란시스코, 시애틀을 포함한 몇몇 도시는 특히 패스트푸드 및 이와 유사한 소매점의 고용주가 업무일 2주 전에는 근무 일정을 알려주도록 한 조례를 통과시켰다.[19] 고용주가 그 일정을 지키지 않아 단시간 공지에 의해 업무시간이 바뀐다면 고용주는 할증 임금을 지불해야 한다. 이런 법들이 노동시간대를 변경하지는 않지만, 노동시간대에 대한 불확실성을 줄인다. 그래서 노동자들이 더 만족스러운 방법으로 비근로시간을 계획할 수 있고, 노동자들의 삶도 더 나아질 것이다. 적절한 계획을 세우면 이런 법령으로 노동비용이 크게 오르지 않고, 더 많은 노동자들이 이런 일자리를 더 매력적이라고 느끼게 되어 심지어 노동비용을 줄일 수도 있다.

노동자의 불확실성 감소를 의무화하는 정책은 매우 바람직해 보인다. 우리는 노동자 대부분의 일정이 달라지지도 않고 제품 수요에 대한 고용주의 인식의 변덕스러움에도 영향 받지 않음을 보았다. 하지만 일부, 특히 소매업에 종사하는 노동자들 그리고 좀 더 많은 여성 소매 노동자들의 일정이 영향을 받는다. 이 법은 상생 주장을 대변하지는 않지만, 고용주와 주주들의 아주 적은 손해와 소수의 큰 승리를 대변한다.

여섯 개의 서로 다른 시간대가 있는 미국 경제는 시간대에 따라 개별 작동한다. 경제 중심이 북동부에서 멀어질수록 점점 더 그렇다. 시간대는 신이 부여한 것이 아니라 인간이 만든 것이며, 경제적 혜택이 있다면 바꾸지 않을 이유가 없다. 한 가지 간단한 변화는 48개 주 전체를 포함하는 두 시간 간격의 두 개의 시간대만 두는 것이다. 현재 중앙시간대 서쪽 끝의 구분선이 여기서 제안한 두 시간대를 구분하게 된다. 이런 변화를 만들면 전국적인 활동의 일정과 시기를 더 조율할 수 있고 현재 가능한 것보다 더 많은 사회적 응집력을 촉진할 수 있다. 이것은 자주 비행기를 타는 사람들이 동쪽 해안에서 서쪽 해안까지 여행으로 발생하는 시차 현상의 심리적, 어쩌면 생리적 영향까지도 줄일 수 있을 것이다.

❯ 장시간 노동에 대처하기 위한 정책들

다른 선진국 국민에 비해 미국인의 초과 근로시간은 상당하며 세금 정책, 극단적인 소비주의 그리고 다른 것들을 포함해 초과 근로시간의 원인으로 자주 언급되는 어떤 이야기로도 설명할 수 없다. 이것은 경제학자들이 말하는 이른바 '낮은 수준의 평형low-level equilibrium'

의 징후인데, 집단이나 사회가 내부적인 보상으로도 개선되지 못하는 열등한 상황에 처하게 되는 것을 뜻한다. 이 낮은 수준의 평형 함정에서 미국 노동인구를 끌어올리기 위해 무엇을 할 수 있을까?

근로시간 단축이라는 목표 외에도 근로시간을 국민 전체와 수명 전반으로 확산시키는 것이 바람직하다. 사람들은 다양성에서 이익을 얻는다. 우리는 소득이 늘어나고 그렇게 할 기회가 제공됨에 따라 더 많은 다른 상품과 서비스를 구입하고 더 많은 일을 다양하게 한다. 노동자의 연간 총 근로시간은 감소하지만, 나이를 먹을수록 근로시간이 전체 인구와 인생 전반에 걸쳐 더 넓게 확산되면 우리는 더 행복해질 것이다. 적절한 정책은 한 해 동안 1인당 평균 근로시간을 줄이는 반면, 삶 전반에 걸쳐 일을 확대할 더 큰 기회를 허용하는 목표를 달성해야 한다. 사람들이 여러 날, 수년에 걸쳐 유급 근로에 보내는 시간과 여가 및 개인 관리에서 쓰는 다른 시간을 혼용할 수 있게 하면 인생 전반에 걸쳐 평균적으로 더 나은 삶을 살게 될 것이다.

놀랄 만큼 다양한 정부 정책이 미국인과 다른 나라 사람들이 급여를 위해 일하는 데 쓰는 시간에 직접 영향을 미친다. 다른 선진국의 근로시간과 생산성에서 예측할 수 있는 수준으로 근로시간을 줄이기 위해 정책을 바꾸는 것은 일중독인 미국에서도 특히 매력적으로 보인다. 그리고 비록 미국인들이 다른 선진국 근로자들보다 더 늦게 은퇴하는 경향이 있지만, 대부분의 미국인은 유급 근로를 하지 않는 인생의 황혼기에도 여전히 상당 기간 시간이 있다.

근로시간에 직접적인 영향을 미칠 수 있는 한 가지 정책은 원래 공정근로기준법(초과노동에 1.5배 지불)에 포함되어 있던 초과노동법이다. 고용주에게 주당 40시간을 초과한 시간에 대해 초과임금을 지불하도록 하는 것은 그렇지 않은 경우보다 고용주가 주당 근로시간을 적게 유지할 인센티브(동기)를 부여한다. 비록 이것이 고용주의 노동비용을 높이고 그래서 사용자 단체와 우파적 정치인들이 근로시간 연장을 극렬히 반대하지만, 그것은 또한 거의 확실하게 전체 고용을 증가시켜, 전체 인구에게 일할 수 있는 기회를 확산시킨다. 따라서 더 많은 노동자와 잠재적 노동자들 사이에 일이 확산되면서 노동자 1인당 근로시간을 단축하는 이중 기준을 충족한다. 이것은 그 효과를 평가한 연구에서도 명백히 나타난 바 있다.[20]

미국의 초과노동법은 설립 첫 40년 동안 여러 산업으로 확대되었지만, 1970년대 이후 고용주가 시간외수당을 제공하는 요건에서 면제된 것으로 추정되는 미국 노동자 비율의 증가로 인해 근로시간에 미치는 영향은 줄어들었다. 1974년 월급을 받는 근로자들은 연방 초과노동법의 보호에서 면제되려면 주당 평균 급여의 150퍼센트를 받아야 했다. 2018년에는 한도가 50퍼센트였다. 2016년 오바마 행정부가 이렇게 줄어든 비율을 되돌리려 노력했지만, 법원에 의해 차단되었고 적어도 몇 년 동안은 다시 제도화되지 않을 것이 거의 확실하다.

소득세는 대부분 일에 대한 세금이다. 유급 근로시간이 미국인과 다른 나라 사람들이 받는 대부분의 소득을 창출하기 때문이다. 이와 같이 소득세는 우리가 얼마나 일하고 싶은가에 영향을 줄 수 있다. 급여세—미국의 인기 있는 용어로 사회보장세와 노인의료보험세—는 비슷한 효과를 보인다. 경제학자들은 높은 소득과 급여세가 근로시간에 미치는 영향에 대해 토할 정도로 많이 연구해왔다. 이들 효과에 대한 명확한 결론은 없지만, 효과는 있지만 그리 크지는 않다는 증거는 있다.[21] 어쨌든 국제 기준에 따르면 세금이 낮은 미국과 같은 나라에서도 세금 인상은 1980년대 이후 정치적 혐오거리였다. 세금이 오른다고 하더라도 근로시간은 조금 감소할 뿐이고, 근로의 기회가 더 많은 사람에게 그리고 사람들의 성인기 전반에 걸쳐 고루 확산되는 데에 거의 도움이 되지 않을 것이라는 증거가 있다. 세금 변화가 사람들이 느끼는 시간 압력의 양을 바꾸는 데 중요한 영향을 미친 것 같진 않다.

　민간과 공공연금제도 모두 우리가 특히 노년기에 일하는 양을 변화시킨다. 확정급여형 연금은 특정 연령에 미리 정해진 월 소득의 일정 금액을 지급하는 것으로, 특정 나이에 청구하지 않으면 평생 동안 받을 수 있는 총액이 줄어드는 일이 흔하게 일어난다. 확정급여연금제도는 노년층의 노동시장 참여와 근로시간을 줄이는 강력한 인센티브(동기)를 제공한다. 제도의 축적된 투자에 기초해 연금급여를 지급하는 미국의 401k제도 같은 확정기여연금제도는 노후에만 구매자금을 조달할 수 있는 충분한 소득을 제공하기 때문에 노년층의 근로시간에 부정적인 영향을 미친다. 일반적으로 연금정책, 특히 확정급여형은 젊은 시기에 근로시간을 집중하고 여가를 생애 전반에 걸쳐 더 고루 나누지 않으려는 인센티브(동기)를 만들어낸다.

공공정책이 미국 및 기타 지역의 노인들의 일에 미치는 영향은 공적연금을 통해서이다. 미국의 경우는 1935년 도입된 사회보장법을 통해서이다. 이 법이 시행된 때에는 평균 65세가 78세까지 살 것으로 예상하여 65세 때 퇴직금을 지급했다. 2009년에 정년이 66세로 늦춰졌고, 67세 노인이 84세까지 살 것으로 예상되는 2022년에는 사회보장급여가 67세에 제공될 확률이 100퍼센트이다. 미국의 공적연금은 더 나이 들어도 계속 일할 인센티브(동기)를 증가시키기 위해 수정되었지만, 기대수명의 증가 속도는 인센티브(동기)의 변화를 훨씬 능가해 이제 우리는 증조부모들이 1930년대 말에 예상할 수 있었던 13년이 아니라 17년 동안 공공연금이 우리를 지원하기를 기대한다. 유럽에서는 공적연금을 청구할 수 있는 나이가 약간 늦춰졌는데 사람들이 연금을 수령하고 유급 근로를 거의 하지 않는 시간도 늘었다.

미국에서 사회보장 혜택을 받을 수 있는 연령이 높아지자 사람들은 정규 근로에서 정규 비근로으로 전환하려는 인센티브(동기)를 감소시켜야 했다. 그 인센티브(동기)는 바로 평생 동안의 노동을 젊은 시절에 몰아서 하고 노년은 비노동 시간으로 채우려는 것을 의미한다. 2020년대부터 2030년대에 걸쳐 점진적으로 정년을 70세로 높이는 것은 이런 목적을 달성할 것이고, 사회보장 프로그램의 재정 건전성을 보장하는 바람직한 효과를 낼 것이다. 하지만 여기서 하고자 하는 주장은 재정의 문제가 아니다. 완전한 복리후생 수령 연령을 높임으로써 사람들이 인생의 이른 시기에 일하고 나이가 들면 노동을 하지 않겠다고 구분 짓는 인센티브(동기)를 줄일 수 있다는 것이다. 사람들은 나이가 들면서 다양한 경험을 할 수 있다.

수년간 미국의 사회보장제도는 혜택을 받는 동안 노동에 대한 의욕 저하를 줄여나갔다. 초기에는 사회보장 수급자가 낮은 일정액 이상을 벌면 일부 혜택을 포기하도록 하는 '소득조사'가 실시되었다. 하지만 반복적으로 완화되었고 1999년에 폐지되었는데, 이 요건의 변경은 노년층 노동자들에게 계속 일할 수 있는 더 많은 인센티브(동기)를 부여했다. 소득조사를 완화하면 노인들의 근로시간이 증가했음을 알 수 있다.[22] 이것이 노동자 1인당 근로시간 단축이라는 목표를 달성하지는 못하지만, 사람들이 평생에 걸쳐 좀 더 고르게 일을 하도록 장려한다.

이런 여러 어려움과 공적연금이 평생 일하는 수고를 줄이기 위해 만들어졌음에도 불구하고, 미국은 현재 인생의 후반기에 일하지 않도록 만드는 인센티브(동기)를 최소화하는 부분에서 대부분의 유럽 국가들보다 훨씬 앞서 있다. 최근에서야 몇몇 유럽 국가에서 도입한 노동수명연장 정책인 의무정년이 미국에서는 1987년 이래로 없어졌다. 유럽 경제에서 공적연금과 개인연금은 70세가 되기 훨씬 이전에 직장을 떠나 평생 동안 다양한 활동을 최소화할 수 있는 매우 강력한 인센티브(동기)를 제공한다. (그리고 이것은 엄청난 재정 불균형으로 이어진다.) 그런 국가들은 연금제도를 도입하고 미국 연금제도보다 더 늦은 중년까지 그리고 심지어 70대 초반까지 일을 하도록 장려하는 것이 온당할 것이다.

＞ 어떻게 하면 시간 사용에 주요한 변화를 만들까

내가 제안한 모든 정책 변화는 연간 근로시간을 줄이고 인생에서 더 긴 시간 동안 일을 한다는 목표를 달성하는 데 도움이 될 것이다. 하지만 그 어떤 것도 큰 효과는 없을 것이다. 더욱 심각한 것은 지난 70년 동안 지속적으로 논의되어 온 정책체제와 그에 대한 사람들의 매우 다르고 강하게 고착된 의견을 변화시켜야 한다. 이런 변화가 가져올 미미한 효과와 정치적 어려움 때문에 이런 변화를 늘어나는 시간에 대한 박탈감을 해결하는 방법으로 의존할 수가 없다.

미국의 경제활동참여율은 유럽의 노동시장 참여율과 거의 차이가 없으며, 사람들이 일하는 주간 근로시간도 크게 다르지 않다. 하지만 미국인들이 다른 나라 사람들보다 1년에 더 많은 주를 일하기 때문에 미국에서는 연간 유급 근로시간이 유럽보다 훨씬 더 많다. 근로시간에 큰 영향을 미치고, 사람들이 매일 그리고 그들의 삶 전반에 걸쳐 스트레스를 덜 느끼도록 하려면 매년 사람들이 일하는 주를 줄이도록 성공적인 정책이 운영되어야 한다.

근로시간 문제를 직접적으로 다루기 위해서는, 다시 말해 노동시장정책의 '고르디우스의 매듭(Gordian knot, 아주 힘든 일)'을 잘라내기 위해서 미국은 새로운 방향에 착수해야 하는데 그것은 바로 최저 유급 연간휴가 시간을 의무화하는 것이다. 4주 유급휴가를 의무화해도 미국은 여전히 많은 서구국가들에 뒤쳐지지만, 미국 노동자들이 받는 평균 유급휴가 시간이 두 배로 늘어날 것으로 추산된다. 이처럼 4주 유급휴가는 일반 노동자들의 연간 근로시간을 줄일 수 있다. 그것은 삶의 다양성을 향상시키기 위해 평생에 걸쳐 노동할 수 있도록 고안된 기존의 정책들 중 일부와 결합해 내가 앞에서 요약한 이중 목표를 달성하는 데 도움이 될 것이다. 그것은 낮은 수준의 평형 함정에서 미국 노동시장을 끌어올리는 데 어느 정도 도움이 된다.

추가 유급휴가와 공휴일이 더 많은 여가시간의 순수한 증가를 의미하진 않는다. 그것은 비용이 든다. '공짜점심'이 아니다. 사람들이 더 많은 휴가와 공휴일을 즐기기 때문에 1년에 더 적은 시간을 일하고 있다면 생산이 감소할 것이다. 휴가가 많아지고 생산량이 줄어들면 총소득이 감소한다. 1인당 GDP 혹은 1인당 생산한 달러 등으로 표기되는 생활수준이 그리 높지 않을 것이다. 인생에서 대부분의 것과 마찬가지로 더 많은 혹은 더 적은 휴가나 휴일 같은 선택도 여가활동을 늘리고 생활수준을 낮추거나 혹은 여가를 줄이고 소득을 늘리는 거래를 나타낸다. 사회가 할 수 있는 이 거래의 최선의 선택은 소득의 측면에서 추가적인 여가 비용, 즉 우리가 포기해야 할 것 그리고 잃어버린 소득 대비 얻은 여가를 어떻게 가치 판단할 것인가에 달려 있다. 여가와 소득에 대한 우리의 선호에 따라 달라진다.

일하는 날의 생산성에 관한 연구를 바탕으로, 이 GDP와 비근로시간의 거래 성격을 조금 파악할 수 있다. 일반적으로 하루 중 업무를 시작하고 처음 몇 시간이 가장 생산적이다. 이 사실은 1920년대 과학경영의 시대에 입증된 바 있다. 최근에 행해진 유사한 연구에서도 그렇고, 미국의 시간일기 데이터를 사용한 연구에서도 나타난다.[23] 파업의 영향에 대한 연구도 유사한 증거를 제시한다. 파업 중 손실된 생산은 파업 전후에 예상치 못한 추가 생산으로 보충된다.[24]

적은 양의 증거를 종합해보면, 우리는 여가와 생산의 거래가 정확하게 무엇인지 이 경우에 알지 못한다. 미국인들(또는 다른 선진국 사람들)이 하루 또는 한 주의 추가 휴가 혹은 휴일 시간의 대가로 얼마나 많은 소득을 포기해야 하는지의 문제이다. 하지만 우리는 손실된 생산량, 즉 1인당 GDP의 감소가 근로시간 단축에 비례하진 않을 것이라고 확신한다. 예컨대, 만약 미국인들이 2주가 아닌 연간 4주 유급휴가를 쓴다면(근로시간 4퍼센트 감소), 1인당 GDP는 4퍼센트 미만으로 떨어질 것이다. 근로시간 4퍼센트 감소가 생산량 2퍼센트 감소로 이어진다. 즉, 2대 1의 거래이다. 그것은 2017년에 추가적인 여가 활동이 GDP를 1인당 약 5만 9,500달러에서 1인당 약 5만 8,300달러로 줄였다는 것을 의미한다. 그 감소조차도 생활수준의 감소를 과대평가하고 있다. 고용주가 노년층을 포함한 더 많은 노동자를 고용함으로써 단축된 연간 근로시간에 적응하기 때문에, 추가 고용은 GDP의 감소를 완화시킬 것이다.

미국이 이 새롭고 전면적인 변화를 취하려면 약간의 정치적 의지가 필요하다. 정치적 의지에 대한 강력한 주장들이 많지만 정치적 의지가 사람들이 어떻게 시간을 사용하는지 그리고 어떻게 삶을 사는지에 있어 주요한 차이를 만드는 가장 간단한 방법이 될 것이다. 사람들이 유급 근로와 비근로시간의 균형을 더 쉽게 맞출 수 있게 하고, 가용시간의 상응하는 증가 없이도 구매력 상승으로 야기되는 압력을 완화하게 할 것이다.

> 시간 사용의 미래

2000년 이후 미국에서 일하거나 직장을 구하는 성인의 비율이 감소하고 매년 유급 근로에 소비하는 시간이 약간 감소한 것은 환영할 만한 발전이다. 미국이 지난 30년 동안 국제기준으로 보아 유별나게 많은 유급 근로시간이 조금 줄었다는 점을 시사한다. 미국에서는 또한 일하거나 직장을 구하는 나이 든 노동자의 수가 증가했다. 이것은 또한 일과 여가 그리고 다른 비업무 활동을 우리 삶 전반에 걸쳐 더 많이 다양하게 즐길 수 있는 능력 측면에서 환영할 만한 단계이다.

이런 변화에도 불구하고 미국 경제의 엄청난 생산력이 허용할 것으로 생각되는 여가를 즐길 때까지는 아직 갈 길이 멀다. 내가 논의한 정책들, 특히 상당한 유급휴가를 의무화하는 요건은 미국 사회의 복지를 증가시키는 데 크게 도움이 될 것이다. 다른 선진국들이 미국 경제보다 더 감탄할 만하다는 의미는 전혀 아니다. 하지만 인간의 목적이 유급 근로에 시간을 소비하는 것이라는 믿음은 아주 오래된 믿음이다. 그게 정확하게 맞은 적이 있다면 말이다. 어쨌든 인간의 목적이 유급 근로에 시간을 소비하는 것이라고 믿는 경우가 아니라면, 사람들이 더 많은 여가를 즐기고 그들의 삶에서 더 많은 일과 여가의 다양성을 즐길 수 있는 더 많은 인센티브(동기)를 부여하는 것이 합리적인 방향이다.

장시간 노동하고 30대, 40대, 50대 그리고 60대 초반에 유급 근로를 집중하려는 인센티브(동기)를 바꾸기 위해 아무것도 하지 않는다면 어떻게 될까? 이 책 전반에 걸쳐 논의한 내용에서 명확한 해답이 보인다. 경제 성장이 연간 겨우 1퍼센트 감소된 비율로 지속된다 하더라도 우리 손자, 손녀들의 구매력은 우리의 두 배가 될 것이다. 우리 손자, 손녀들이 매년 일하는 양을 줄이지 않고 일하는 시간대를 그들의 생애에 걸쳐 고르게 바꾸지 않는다면, 지금의 우리보다 훨씬 더 허둥지둥대며 살 것이다. 우리 손자, 손녀들은 살 것도 할 것도 더 많겠지만 그것들을 할 시간이 거의 없거나 더 이상 없을 것이다. 이것은 매우 유쾌하지 못한 전망이다.

최소한의 유급휴가 의무화 같은 합리적인 정책을 제도화한다면 사람들이 점점 더 서두르고 압박받는 사회에서 사는 것을 막는 데 큰 도움이 될 것이다. 근로시간과 시기에 대한 공공정책의 변화는 미국, 유럽 또는 다른 곳에서 신속하게 시행되지 않을 것이다. 실행을 위해서는 상당한 논의가 필요하다. 비록 다른 선진국에 많은 정책이 존재하지만 몇몇 정책은 미국에서 거의 언급된 바가 없다. 마찬가지로 미국식 연금정책은 유럽에서 충분히 논의되지 않았다. 하지만 이 모든 변화는 이치에 맞고 이 모든 것이 시간 스트레스 즉, 시간 부족이라는 문제를 해결하는 데 큰 도움이 될 것이다. 이제 그 변화들에 대해 이야기를 시작할 시간이다.

PREFACE

1   http://apps.webofknowledge.com.ezproxy.lib.utexas.edu/Search.do?product=WOS&SID=3BBRXuHA4JLLDMJHMpo&search_mode=GeneralSearch&prID=1de537b3-bc81-488e-bb55-18dbfce1ac96 is the URL for the *Web of Science* for this search, conducted on August 24, 2017.

2   Just a few of these are Rachel Connelly and Jean Kimmel, *The Time Use of Mothers in the United States at the Beginning of the 21st Century* (Kalamazoo: W. E. Upjohn Institute for Employment Research, 2010); Jean Kimmel, ed., *How Do We Spend Our Time? Evidence from the American Time Use Survey* (Kalamazoo: W. E. Upjohn Institute for Employment Research, 2008); and Daniel Hamermesh and Gerard Pfann, *The Economics of Time Use* (Amsterdam: Elsevier, 2005).

3   John Robinson and Geoffrey Godbey, *Time for Life: The Surprising Ways Americans Use Their Time* (University Park: Pennsylvania State University Press, 1997) did use a few small American surveys to focus on how time was spent in the US.

4   Martin Luther King Jr., "Letter from a Birmingham Jail," April 16, 1963.

5   These are Jeff Biddle and Daniel Hamermesh, "Sleep and the Allocation of Time," *Journal of Political Economy* 98 (Oct. 1990): 922–43; and Daniel Hamermesh, "Shirking or Productive Schmoozing? Wages and the Allocation of Time at Work," *Industrial and Labor Relations Review* 43 (Feb. 1990): 121S–133S.

CHAPTER 01

1   The case is *Federal Trade Commission v. Amazon.com, Inc.*, Case No. 2:14-cv-01038-JCC.

2   Luca Zamparini and Aura Reggiani, "Meta-Analysis and the Value of Travel Time Savings: A Transatlantic Perspective in Passenger Transport," *Networks and Spatial Economics* 7 (2007): 377–96, summarizes a huge number of studies of the willingness to pay to reduce commuting time.

3   Jeff Dominitz and Charles Manski, "Using Expectations Data to Study Subjective Income Expectations," *Journal of the American Statistical Association* 92 (Sept. 1997): 855–67, demonstrated the strong relationship between income expectations and outcomes.

4   The Federal Reserve Board Survey of Consumer Expectations is described at https://www.newyorkfed.org/microeconomics/sce.

5   Daniel Hamermesh, "Expectations, Life Expectancy, and Economic Behavior," *Quarterly Journal of Economics* 100 (May 1985): 389–408, showed how people's beliefs about how long they would live, and the chances of living to age sixty or eighty, were fairly well aligned with the population statistics on these outcomes.

6   John Leeds, *The Household Budget, with a Special Inquiry into the Amount of Value of Household Work* (Philadelphia: Leeds, 1917).

7   A very good popular discussion of how biology affects our time use is "The Tyranny of Time," *The Economist*, December 18, 1999, p. 72.

CHAPTER 02

1   Richard T. Ely, *An Introduction to Political Economy* (New York: Hunt and Eaton, 1891), 22.

2   The idea of home production was initially proposed by Margaret G. Reid, *The Economics of Household Production* (New York: Wiley, 1934).

3   The Sipress cartoon appeared in the *New Yorker*, Dec. 24 and 31, 2007.

4   Richard Wrangham, *Catching Fire* (New York: Basic Books, 2009), provides evidence on the tremendous amount of time that primitive people (almost exclusively women) spent or still spend in food preparation.

5   Garey Ramey and Valerie Ramey, "The Rug-rat Race," *Brookings Papers on Economic Activity* (Spring 2010): 129–76.

6   A comparison of food time is from Daniel Hamermesh, "Time to Eat," *American Journal of Agricultural Economics* 89 (Nov. 2007): 852–63.

7   This is based on Elena Stancanelli and Leslie Stratton, "Maids, Appliances, and Couples' Housework: The Demand for Inputs to Domestic Production," *Economica* 81 (July 2014): 445–67.

8   Richard Freeman and Ronald Schettkat, "Marketization of Household Production and the EU- US Gap in Work," *Economic Policy* 41 (Jan. 2005): 5–39.

9   The data are from Jeremy Greenwood, Ananth Seshadri, and Mehmet Yorukoglu, "Engines of Liberation," *Review of Economic Studies* 72 (Jan. 2005): 109–33.

10   Jeff Biddle and Daniel Hamermesh, "Sleep and the Allocation of Time," *Journal of Political Economy* 98 (Oct. 1990): 922–43, was the first to examine the role of the value of time in this unusual activity.

11   Edward Laumann, John Gagnon, Robert Michael, and Stuart Michaels, *The Social Organization of Sexuality: Sexual Practices in the United States* (Chicago: University of Chicago Press, 1994), Tables 3.4 and 3.5.

12   The distribution of grazing time in relation to primary eating was investigated in Daniel Hamermesh, "Incentives, Time Use, and BMI: The Roles of Eating, Grazing,

and Goods," *Economics and Human Biology* 8 (March 2010): 2–15.

13   Meg Sullivan, "Our Ancestors Probably Didn't Get 8 Hours a Night, Either," *UCLA Newsroom*, Oct. 15, 2015, http://newsroom.ucla.edu/releases/our-ancestors-probably-d idnt-get-8-hours-a-night-either.

14   Alan Krueger and David Schkade, "The Reliability of Subjective Well- Being Measures," *Journal of Public Economics* 92 (Aug. 2008): 1833–45, Table 6, provides evidence on this from subjective responses that time diarists have offered about the activities they have engaged in.

15   See the calculations in Mark Aguiar and Erik Hurst, "Measuring Trends in Leisure: The Allocation of Time over Five Decades," *Quarterly Journal of Economics* 122 (Aug. 2007): 969–1006.

16   https://www.nytimes.com/2016/07/01/business/media/nielsen-survey-mediaviewing. html, June 30, 2016. On average, American adults are *watching* five hours and four minutes of television per day. The bulk of that—about four and a half hours of it—is live television, which is television watched when originally broadcast.

17   Fernando Lozano, "The Flexibility of the Workweek in the United States: Evidence from the FIFA World Cup," *Economic Inquiry* 49 (April 2011): 512–29, provides evidence on the role of televised sporting events.

CHAPTER 3

1   See Daniel Hamermesh, "The Labor Market in the United States, 2000–16," IZA World of Labor, https://wol.iza.org/articles/the-labor-market-in-the-us-2000-2016, for a discussion of these and related statistics.

2   Thomas Kniesner, "The Full- time Workweek in the United States, 1900–1970," *Industrial and Labor Relations Review* 30 (Oct. 1976): 3–15, presents the history of the US workweek over much of the twentieth century.

3   Peter Kuhn and Fernando Lozano, "The Expanding Workweek? Understanding Trends in Long Work Hours among US Men, 1979–2006," *Journal of Labor Economics* 26 (April. 2008): 311–43, examines changes in the percentage of Americans working long hours, with some information going back to 1940.

4   A table listing paid leave time by country can be found at https://en.wikipedia.org/wiki/List_of_minimum_annual_leave_by_country. One survey about vacation time is reported at https://www.bloomberg.com/news/articles/2017-05-23/americans-are-taking-more-paid-vacation-days.

5   A very careful study by Joseph Altonji and Jennifer Oldham, "Vacation Laws and Annual Work Hours," Federal Reserve Bank of Chicago, *Economic Perspectives* (Fall 2003): 19–29, shows how additional mandated annual leave reduces annual work hours.

6   Joseph Altonji and Emiko Usui, "Work Hours, Wages, and Vacation Leave," *Industrial and Labor Relations Review* 60 (April 2007): 408–28, provides the evidence for the

US. Ali Fakih, "Vacation Leave, Work Hours, and Wages: New Evidence from Linked Employer-Employee Data," *Labour* 28 (Dec. 2014): 376–98, is the Canadian study.

7   Joachim Merz and Lars Osberg, "Keeping in Touch—A Benefit of Public Holidays Using Time Use Diary Data," *Electronic International Journal of Time Use Research* 6 (Sept. 2009): 130–66, demonstrates how in those German states with more public holidays people spend more time enjoying leisure together.

8   The role of unions in affecting paid holidays and vacations is examined by Laszlo Goerke, Sabrina Jeworrek, and Markus Pannenberg, "Trade Union Membership and Paid Vacation in Germany," *IZA Journal of Labor Economics* 4 (2015).

9   *Reserve Bank of Minneapolis Quarterly Review* 28, July 2004, with some evidence for it in Naci Mocan and Luiza Pogorelova, "Why Work More? The Impact of Taxes, and Culture of Leisure on Labor Supply in Europe," National Bureau of Economic Research Working Paper No. 21297, June 2015.

10   This argument was made by Juliet Schor, *The Overworked American: The Unexpected Decline of American Leisure* (New York: Basic Books, 1991).

11   Daniel Hamermesh and Joel Slemrod, "The Economics of Workaholism: We Should Not Have Worked on This Paper," *B.E. Journal of Economic Analysis and Policy* 8 (2008), presents a theory of workaholism and some tests for its presence. George Akerlof, "The Economics of Caste and of the Rat Race and Other Woeful Tales," Quarterly Journal of Economics 90 (Nov. 1976): 519–617, illustrates how everybody in a workplace, or a society, might work harder than they really wish to in order to demonstrate to the employer how qualified they are. Some evidence on this is offered by Renée Landers, James Rebitzer, and Lowell Taylor, "Rat Race Redux: Adverse Selection in the Determination of Work Hours in Law Firms," American Economic Review 86 (June 1996): 329–48.

CHAPTER 4

1   For example, stories at http://www.cnn.com/2013/06/24/opinion/drexler-four-dayworkweek/index.html and http://www.businessinsider.com/why-we-should-have-a-4-day-work-week-2016-5.

2   Jens Bonke, "Do Morning- Type People Earn More than Evening- Type People? How Chronotypes Influence Income," *Annals of Economics and Statistics*, 105/106 (Jan./June 2012): 55–72, examines the simple question whether those who are working in the morning earn more than those who work the same total hours but do not work mornings. A study relating mortality to the timing of sleep, covering nearly one-half million Britons, suggested that morning types have lower mortality rates: Kristen Knutson and Malcolm von Schantz, "Associations between Chronotype, Morbidity, and Mortality in the UK Biobank Cohort," *Chronobiology International*, published online April 11, 2018.

3   The link between violent crime and work at nights in large cities is demonstrated in Daniel Hamermesh, "Crime and the Timing of Work," *Journal of Urban Economics* 45 (March 1999): 311–30.

4   Ana Rute Cardoso, Daniel Hamermesh, and José Varejão, "The Timing of Labor Demand," *Annals of Economics and Statistics* 105/106 (Jan./June 2012): 15–34, presents information underlying a similar figure for Portugal, showing a larger pucker over the usual lunchtime hours.

5   Daniel Hamermesh, "The Timing of Work over Time," *Economic Journal* 109 (Jan. 1999): 37–66, shows the changing timing of work between 1973 and 1991. The statistics on timing in 1973 are from this source.

6   https://www.osha.gov/dep/fatcat/dep_fatcat.html details the time path of workplace fatalities.

7   Peter Kostiuk, "Compensating Differentials for Shift Work," *Journal of Political Economy* 101 (Jan. 1990): 1054–75; and Matthew Shapiro, "Capital Utilization and the Marginal Premium for Work at Night," unpublished paper, University of Michigan, 1995, present evidence on the wage premium that employers must offer for unusual work times.

8   Daniel Hamermesh and Elena Stancanelli, "Long Workweeks and Strange Hours," *Industrial and Labor Relations Review* 68 (Oct. 2015): 1007–18, tabulates data on the incidence and amount of night work in various countries.

9   Juliane Scheffel, "Compensation of Unusual Working Schedules," unpublished paper, SFB649, Humboldt University—Berlin, 2011, shows how work at various unusual times of the day is compensated in Germany.

10   Gerald Oettinger, "An Empirical Analysis of the Daily Labor Supply of Stadium Vendors," *Journal of Political Economy* 107 (April 1999): 360–92; Colin Camerer, Linda Babcock, George Loewenstein, and Richard Thaler, "Labor Supply of New York City Cabdrivers: One Day at a Time," *Quarterly Journal of Economics* 112 (May 1997): 404–41; M. Keith Chen, Judith Chevalier, Peter Rossi, and Emily Oehlsen, "The Value of Flexible Work: Evidence from Uber Drivers," NBER Working Paper No. 23296, 2017.

11   Marie Connolly, "Climate Change and the Allocation of Time," IZA World of Labor, Jan. 2018, https://wol.iza.org/articles/climate-change-and-the-allocation-of-time.

12   Hamermesh and Stancanelli, "Long Workweeks and Strange Hours."

CHAPTER 5

1   Jungmin Lee, "Marriage, the Sharing Rule, and Pocket Money: The Case of South Korea," *Economic Development and Cultural Change* 55 (April. 2007): 557–81, examines how Korean couples determine the amount of pocket money that each spouse receives. Shelly Lundberg, Robert Pollak, and Terence Wales, "Do Husbands

and Wives Pool Their Resources?," *Journal of Human Resources* 32 (Summer 1997): 463– 80, demonstrates how clothing purchases vary when one spouse rather than the other receives money from the government. The indirect evidence is in, among many others, Martin Browning and Pierre-André Chiappori, "Efficient Intra-Household Allocations: A General Characterization and Empirical Tests," *Econometrica* 66 (Nov. 1998): 1241–78.

2   Leora Friedberg and Anthony Webb, "The Chore Wars: Household Bargaining and Leisure Time," unpublished paper, University of Virginia, Dec. 2005.

3   OECD Labor Force Statistics, 2006–15 (Paris: OECD, 2016).

4   Holger Bonin and Rob Euwals, "Participation Behavior of East German Women after German Unification," IZA Discussion Paper No. 413, 2001.

5   Michael Burda, Daniel Hamermesh, and Philippe Weil, "The Distribution of Total Work in the EU and USA," in *Working Hours and Job Sharing in the EU and USA: Are Europeans Lazy? Or Americans Crazy?*, ed. Tito Boeri et al. (New York: Oxford University Press, 2008).

6   Charlene Kalenkoski, David Ribar, and Leslie Stratton, "The Influence of Wages on Parents' Allocations of Time to Childcare and Market Work in the United Kingdom," *Journal of Population Economics* 22 (April 2009): 399–419, uses data from around the year 2000 to examine how spousal differences in wage rates affect the time each spends in childcare and home production.

7   James Andreoni, Eleanor Brown, and Isaac Rischall, "Charitable Giving by Married Couples: Who Decides and Why Does it Matter?," *Journal of Human Resources* 38 (Winter 2003): 111–33, presents data on how American couples determine their charitable contributions.

8   Cristina Borra, Martin Browning, and Almudena Sevilla, "Marriage and Housework," IZA Discussion Paper No. 10470, 2017.

9   Michael Burda, Daniel Hamermesh, and Philippe Weil, "Total Work and Gender: Facts and Possible Explanations," *Journal of Population Economics* 26 (Jan, 2013): 239–61, proposes the existence of iso-work, presents the data depicted in Figure 5.2, and discusses reasons why this phenomenon has arisen.

10   These are the same countries that were included in Figure 2.2, excluding Mexico, in which women and men both reported performing much more total work than any of the other countries.

11   Mark Aguiar and Erik Hurst, "Measuring Trends in Leisure: The Allocation of Time over Five Decades," *Quarterly Journal of Economics* 122 (Aug. 2007): 969–1006, shows that this increasing equality exists even when one makes substantial changes in what is viewed as home production.

12   Sarah Fleche, Anthony Lepinteur, and Nattavudh Powdthavee, "Gender Norms and Relative Working Hours: Why Do Women Suffer More than Men from Working Longer Hours Than Their Partners?," American Economic Association, *Papers and*

Proceedings 108 (May 2018): 163–8.

13 Alan Krueger and David Schkade, "The Reliability of Subjective Well-Being Measures," *Journal of Public Economics* 92 (2008): 1833–45, Table 6.

14 Aguiar and Hurst, "Measuring Trends in Leisure," shows that this increasing equality exists even when one makes substantial changes in what is viewed as home production.

15 These issues are discussed at length in a report by a panel of National Academy of Sciences: Katharine Abraham and Christopher Mackie, eds., *Beyond the Market: Designing Nonmarket Accounts for the United States* (Washington, DC: National Academies Press, 2005).

16 Alan Jay Lerner and Frederick Loewe, "A Hymn to Him," 1956.

17 Daniel Hamermesh, *Beauty Pays: Why Attractive People Are More Successful* (Princeton, NJ: Princeton University Press, 2011), offers a general discussion of the issues and provides evidence on the role of beauty in earnings. One study of young American adults, Jaclyn Wong and Andrew Penner, "Gender and the Returns to Attractiveness," *Research in Social Stratification and Mobility* 44 (June 2016): 113–23, suggests that much of the differences among women's perceived looks arise from their grooming, but a study that explicitly measured money spent on grooming by Chinese adult women, Daniel Hamermesh, Xin Meng, and Junsen Zhang, "Dress for Success—Does Primping Pay?," *Labour Economics* 9 (Oct. 2002): 361–73, suggests only a small effect.

18 Daniel Hamermesh and Jason Abrevaya, " 'Beauty Is the Promise of Happiness'?," *European Economic Review* 64 (Nov. 2013): 351–68.

19 Issues in measuring the size of the homosexual population are discussed by Dan Black, Hoda Makar, Seth Sanders, and Lowell Taylor, "The Earnings Effects of Sexual Orientation," *Industrial and Labor Relations Review* 56 (April 2003): 449–69.

20 Michael Martell and Leanne Roncolato, "The Homosexual Lifestyle: Time Use in Same-Sex Households," *Journal of Demographic Economics* 82 (Dec. 2016): 365–98, makes similar calculations using these data, and, because the study restricts the age range to twenty-five to fifty-four, it produces even smaller samples of people whom they can identify as homosexual.

21 Marie-Anne Valfort, *LGBTI in OECD Countries*, OECD Working Paper No. 198, 2017, surveys the literature on economic outcomes, including work time, for gays, lesbians, and other sexual minorities in wealthy countries.

22 Calculated from waves of the World Values Survey in the 1990s.

23 Rob Walker, "It's a Man's World: Men's Grooming Breaks New Ground," *Global Cosmetic Industry Magazine*, Feb. 23, 2014, http://www.gcimagazine.com/marketstrends/consumers/men/Its-a-Mans-World-Mens-Grooming-Breaks-New-Ground-246591491.html.

CHAPTER 6

1   Gary Becker, *A Treatise on the Family* (Cambridge, MA: Harvard University Press, 1981).

2   William Haefeli, *New Yorker*, June 2, 2014.

3   Joan García-Román, Sarah Flood, and Katie Genadek, "Parents' Time with a Partner in a Cross-National Context: A Comparison of the United States, Spain, and France," *Demographic Research* 36 (Jan. 2017): 111–44, uses time-diary data from these three countries to examine togetherness, as measured by our stylized Sections B+C+D in Figure 6.1.

4   Simon George-Kot, Dominique Goux, and Eric Maurin, "Following the Crowd: Leisure Complementarities Beyond the Household," *Journal of Labor Economics* 35 (Oct. 2017): 1061–88.

5   García-Román, Flood, and Genadek, "Parents' Time with a Partner in a Cross-National Context."

6   Cahit Guven, Claudia Senik, and Holger Stichnoth, "You Can't Be Happier than Your Wife: Happiness Gaps and Divorce," *Journal of Economic Behavior and Organization* 82 (2012): 110– 30, presents the German evidence; and Ariel Kalil and Mari Rege, "We Are Family: Fathers' Time with Children and the Risk of Parental Relationship Dissolution," *Social Forces* 94 (2015): 833–62, provides Australian evidence on shared eating time.

7   OECD, "What Are Equivalence Scales?," http://www.oecd.org/eco/growth/OECDNote-EquivalenceScales.pdf presents a brief discussion and a list of alternative measures of equivalence scales. Edward Lazear and Robert Michael, *Allocation of Income within the Household* (Chicago: University of Chicago Press, 1988), analyzes these issues in detail.

8   Based on https://www.census.gov/data/tables/time-series/demo/income-poverty/historical-poverty- thresholds.html, and http://www.oecd.org/eco/growth/OECDNote-EquivalenceScales.pdf.

9   Hélène Couprie and Gaëlle Ferrant, "Welfare Comparisons, Economies of Scale, and Equivalence Scale in Time Use," *Annals of Economics and Statistics* 117/118 (June 2015): 185–210.

10 This point has been made forcefully in a regrettably neglected study by Patricia Apps, "Gender, Time Use, and Models of the Household," IZA Discussion paper No. 796, 2003.

11 Katie Genadek, "Same-Sex Couples' Shared Time in the United States," unpublished paper, University of Colorado, 2017, presents evidence on these issues.

12 Sarah Flood and Katie Genadek, "Time for Each Other: Work and Family Constraints among Couples," *Journal of Marriage and Family* 78 (2016): 142–64.

1   As reported in Quartz https://qz.com/311360/students-in-these-countriesspend-the-most-time-doing-homework/, based on the OECD's analysis of data from the Program for International Student Assessment (PISA).

2   Reported in Mark Perry, "2016 SAT Results Confirm Pattern That's Persisted for 50 Years— High School Boys Are Better at Math than Girls," *AEIdeas* (blog), Sept. 27, 2016, http://www.aei.org/publication/2016-sat-test-results-confirmpattern-thats-persisted-for-45-years-high-school-boys-are-better- at-math-thangirls/.

3   Sol Lim, Cheol Han, Peter Uhlhaas, and Marcus Kaiser, "Preferential Detachment during Human Brain Development: Age-and Sex-Specific Structural Connectivity in Diffusion Tensor Imaging (DTI) Data," *Cerebral Cortex* 25 (June 2015): 1477–89.

4   Jeff Biddle and Daniel Hamermesh, "Sleep and the Allocation of Time," *Journal of Political Economy* 98 (Oct. 1990): 922–43, builds a model that illustrates the dual role of sleep as consumption and investment.

5   An exhaustive survey on the impact of changing school starting times is Anne Wheaton, Daniel Chapman, and Janet Croft, "School Start Times, Sleep, Behavioral, Health, and Academic Outcomes: A Review of the Literature," *Journal of School Health* 86 (May 2016): 363–81. Jinseok Shin, "Sleep More and Study Less in the Morning: The Impact of Delayed School Start Time on Sleep and Academic Performance," unpublished PhD chapter, University of Texas at Austin, 2018, provides the results on sleep timing, sleep time, and achievement in Korea.

6   Calculations of the distribution of educational attainment among twenty-five-to twenty-nine-year-olds in 2016 are based on statistics calculated from the Current Population Survey, Merged Outgoing Rotation Groups, for that year.

7   Calculated from Mark Aguiar, Mark Bils, Kerwin Charles, and Erik Hurst, "Leisure Luxuries and the Labor Supply of Young Men," NBER Working Paper No. 23552, 2017.

8   This was initially demonstrated in detail by Alan Gustman and Thomas Steinmeier, "A Structural Retirement Model," *Econometrica* 54 (May 1986): 554–84. A good survey of the literature is Sergi Jimenéz- Martin, "The Incentive Effects of Minimum Pensions," IZA World of Labor, https://wol.iza.org/articles/incentiveeffects-of-minimum-pensions/long.

9   Elena Stancanelli and Arthur van Soest, "Partners' Leisure Time Truly Together upon Retirement," *IZA Journal of Labor Policy* 5, no. 12 (2016), demonstrates this using the kinks at various ages that exist in the French public pension system. See also the survey by Laura Hospido, "Pension Reform and Couples' Joint Retirement Decision," IZA World of Labor, https://wol.iza.org/articles/pension-reform-andcouples-joint-retirement-decisions/long.

10   Corry Azzi and Ronald Ehrenberg, "Household Allocation of Time and Church Attendance," *Journal of Political Economy* 83 (Feb. 1975): 27–56, reports this from

other researchers' random surveys of the US population.

11   David Blanchflower and Andrew Oswald, "Is Well- Being U- Shaped over the Life Cycle?," National Bureau of Economic Research, Working Paper No. 12935, Feb. 2007.

12   John Bound, "Self- reported versus Objective Measures of Health in Retirement Models," *Journal of Human Resources* 26 (Winter 1991): 106–38.

13   The extent and sex composition of widows in the US population is based on calculations from the Current Population Survey, Merged Outgoing Rotation Groups, 2012–16.

CHAPTER 8

1   I categorize anyone listing his or her race as African American, or as African American and other, as African American; and anyone listing his or her race as Asian American, or Asian American and other, but who does not list him/herself as Hispanic, as Asian American. A white or Asian American who views her/himself as Hispanic is classified as Hispanic, while I classify other whites as non-Hispanic whites.

2   The size of the immigrant population over the last 150 years is documented at http://www.migrationpolicy.org/programs/data-hub/charts/immigrantpopulation-over-time?width=1000&height=850&iframe=true.

3   https://www.bls.gov/opub/reports/race-and-ethnicity/2015/home.htm presents unemployment rates by racial/ ethnic group for 2015.

4   Daniel Hamermesh, Katie Genadek, and Michael Burda, "Racial/Ethnic Differences in Non-Work at Work," National Bureau of Economic Research, Working Paper No. 23096, 2017, presents these results and offers and tests several explanations for them.

5   Hamermesh, Genadek, and Burda, "Racial/Ethnic Differences in Non- Work at Work."

6   Brian Resnick, "The Black-White Sleep Gap," *The Atlantic*, October 23, 2015, https://www.theatlantic.com/politics/archive/2015/10/the-black-white-sleepgap/454311/ discusses this laboratory research on sleep time.

7   That sleep is relatively time intensive is shown for the US and Israel by Reuben Gronau and Daniel Hamermesh, "Time vs. Goods: The Value of Measuring Household Technologies," *Review of Income and Wealth* 52 (March 2006): 1–16.

8   Evidence on the excess prices paid by minorities is provided by Ian Ayres and Peter Siegelman, "Race and Gender Discrimination in Bargaining for a New Car," *American Economic Review* 85 (June 1995): 304–21. Some of the subsequent literature is summarized by John Yinger, "Evidence on Discrimination in Consumer Markets," *Journal of Economic Perspectives* 12 (Spring 1998): 23–40.

9   http://cmhd.northwestern.edu/wp-content/uploads/2011/06/SOCconfReportSingleFinal-1.pdf presents evidence on these racial/ethnic differences.

10   These are calculations based on questions in successive waves of the US General Social Surveys, 1996–2010.

11 Victoria Reitig and Andreas Muller, "The New Reality: Germany Adapts to Its Role as a Major Migrant Magnet," Migration Policy Institute, Aug. 31, 2016, http://www.migrationpolicy.org/article/new-reality-germany-adapts-its-rolemajor-migrant-magnet?gclid=EAIaIQobChMIycD7lOqx1gIVjrbACh1XBwsAEAAYASAAEgL2o_D_BwE for Germany; and https://www.thelocal.fr/20141201/immigration-in-france-10-key-stats for France.

12 Barry Chiswick, "The Effect of Americanization on the Earnings of Foreign- born Men," Journal of Political Economy 86 (Oct. 1978): 897–921. The leading technical volume on immigration in the US is George Borjas, Immigration Economics (Cambridge, MA: Harvard University Press, 2014), while the leading nontechnical book is his We Wanted Workers (New York: Norton, 2016).

13 Daniel Hamermesh, "Immigration and the Quality of Jobs," in Help or Hindrance? The Economic Implications of Immigration for African-Americans, ed. F. Bean and D. Hamermesh (New York: Russell Sage, 1998), demonstrates this for the US, while Osea Giuntella, "Do Immigrants Squeeze Natives out of Bad Schedules? Evidence from Italy," IZA Journal of Migration 1, no. 7 (2012), shows a similar result based on Italian data.

14 Daniel Hamermesh and Stephen Trejo, "How Do Immigrants Spend their Time? The Process of Assimilation," Journal of Population Economics 26 (April 2013): 507–30, demonstrates the importance of English- language proficiency. Andres Vargas, "Assimilation Effects beyond the Labor Market: Time Allocations of Mexican Immigrants to the US," Review of Economics of the Household 14 (Sept. 2016): 625–68, makes the comparisons for Mexican immigrants.

15 Immigrant-native differences in economic outcomes in France and Germany are documented by Yann Algan, Christian Dustmann, Albrecht Glitz, and Alan Manning, "The Economic Situation of First-and Second-Generation Immigrants in France, Germany, and the United Kingdom," Economic Journal 120 (Feb. 2010): F4–30. That immigrants, at least in France, pay more than natives for the same consumer products, is demonstrated by Arthur Acolin, Raphael Bostic, and Gary Painter, "A Field Study of Rental Market Discrimination across Origins in France," Journal of Urban Economics 95 (Sept. 2016): 49–63.

CHAPTER 9

1 Roland Fryer and Matthew Jackson, "A Categorical Theory of Cognition and Biased Decision Making," Berkeley Electronic Journal of Theoretical Economics (2008), discuss how people classify others' group identities in ways that lead to treatment of people as group members rather than individuals.

2 Joe Jones, "California Sun," 1960.

3 Definitions taken from the American Heritage Dictionary of the English Language, and from the Merriam-Webster Dictionary.

4   Some stereotypes about suburbia are listed at https://thepilver.com/2009/05/03/top-7-suburban-stereotypes/. They are epitomized by the Malvina Reynolds song "Little Boxes," https://www.google.com/search?q=%22Little+Boxes%22&ie=utf-8&oe=utf-8&client= firefox-b-1. Eric Jaffe, "Why People in Cities Walk Fast," *The Atlantic Citylab*, March 21, 2012, discusses studies of this possible phenomenon.

5   The term "New York minute" appears to have originated in Texas around 1967. A New Yorker does in an instant what a Texan would take a minute to do: http://www.urbandictionary.com/define.php?term=New%20York%20Minute.

6   R. A. DeMarchi, "New Time Zones: Fixing the Current Economic Crisis," https://www.docs-archive.net/New-Time-Zones%3A-Fixing-the-Current-Economic.pdf. A good discussion of the bases for time zones is Todd Rakoff, *A Time for Every Purpose* (Cambridge, MA: Harvard University Press, 2002).

7   Daniel Hamermesh, Caitlin Myers, and Mark Pocock, "Cues for Coordination: Latitude, Letterman, and Longitude," *Journal of Labor Economics* 26 (April 2008): 223–46, Table 2, presents evidence on the effect of time zones on the timing of work and sleep.

8   https://www.timeanddate.com/news/time/venezuela-change-timezone.html discusses the history of the changing Venezuelan clock time.

9   Osea Giuntella and Fabrizio Mazzonna, "Sunset Time and the Economic Effects of Social Jetlag: Evidence from US Time Zone Borders," unpublished paper, University of Pittsburgh, April 2017, provides evidence on the linkage among sunlight, sunset time, and sleep time in the US. Pavel Jelnov, "Economics of the Time Zone: Let There Be Light," unpublished paper, 2017, Leibniz University Hannover, discusses the roles of time zones in Russia.

10   Hamermesh, Myers, and Pocock, "Cues for Coordination," examines how TV broadcast timing alters TV watching, sleep, and work timing. The origins of this American peculiarity are discussed by Brian Winston, *Media, Technology, and Society—a History: From the Telegraph to the Internet* (London: Routledge, 1998).

11   A history of DST in the US is at http://www.webexhibits.org/daylightsaving/e.html. https://www.usnews.com/news/best-states/articles/2017-10-27/massachusetts-may-leave-eastern-time-zone documents a proposal to put Massachusetts on DST year-round, equivalent to its entering the Canadian Atlantic time zone.

12   US Department of Transportation, *The Daylight Saving Time Study: A Report to Congress from the Secretary of Transportation*, 1975, summarized early studies. Matthew Kotchen and Laura Grant, "Does Daylight Saving Time Save Energy? Evidence from a Natural Experiment in Indiana," *Review of Economics and Statistics* 93 (Nov. 2011): 1172–85.

13   The original study is Mark Kamstra, Lisa Kramer, and Maurice Levi, "Losing Sleep at the Market: The Daylight Savings Anomaly," *American Economic Review* 90 (Sept. 2000): 1005–11. The extension is by Russell Gregory-Allen, Ben Jacobsen, and Wessel Marquering, "The Daylight Saving Time Anomaly in Stock Returns: Fact or Fiction?,"

Journal of Financial Research 33 (Winter 2010): 403–27.

14 Daniel Hamermesh, "Timing, Togetherness, and Time Windfalls," *Journal of Population Economics* 15 (Nov. 2002): 601–23, examined the Dutch data for 1990.

15 The evidence on tests and road deaths is summarized in Yvonne Harrison, "The Impact of Daylight Saving Time on Sleep and Related Behaviours," *Sleep Medicine Review* 17 (2013): 285–92, while Austin Smith, "Spring Forward at Your Own Risk: Daylight Saving Time and Fatal Vehicle Crashes," *American Economic Journal: Applied Economics* 8 (2016): 65–91, examined changes in fatalities in relation to the presence or absence of DST in Indiana.

16 Lawrence Jin and Nicolas Ziebarth, "Sleep, Health, and Human Capital: Evidence from Daylight Saving Time," unpublished paper, Cornell University, 2017.

17 Yiannis Kountouris and Kyriaki Remoundou, "About Time: Daylight Saving Time Transition and Individual Well-being," *Economics Letters* 122 (2014): 100–3, studies well- being in Germany just before and after the shift to Summer Time.

CHAPTER 10

1 " 'The Rich Are Different' ... The Real Story behind the Famed 'Exchange' between F. Scott Fitzgerald and Ernest Hemingway," *Quote/Counterquote* (blog), July 12, 2014, http://www.quotecounterquote.com/2009/11/rich-are-different-famousquote.html.

2 George Johnson and John Bound, "Changes in the Structure of Wages in the 1980s: An Evaluation of Alternative Explanations," *American Economic Review* 82 (June 1992): 371–92, and Chinhui Juhn, Kevin M. Murphy, and Brooks Pierce, "Wage Inequality and the Rise in Returns to Skill," *Journal of Political Economy* 101 (June 1993): 410–42, were among the first to document this profound change in the American labor market.

3 The underlying historical data are in Bureau of the Census, *Current Population Reports*, P60–259. Peter Gottschalk and Robert Moffitt, "The Growth of Earnings Instability in the US Labor Market," *Brookings Papers on Economic Activity*, 1994, was among the first to document this. Thomas Piketty, *Capital in the 21st Century* (Cambridge, MA: Harvard University Press, 2014), gained worldwide fame by documenting the especially sharp rise in incomes among the very welloff and trying to explain its causes. A good discussion of changes in the income shares of the top 1 percent of families in several countries is Facundo Alvaredo, Anthony Atkinson, Thomas Piketty, and Emmanuel Saez, "The Top 1 Percent in International and Historical Perspective," *Journal of Economic Perspectives* 27 (Summer 2013): 3–20.

4 These summaries include John Pencavel, "Labor Supply of Men: A Survey," in *Handbook of Labor Economics*, vol. 1, 3–102, ed. Orley Ashenfelter and Richard Layard (Amsterdam: North-Holland, 1986); Mark Killingsworth and James Heckman, "Female Labor Supply: A Survey," in *Handbook of Labor Economics*, 103–204; Richard

Blundell and Thomas MaCurdy, "Labor Supply: A Review of Alternative Approaches," in *Handbook of Labor Economics*, vol. 3, 1559–1695; and Michael Keane, "Labor Supply and Taxes: A Survey," *Journal of Economic Literature* 49 (Dec. 2011): 961–1075.

5   Reuben Gronau and Daniel Hamermesh, "Time vs. Goods: The Value of Measuring Household Technologies," *Review of Income and Wealth* 52 (March 2006): 1–16, estimates the relative goods and time intensities of various activities for the US and Israel.

6   Peter Passell, *New York Times*, Aug. 2, 1989, p. 1, discussing Jeff Biddle; and Daniel Hamermesh, "Sleep and the Allocation of Time," *Journal of Political Economy* 98 (Oct. 1990): 922–43.

7   The song is "Mamas Don't Let Your Babies Grow Up to Be Cowboys," written and performed by Ed and Patsy Bruce in 1975–1976 but made famous two years later by Willie Nelson and Waylon Jennings.

8   Daniel Hamermesh, "Why Are Professors 'Poorly Paid?,' *Economics of Education Review* 66 (2018): 137–41.

9   The definition is from https://www.merriam-webster.com/dictionary/variety.

10 Reuben Gronau and Daniel Hamermesh, "The Demand for Variety: A Household Production Perspective," *Review of Economics and Statistics* 90 (Aug. 2008): 562–72, presents the evidence on variety and education in these countries.

11 The discussion of temporal routine is from Daniel Hamermesh, "Routine," *European Economic Review* 49 (Jan. 2005): 29–53.

12 Daniel Hamermesh, "Timing, Togetherness, and Time Windfalls," *Journal of Population Economics* 15 (Nov. 2002): 601–23, demonstrates who works evening and nights and documents the increase in the relative amount of total work performed at night by low- compared to high- wage workers.

CHAPTER 11

1   The word kvetch is now in most English- language dictionaries, e.g., https://www.merriam-webster.com/dictionary/kvetch. The definition of stress is from https://www.google.com/search?q=stress+definition&oq=stress+deinition&aqs=-chrome..69i57j0l5.4319j0j7&sourceid=chrome&ie=UTF-8.

2   Tom Cheney, *The New Yorker*, Sept. 23, 2002, 60.

3   Nathan Bivins, "Get the Money," *ca.* 1900.

4   The French question asks whether the individual feels pressed for time (*l'individu se sent pressé par le temps*). I treat as stressed those who respond "every day" (*tousles jours*). The German question asks whether the respondent is frequently under time pressure (*häufig unter Zeitdruck*). I use "agree completely" (*stimme voll und ganz zu*) as the stressed category.

5   Eugene O'Neill, *The Iceman Cometh*, 1939.

6   *Wenn man mit dem Mädchen, das man liebt, zwei Stunden zusammensitzt, denkt man, es ist nur eine Minute; wenn man aber nur eine Minute auf einem heissen Ofen sitzt, denkt man, es sind zwei Stunden—das ist die Relativität.* https://www.gutzitiert. de/zitat_autor_albert_einstein_thema_relativitaet_zitat_2753.html.

7   The data on life expectancy are for 2015 from https://www.ssa.gov/oact/STATS/ table4c6.html.

8   Much of the discussion in this section is based on Daniel Hamermesh and Jungmin Lee, "Stressed Out on Four Continents: Time Crunch or Yuppie Kvetch?," *Review of Economics and Statistics* 89 (May 2007): 374–83.

9   The Australian study is Lyn Craig and Judith Brown, "Feeling Rushed: Gendered Time Quality, Work Hours, Nonstandard Work Schedules, and Spousal Crossover," *Journal of Marriage and the Family* 79 (Feb. 2017): 225–42.

10 Ricardo Pagán, "Being under Time Pressure: The Case of Workers with Disabilities," *Social Indicators Research* 114 (2013): 831–40.

11 Sam Levenson, *In One Era and Out the Other*, 3rd ed. (New York: Pocket Books, 1981).

12 Much of the discussion in this section is based on Hielke Buddelmeyer, Daniel Hamermesh, and Mark Wooden, "The Stress Cost of Children on Moms and Dads," *European Economic Review* 109 (2018): 148–61.

13 The quote is from Hannah Ebin Hamermesh, phone call on July 5, 2002.

14 Germaine Louis, Kirsten Lum, Rajeshwari Sundaram, Zhen Chen, Sungduk Kim, Courtney Lynch, Enrique Schisterman, and Cecilia Pyper, "Stress Reduces Conception Probabilities across the Fertile Window: Evidence in Support of Relaxation," *Fertility and Sterility* 95 (June 2011): 2184–89, shows that even when fertility is not controlled, fecundity is greater when a woman is less stressed.

15 Joan Costa-Font, Sarah Flèche, and Ricardo Pagán, "Sleep Costs of Having Children," unpublished paper, London School of Economics, 2017, provides the evidence on sleep patterns and well-being in Germany.

16 The rhyme goes back to at least the seventeenth century: https://en.wikipedia.org/ wiki/There_was_an_Old_Woman_Who_Lived_in_a_Shoe.

17 Here too, much of the discussion is based on Hamermesh and Lee, "Stressed Out on Four Continents"; Sanford DeVoe and Jeffrey Pfeffer, "Time Is Tight: How Higher Economic Value of Time Increases Feelings of Time Pressure," *Journal of Applied Psychology* 96 (July 2011): 665–76, demonstrates some of the findings on time pressure and income in a laboratory context.

18 Samuel Johnson. https://www.brainyquote.com/quotes/samuel_johnson_118274

CHAPTER 12

1   http://www.bowflex.com/max-trainer/.

2   The view that unemployment as measured reflects people's choices to substitute

home for market production is associated with real business cycle theory, of which the most prominent exponents are Nobel Prize winners Robert E. Lucas and Edward Prescott.

3   Rainer Winkelmann, "Unemployment and Happiness," *IZA World of Labor*, https://wol.iza.org/articles/unemployment-and-happiness, 2014, reviews evidence demonstrating this for Germany and other countries.

4   Michael Hurd, "A Compensation Measure of the Cost of Unemployment to the Unemployed," *Quarterly Journal of Economics* 95 (Sept. 1980): 225–43, demonstrates how the burden of a spell of unemployment rises with its duration.

5   Calculated from www.bls.gov.

6   Michael Burda and Daniel Hamermesh, "Unemployment, Market Work, and Household Production," *Economics Letters* 107 (May 2010): 131–33.

7   John Maynard Keynes, "Economic Possibilities for Our Grandchildren," *in Essays in Persuasion* (New York: W. W. Norton, 1930).

8   These legislated changes and their detailed impacts are discussed in Daiji Kawaguchi, Jungmin Lee, and Daniel Hamermesh, "A Gift of Time," *Labour Economics* 24 (Oct. 2013): 205–16.

9   The fertility rate in Korea was an already low 1.63 in the mid-1990s, having fallen from well above 2.0 in the early 1980s; by 2005 it was nearly the lowest in the world, 1.08. https://fred.stlouisfed.org/series/SPDYNTFRTINKOR.

10 The examination of happiness in Japan and Korea before and after the legislated changes in standard workweeks is in Daniel Hamermesh, Daiji Kawaguchi, and Jungmin Lee, "Does Labor Legislation Benefit Workers? Well-Being after an Hours Reduction," *Journal of the Japanese and International Economies* 44 (June 2017): 1–12.

11 Olivier Coibion, Yuriy Gorodnichenko, and Dmitri Koustas, "Consumption Inequality and the Frequency of Purchases," NBER Working Paper No. 23357, 2017.

12 "The Billionaires 2018," *Forbes*, March 6, 2018, https://www.forbes.com/billionaires/#7325ce60251c.

CHAPTER 13

1   Simon and Garfunkel, "59th Street Bridge Song," 1966.

2   An excellent discussion of issues in self- control is Jon Elster, *Ulysses and the Sirens: Studies in Rationality and Irrationality* (New York: Cambridge University Press, 1979).

3   Gretchen Reynolds, "An Hour of Running May Add 7 Hours to Your Life," *New York Times*, April 12, 2017.

4   Bernhard Schlink, *Die Frau auf der Treppe* (Zurich: Diogenes, 2014), 170.

5   Sandy and Harry Chapin, "Cat's in the Cradle," 1974.

6   *New York Times*, Jan. 11, 2014; Cody C. Delistraty, "To Work Better, Work Less," *The Atlantic*, Aug. 8, 2014. https://www.monster.com/career-advice/article/32-hour-work-

week is one of many reports about this kind of experiment in work scheduling. Attempts to impose restrictions on workers' hours in a few companies are also described by John Gapper, "Bankers and Lawyers Are on an Unhealthy Treadmill," *Financial Times*, Jan. 15, 2014; and "Turning Boomers into Boomerangs," *The Economist*, Feb. 18, 2006, 65.

7   A good discussion of blue laws in the US is David Laband and Deborah Heinbuch, *Blue Laws: The History, Economics, and Politics of Sunday-Closing Laws* (Lexington, MA: Heath Lexington Books, 1987).

8   The Dutch evidence is based on Joyce Jacobsen and Peter Kooreman, "Timing Constraints and the Allocation of Time: The Effects of Changing Shopping Hours Regulations in the Netherlands," *European Economic Review* 49 (Jan. 2005): 9–27. The Canadian study is Mikal Skuterud, "The Impact of Sunday Shopping on Employment and Hours of Work in the Retail Industry: Evidence from Canada," *European Economic Review* 49 (Nov. 2005): 1953–78.

9   Joshua Gans and Andrew Leigh, "Born on the First of July: An (Un)natural Experiment in Birth Timing," *Journal of Public Economics* 93 (Feb. 2009): 246–63, shows how fertility subsidies can alter fertility. Susan Averett, H. Elizabeth Peters, and Donald Waldman, "Tax Credits, Labor Supply, and Childcare," *Review of Economics and Statistics* 79 (Feb. 1997): 125–35, demonstrates the positive effects of the US childcare tax credit on women's labor supply.

10 "Mexico Cuts Tortilla Tax," *New York Times*, Jan. 13, 2007, http://www.nytimes. com/2007/01/13/world/americas/13mexico.html, discusses the Mexican reaction to the increased corn price, which occurred in part because of the US push to devote corn production to expanding the supply of ethanol.

11 Daniel Hamermesh, "Direct Estimates of Household Production," *Economics Letters* 98 (Jan. 2008): 31–34, analyzes the extent to which food in general, and household time, can be substituted.

12 US Department of Agriculture, Food and Nutrition Service, *Characteristics of Supplemental Nutrition Assistance Program Households: Fiscal Year* 2013, Table A.28.

13 Daniel Hamermesh, *Labor Demand* (Princeton, NJ: Princeton University Press, 1993), discusses the economics literature on the impacts of overtime legislation. Dora Costa, "Hours of Work and the Fair Labor Standards Act: A Study of Retail and Wholesale Trade, 1938–1950," *Industrial and Labor Relations Review* 53 (July 2000): 648–64, examines specifically how its extension to new industries altered hours typically worked in companies in those industries.

14 Daniel Hamermesh and Stephen Trejo, "The Demand for Hours: Direct Evidence from California," *Review of Economics and Statistics* 82 (Feb. 2000): 38–47.

15 Ana Rute Cardoso, Daniel Hamermesh, and José Varejão, "The Timing of Labor Demand," *Annals of Economics and Statistics* 105/106 (Jan./June 2012): 15–34.

16 Serena Yu and David Peetz, "Non-Standard Time Wage Premiums and Employment

Effects: Evidence from an Australian Natural Experiment," *British Journal of Industrial Relations*, 2018.

17 "The Case for the 32-Hour Workweek," *Atlantic Documentaries*, June 22, 2015, https://www.theatlantic.com/video/index/396527/case-32-hour-workweek/, discusses one company's efforts along these lines.

18 The evidence on this is in Byron Lee and Sanford DeVoe, "Flextime and Profitability," *Industrial Relations* 51 (April 2012): 298–316.

19 The New York ordinance is described at http://mobile.reuters.com/article/idUSKBN18Q2IR.

20 See Charles Brown and Daniel Hamermesh, "Wages and Hours Laws: What Do We Know? What Is to Be Done?," unpublished paper, University of Michigan, 2018.

21 Richard Blundell and Thomas MaCurdy, "Labor Supply: A Review of Alternative Approaches," in *Handbook of Labor Economics*, vol. 3, ed. Orley Ashenfelter and David Card (Amsterdam: North- Holland, 1999), 1559–1695; and Michael Keane, "Labor Supply and Taxes: A Survey," *Journal of Economic Literature* 49 (Dec. 2011): 961–1075, summarize most of the immense literature on the impact of higher net incomes, and lower taxes, on the amount of paid work that people wish to do.

22 Leora Friedberg, "The Labor Supply Effects of the Social Security Earnings Test," *Review of Economics and Statistics* 82 (Feb. 2000): 48–63, examines the impact of changing the earnings test on the work time of older Americans.

23 See P. Sargant Florence, "Past and Present Incentive Study," in *Productivity* and *Economic Incentives*, ed. J. P. Davidson (London: Routledge, 1958), chapter 1; Marion Collewet and Jan Sauermann, "Working Hours and Productivity," *Labour Economics* 47 (Jan. 2017): 96–106; and Michael Burda, Katie Genadek, and Daniel Hamermesh, "Not Working at Work: Loafing, Unemployment, and Labor Productivity," National Bureau of Economic Research Working Paper No. 21923, Jan. 2016.

24 The classic study on this issue is George Neumann and Melvin Reder, "Output and Strike Activity in US Manufacturing: How Large Are the Losses?," Journal of Labor Economics 2 (Jan. 1984): 197–211.

스펜딩 타임

초판 1쇄 인쇄 2021년 4월 27일
초판 1쇄 발행 2021년 5월 7일

지은이 대니얼 헤머메시
옮긴이 송경진
펴낸이 김문식 최민석
기획편집 이수민 박예나 김소정
　　　　　윤예솔 박소호
디자인 엄혜리 배현정
마케팅 임승규
제작 제이오

펴낸곳 (주)해피북스투유
출판등록 2016년 12월 12일 제2016-000343호
주소 서울시 성북구 종암로 63, 5층 501호(종암동)
전화 02)336-1203
팩스 02)336-1209

© 대니얼 헤머메시, 2021

ISBN 979-11-6479-311-2 03320